Oíd, oíd lo que los hombres han hecho.

EUGENIO D'ORS
(Historia del mundo en quinientas palabras)

La colección «Así Fue» se propone ofrecer al público lector, de la mano de los mejores estudiosos de cada tema, una serie de obras que nos permitan el rescate de diversas parcelas de la historia, tanto española como universal —y con preferencia referidas a nuestro tiempo—, poco o mal conocidas, cuando no, en ocasiones, ignoradas por razones diversas. Esta tarea, que cuenta con precedentes ilustres, parece aquí y ahora de necesidad evidente, y de mayor urgencia tal vez que en otros momentos de nuestro quehacer colectivo, dada la tergiversación creciente de determinados acontecimientos históricos, sobre todo recientes, impuesta por los intereses dominantes. Bajo el sello editorial de PLAZA & JANÉS la colección «Así Fue» aspira a crear un ágora de libre debate sin otra cortapisa que el respeto a los hechos históricos probados, sea cual sea la interpretación que a los mismos quiera dársele. A esta hermosa y arriesgada empresa —el rescate de la historia— invitamos a colaborar a cuantos, con honestidad y rigor, vienen esforzándose en diferentes campos de la investigación para ofrecernos un mejor conocimiento de los hombres, los hechos y las ideas que han forjado el mundo en que vivimos. Sólo un espejo paseado testimonialmente a lo largo del camino —a su derecha y a su izquierda— será capaz de ofrecernos una versión histórica contrastada, pero fiel a los planteamientos de cada autor. Y todo ello, por supuesto, sin dogmatismo ninguno, con total libertad de espíritu, sin otro condicionamiento que ajustarse a la verdad sin mixtificaciones de ningún tipo y dispuestos siempre, desde la liberalidad, a admitir que *el otro* puede tener razón.

RAFAEL BORRÀS BETRIU
Director
Noviembre de 1995

Así Fue
La Historia Rescatada

Juan Balansó

Trío de Príncipes

PLAZA & JANÉS EDITORES, S.A.

Diseño de la portada: Next
Ilustraciones interiores: Europa-Press, Efe, Contifoto, Plaza
   & Janés, A.G.E. y Archivo del autor

Primera edición: noviembre, 1995
Segunda edición: noviembre, 1995
Tercera edición: diciembre, 1995

© 1995, Juan Balansó
Editado por Plaza & Janés Editores, S. A.
Enric Granados, 86-88. 08008 Barcelona

Queda rigurosamente prohibida, sin la autorización escrita de los titulares del «Copyright», bajo las sanciones establecidas en las leyes, la reproducción parcial o total de esta obra por cualquier medio o procedimiento, comprendidos la reprografía y el tratamiento informático y la distribución de ejemplares de ella mediante alquiler o préstamo públicos.

Printed in Spain – Impreso en España

ISBN: 84-01-53000-8
Depósito legal: B. 47.625 - 1995

Fotocomposición: Víctor Igual, S. L.

Impreso en Hurope, S. L.
Recared, 2-4. Barcelona

L 530008

ÍNDICE

Introducción 13

Primera parte. La Corona hacia el ocaso

Ena y Alfonso 17
Fidelidad conyugal borbónica. (De Felipe V a Carlos IV) . . 20
El confesor de la reina María Luisa 22
Fernando VII *el Libertino* 26
La «pasión turca» de Isabel II 27
Las inéditas cartas de amor de Alfonso XII 30
Los hijos secretos de Alfonso XIII 33
El cura enamorado de doña Victoria Eugenia 36
El gran problema de la hemofilia 37

Segunda parte. Don Alfonso, el príncipe doliente

El futuro de la dinastía 41
Una vida patética 44
El matrimonio frustrado 46
El heredero imposible 47
El trueque de un trono por una cubana 49
El sueño despedazado 62
El vil metal 65
El ex príncipe declara inválida su renuncia 68
Muerte de un olvidado 71
Edelmira Sampedro y Marta Rocafort: Las dos mujeres de don Alfonso 72

Tercera parte. Don Jaime, el príncipe anulado

El nuevo príncipe de Asturias 77
Otro heredero inhábil 77
La encerrona 79
Un antecedente: Don Felipe de Borbón, el príncipe imbécil . 84

Prevenir es curar 87
Un matrimonio «arreglado» 88
Precauciones sucesorias 93
El enredado asunto de la «jefatura de la Familia» 94
La segunda renuncia de don Jaime 98
Epistolario desconocido de un infante sumiso 100
Emanuela abandona a don Jaime 104
El infante renuncia por tercera vez 106
Carlota: Una prusiana de armas tomar 111
Don Jaime anula sus renuncias 115
Las joyas de la Corona 117
Las ambigüedades de Alfonso de Borbón Dampierre . . . 119
Una boda conflictiva 121
El sopapo del Toisón 123
Carmen Martínez-Bordíu es creada alteza 126
El botellazo de Carlota 128
Alfonso de Borbón Dampierre reafirma su legitimidad histórica 129
La mala estrella del duque de Cádiz 135
Don Gonzalo de Borbón Dampierre y sus escándalos . . . 138
Una anciana dama recuerda... 139

Cuarta parte. Don Juan, el príncipe heredero

El primer, y único, hijo varón sano 143
Juan: Una vocación truncada 144
Gonzalo: El infante malogrado 148
Beatriz y Cristina: Las estigmatizadas 149
Juan y María: Boda real 152
Don Juan y el alzamiento militar 159
La reaparición de Victoria Eugenia 165
Alfonso XIII: La abdicación real 168
Reino sin rey... pero con reina 174

Quinta parte. ¿Monarquía restaurada o Monarquía instaurada? 179

Epílogo. Los príncipes de Asturias en la historia de España

Don Felipe, príncipe de Asturias de una Monarquía instaurada   193

Príncipes e infantes 194
Los demás títulos tradicionales 196
Juan Carlos: De príncipe de Asturias a príncipe de España . 197
Anecdotario principesco 199
Los 35 infantes declarados oficialmente príncipes de Asturias 202

Genealogías

    I. Reyes Borbones de España por derecho de sangre . . 207
   II. Descendencia del rey Alfonso XIII 208
  III. Rama primogénita de la familia Borbón 209
  IV. Descendencia Torlonia-Borbón 210
   V. Descendencia Marone-Borbón 211

Apéndices

1. Manifiesto de don Alfonso XIII antes de abandonar España el 14 de abril de 1931, camino del exilio. 215
2. Testamento de don Alfonso XIII, otorgado el 8 de julio de mil novecientos treinta y nueve 215
3. Renuncia de don Juan a los derechos históricos de la Monarquía española, sus títulos, privilegios y la jefatura de la Familia y Casa Real de España 220

Bibliografía 223

Índice onomástico 231

*Para Teresa y Enrique Albiol,
que han compartido conmigo
el vino dulce y el trago amargo.*

INTRODUCCIÓN

Varios años antes de que en 1931 se proclamase en España la República, empezó a murmurarse en toda Europa que el rey don Alfonso XIII traía mala suerte. Incluso se decía que los otros soberanos, al encontrarse con él, cruzaban, horripilados, los dedos en la espalda antes de estrecharle la mano.

Cuando Alfonso XIII nació, en mayo de 1886, su padre, Alfonso XII, llevaba seis meses muerto. Malos augurios precedían, pues, su advenimiento al mundo. El ordinal 13, que dinásticamente le correspondía, incitaba a los supersticiosos a tocar madera. Finalmente, una profecía predecía que con su heredero se acabarían los reyes de España por derecho de sangre. Afirmaba la conseja que cuando Felipe IV, en 1654, echó un vistazo, satisfecho, al hermoso panteón real del monasterio de El Escorial, terminado bajo su reinado, y donde se alineaban, junto a las urnas de sus padres, sus abuelos y sus bisabuelos, los sepulcros de mármol destinados a sus descendientes, habría sentenciado: «Cuando la sala esté llena, dejará de reinar mi familia.» Y en 1931 tan sólo quedaban cuatro tumbas vacías: las destinadas a Alfonso XIII y su mujer, y otras dos, para su sucesor y la suya. Póstumo, decimotercero y con cripta abierta, era demasiado para el mejor destino.

Y el destino, implacable, le gastó una suprema jugarreta.

Si el primer Borbón español, entronizado en 1700, había tenido tres hijos que fueron, sucesivamente, herederos de la Corona y llegaron a ceñirla con los nombres de Luis I, Fernando VI y Carlos III, otros tres hijos de Alfonso XIII, el último rey de España en razón del derecho de sangre —Juan Carlos I lo fue por elección del general Franco—, llegarían a ser titulares del Principado de Asturias, propio del heredero inmediato del trono español; pero con la diferencia de que ninguno de ellos —ni don Alfonso, ni don Jaime, ni don Juan— llegaría a ocuparlo.

Como si fuese una maldición.

El ciclo dinástico de los Borbones de España parecía clausurarse con una casualidad sobrecogedora.

PRIMERA PARTE

LA CORONA HACIA EL OCASO

Ena y Alfonso

La princesa Ena de Battenberg llegó, en 1906, muy enamorada a Madrid para casarse con Alfonso XIII. Veinticinco años después, en 1931, a la proclamación de la República, Ena —convertida en la reina doña Victoria Eugenia— abandonó el país triste y desengañada de una unión que casi sólo le había causado sinsabores.

Contrariamente a la mayoría de las princesas de su generación, Victoria Eugenia había nacido de un matrimonio que se amaba. Su padre fue Enrique de Battenberg, hijo del príncipe alemán Alejandro de Hesse y de su esposa morganática, la condesa Julia Hauke,[1] elevada después al rango de princesa de Battenberg con tratamiento de alteza serenísima para ella y su prole, concesión que, en el caso de Enrique, se amplió cuando recibió el tratamiento de alteza real al casarse con la princesa Beatriz de Inglaterra, la menor de las hijas de la reina Victoria.

Enrique se nacionalizó inglés y en la corte de su suegra nacieron sus hijos: tres varones, Alejandro, Leopoldo y Mauricio, y una niña, Victoria Eugenia, llamada familiarmente Ena, que recibieron de la Corona la dignidad de altezas.

Se dice que los hijos del amor son hermosos. Victoria Eugenia, según sus contemporáneos, poseyó todos los dones. Quien la vio en sus primeros años la describió con el cabello tan rubio que parecía platinado, bellísimos ojos azules, facciones correctas y un cutis encantador. Apenas contaba nueve años cuando su padre, el príncipe Enrique, falleció en Ghana víctima de la malaria, durante la guerra de los ashanti. «Mi padre quería hacer algo por Inglaterra —explicaba doña Victoria Eugenia muchos años más tarde en sus memorias—; había sido soldado en el ejército alemán antes de casarse pero luego tuvo que hacerse inglés y vivir de continuo con la reina Victoria, porque mi abuela no deseaba separarse nunca de mi madre, que era su hija predilecta.»

Los jóvenes príncipes de Battenberg se situaban, en el orden de

---

[1]. «Morganático» no es expresión desdeñosa, sino, según el *Diccionario de la Lengua*, «matrimonio contraído entre un príncipe y una mujer de linaje inferior, o viceversa, en el cual cada cónyuge conserva su condición anterior».

sucesión al trono británico, los últimos de la lista —pues no debe olvidarse que su madre fue la hija *menor* de la soberana— y eran «altezas» sin más. Por ello, cuando Alfonso XIII, durante una visita oficial a Londres, en 1905, se enamoró de la Venus rubia en el curso de un baile palaciego —un testigo lo definió como «auténtico flechazo»—, la ascendencia alemana de los Battenberg fue examinada rigurosamente por la corte de Madrid. Ena parecía un partido muy modesto para el rey de España. Pero Eduardo VII —hijo y sucesor de la gran Victoria y a la sazón monarca reinante— allanó el camino dotando a su sobrina con el rango de alteza real. Como Ena era hija de dos altezas reales, y alteza ella misma por nacimiento, su caso no presentaba dificultad.

El diploma de concesión, fechado el 3 de abril de 1906 e inédito no sólo en España, sino también en Inglaterra, donde su texto no ha sido hasta ahora publicado, dice así:

> La princesa Victoria Eugenia Julia Ena de Battenberg será desde este momento titulada y llamada «Su Alteza Real», con este tratamiento antepuesto a su nombre y a los títulos que le pertenecen, en todos los documentos e instrumentos de Estado donde su nombre sea inscrito. Y autorizo a mi querida sobrina para que, de ahora en adelante, asuma, use y sea llamada con dicho tratamiento de Alteza Real.[2]

El tenor literal del documento demuestra que, contrariamente a lo que muchos historiadores han supuesto, doña Victoria Eugenia no fue creada princesa de la Gran Bretaña e Irlanda —título que no le correspondía por ser privativo de los hijos y nietos por línea masculina del soberano británico— sino que recibió de su tío la gracia personal de ser titulada alteza real. Ena era, pues, una princesa inglesa singularmente destacada por la Corona. Hasta 1917, en efecto, el tratamiento de alteza real estaba reservado en la línea de descendencia del trono inglés a los hijos y nietos de un rey —o príncipe de Gales— por línea de varón. Y Victoria Eugenia era nieta *por línea femenina*, a través de su madre.

Solventadas las sutilezas del protocolo, la novia pudo ser equiparada, según las exigencias de la dinastía española, a las princesas reales, como se lee en este texto oficial:

2. College of Arms, de Londres; sección «Royal Warrants», año 1906.

En la Villa y corte de Madrid, a las once horas del día 31 de mayo de 1906, se han constituido en la iglesia de los Jerónimos, en virtud de real mandamiento, para asistir a la celebración del concertado matrimonio de Su Majestad el rey don Alfonso XIII con Su Alteza Real la Serenísima Señora Princesa Victoria Eugenia Julia Ena de Battenberg, y extender inmediatamente el acta de inscripción en el Registro del Estado Civil de la Familia Real, a los efectos señalados en el artículo 77 del Código Civil, don Manuel García Prieto, ministro de Gracia y Justicia, y como tal encargado del citado Registro, y don Francisco Javier Gómez de la Serna, director general del Registro Civil y con este carácter secretario del mencionado Registro.[3][*]

Esta pieza legal pone de manifiesto no sólo la futilidad argumental de quienes sostienen que el enlace de Alfonso XIII fue desigual, sino también la incuria que ya entonces enseñoreaba nuestra administración. Pues a la novia no se la debía de haber inscrito con su nomenclatura de bautismo anglicana, sino con la que, desde su conversión al catolicismo, dos meses antes, era ya oficialmente en nuestro país conocida: Victoria Eugenia Cristina.

El último nombre lo asumió Victoria Eugenia como deferencia hacia su suegra, la reina regente doña María Cristina de Austria, su madrina en el penoso acto de la abjuración.

Aquel asunto delicado, que pertenecía a la conciencia de Ena, fue aireado en forma a veces muy poco considerada por la prensa británica (aunque cabe preguntarse la reacción de la española si una infanta de España de aquellos días se hubiese convertido a la fe anglicana). Tampoco por parte de nuestras autoridades eclesiásticas, empeñadas en un ritual solemne contra la herejía, se desplegó el tacto indispensable. Años más tarde, la reina reconoció que «todo me lo hicieron muy antipático». Era la pura verdad.

Cabe añadir que, según la norma tradicional de la Monarquía inglesa —aún vigente—, Victoria Eugenia en el mismo momento de su profesión de fe católica perdió sus eventuales derechos sucesorios al trono británico.

La ceremonia nupcial, como es bien conocido, fue desgarrada por la bomba anarquista de Mateo Morral lanzada contra la carroza de los novios a su paso por la calle Mayor. Hubo muertos y heri-

---

3. Archivo General de Palacio. Sección de Registros. Registro Civil de la Real Familia. Madrid.

* En toda la obra se ha respetado la ortografía y la puntuación de los textos originales.

dos y el recuerdo de aquel espectáculo terrible que hizo añicos el día más feliz de la vida de Victoria Eugenia le acompañó silenciosamente toda su existencia.

Fidelidad conyugal borbónica
(De Felipe V a Carlos IV)

Con Victoria Eugenia, aires nuevos entraron en España. La parlanchina infanta Eulalia, una hija de Isabel II y tía, por tanto, de Alfonso XIII, testimonió: «Por muchos años, la corte de España había sido la más triste y cerrada de Europa. La presencia de Victoria Eugenia comenzó pronto a sentirse. Si se hacían cruces las rezagadas damas, las jóvenes pronto se adaptaron a las novedades, y desde entonces todas las modas entraron en España por la corte y no a pesar de la corte, como había venido sucediendo medio siglo atrás. Justo es consignar que, gracias a eso, la aristocracia española y la burguesía comenzaron a hacerse elegantes y a europeizarse en sus costumbres. Varias generaciones de españoles no habían conocido otra cosa que reinas tristes [4] y el modo de hacer de Victoria Eugenia desconcertaba y levantaba una polvareda de críticas en aquel Madrid habituado a divertirse, a bailar y a murmurar mientras la soberana permanecía como una prisionera en palacio.»[5]

En realidad, aquella mujer distinguida, disciplinada y aparentemente serena escondía un alma acongojada. La pasión turbulenta de Alfonso XIII hacia la rubia valquiria del Norte desapareció con la misma rapidez con que se había encendido. Alfonso era un elitista encantador, simpático, amante de los deportes y muy mal criado; en todo y por todo deseaba su libertad de acción, vivir como a él le parecía. Se cansaba pronto de las personas a las que veía a menudo, y no tardaba en mostrarse contrariado ante los que veía todos los días. «Se cansa de todo y se cansará también de mí», comentó cierto día, resignada, la reina ante un íntimo.

Borbón hasta el tuétano, Alfonso disponía de una caterva de amantes. Es curioso observar que el letrero de mujeriegos les ha sido colocado a nuestros reyes sólo a partir de Fernando VII. Los primeros Borbones fueron, en cambio, un modelo de fidelidad conyugal.

---

4. La infanta Eulalia era tan colorista en sus comentarios como irreflexiva: su madre, Isabel II, sin ir más lejos, se había divertido de lo lindo...
5. *Memorias*, 1967.

Felipe V, el fundador de la dinastía, sólo conoció, aparentemente, a sus dos mujeres. La primera, María Luisa Gabriela de Saboya, murió, según las malas lenguas, de agotamiento. Y la segunda, Isabel Farnesio, pudo haberle acusado en nuestros días de acoso sexual, pues a todas horas y con cualquier pretexto Felipe solicitaba consumar la marital coyunda. Además de estar tocado, en sus últimos años, de la cabeza, el soberano sufría priapismo.

El hijo mayor del anterior, el inexperto Luis I, sólo tuvo tiempo de hacerlo con su costilla, Luisa Isabel de Orleáns, pues las viruelas se lo llevaron a los diecisiete años de edad y dos años de casado.

Fernando VI, hermano del anterior, adoraba literalmente a su consorte, Bárbara de Braganza, hasta el punto de que cuando ésta murió el monarca perdió la razón, ya muy resentida por una herencia morbosa.

Carlos III, hermano de los anteriores[6] y continuador de la dinastía a falta de descendencia directa de Luis y Fernando, fue un esposo modelo. Confesó no haberse acostado más que con su mujer, María Amalia de Sajonia. Y, viudo a los cuarenta y cuatro años de edad, se conservó casto. Su vida privada encontró defensa en el casi cotidiano ejercicio físico de la caza y la dedicación a los asuntos de Estado. Uno y otra absorbían por completo el tiempo de Su Majestad y neutralizaban la posible inquietud sexual de aquel temperamento equilibrado. «Fue ejemplo de continencia, sin volver a conocer dama —consignó en sus recuerdos Fernán Núñez, uno de sus fieles servidores—, si bien dormía en lecho duro y algunas noches se agitaba, inquieto, en el sueño.» Afirmación que concuerda con el propio testimonio del rey, que, cierta vez, confió al prior de El Escorial fuera del secreto de confesión: «Padre, yo no he conocido nunca más mujer que la que Dios me dio; a ésta la amé y estimé como dada por Dios y después que ella murió me parece que no he faltado a la castidad, aun en cosa leve, con pleno conocimiento.»

El hijo y sucesor de Carlos III, el rey Carlos IV, fue un bendito al que le tocó apechugar con una chula de rompe y rasga, María Luisa de Parma. Que merece un punto y aparte.

---

6. En 1995, con motivo de inaugurarse en Madrid la estatua ecuestre de Carlos III en la Puerta del Sol, ha levantado gran polémica el nombre de «hermanastro» de Luis I y Fernando VI inscrito en el pedestal. Lo cierto es que, según el *Diccionario de la Lengua*, la palabra «hermano» puede también utilizarse para indicar a la «persona que con respecto a otra tiene solamente el mismo padre o la misma madre».

El confesor de la reina María Luisa

¿Fue María Luisa de Parma un pendón desorejado, como afirman algunos historiadores, encabezados por Villa Urrutia? ¿Una santa calumniada, como pretenden otros, Pérez de Guzmán al frente? Por mi parte, me guardaré muy bien de echar sobre mis hombros la quijotesca empresa de probar que la reina María Luisa y su favorito Godoy fueron simplemente buenos amigos o que otros supuestos amantes no fueron más que fantasía del vulgo. Pero sí cabe registrar un testimonio silenciado: el del último confesor de la soberana, fray Juan de Almaraz.

Pasó María Luisa sus últimos años en Roma, junto a su marido. Fernando VII, su hijo y sucesor, no permitía que aquellos dos seres inofensivos regresasen del exilio al que los había sometido Napoleón.

Al fallecer la reina, en 1819, dejó un legado de cuatro mil duros a su confesor, el padre Almaraz, encargando a su hijo el rey que cumpliera fielmente su última voluntad.

Pasó el tiempo y el sacerdote no recibió nada. Al cabo de siete años, en 1826, fray Juan elevó una reclamación a Fernando pidiendo el cumplimiento de la cláusula testamentaria. No obtuvo contestación.

Acostumbrado a vivir al lado de la reina y al regalo de palacio, el clérigo se encontraba casi en la miseria y contando sólo para su subsistencia con la limosna de la misa. Acudió entonces a los infantes, hermanos del rey, para que expusiesen verbalmente la justa petición. Cumplieron los príncipes y hablaron con el monarca, pero éste se hizo el sordo a las reclamaciones del pobre fraile y a las recomendaciones de los infantes.

Fray Juan de Almaraz cambió entonces de táctica y, abandonando las súplicas, escribió a Fernando VII directamente en tono resuelto y amenazador. Por este medio, tan audaz como peligroso, logró preocupar hondamente el ánimo del rey de España, a quien no bastaron a tranquilizar los consejos de la prudencia ni su reconocido derecho a la Corona de España.

Todos sabían en Roma, efectivamente, que en los últimos momentos de la vida de María Luisa su confesor había sido el padre Almaraz. Pues bien, el exasperado fraile tuvo la audacia de escribir a Fernando que su madre María Luisa le había dicho en confesión, autorizándole para que lo revelase después de su muerte, que ninguno de sus hijos lo era del rey Carlos IV y que, por consiguiente, la dinastía de Borbón se había extinguido en España, previniéndole además que reuniese al cuerpo diplomático y le hiciese aquella manifestación en descargo de su conciencia. Fray Juan añadía que él, adicto siempre a la Familia Real, había vacilado en formular tan grave revelación; pero que en vista de lo mal que el rey le trataba, estaba decidido a hacerla.

En vano se trató de persuadir a Fernando con el axioma legal de que eran «hijos legítimos los demostrados por constante y no interrumpido matrimonio», sin que contra aquella regla de derecho valiesen ni aun las declaraciones de los mismos padres. Veía el rey, con razón, en tan audaz amenaza del fraile un escándalo mayúsculo para la Europa de su tiempo y un pretexto favorable a los partidos enemigos de su soberanía.

Fray Juan vivía lejos de España y lejos de su poder; comprar con oro su silencio era peligroso, porque más adelante podía tener mayores exigencias, reproducir su amenaza e incluso ejecutarla. Meditó, pues, Fernando el modo de apoderarse del confesor de su madre y envió varios sicarios a Italia con tal fin.

Lo que cumplimentaron sin problemas, secuestrando al cura, de noche, en plena via Condotti, y embarcándolo seguidamente en Civitavecchia hacia España, en la fragata *Manzanares*, puesta a disposición de los raptores.

Llegó la nave a Barcelona, donde se encontraba Fernando VII con motivo de la sublevación de Cataluña en 1827. El jefe de los secuestradores, José Pérez Navarro, oficial de la Secretaría de Marina, se presentó a Su Majestad y le participó que tenía a bordo del *Manzanares* al fraile, que por poco se le muere de miedo en la travesía.

—Y teniendo, como tenías, orden de no dejarle hablar con nadie —dijo el rey—, ¿qué hubieras hecho si te hubiese pedido confesión?

—Le hubiera absuelto yo mismo —respondió Navarro sin inmutarse— y le hubiera traído el cuerpo a Vuestra Majestad conservado en un tonel de aguardiente.

Fernando VII celebró mucho la ocurrencia y mandó que el mismo día saliera Navarro para conducir a fray Juan de Almaraz a Peñíscola, llevando al gobernador de aquella fortaleza, el coronel Luis Gerzábal, la orden de encerrar al prisionero sin permitirle jamás hablar con nadie, sirviéndole la comida por medio de un torno, incomunicado a cal y canto.

Al capitán general de Valencia, don Francisco Longa, encargó el rey la exacta observancia de aquella orden, señalándole la cantidad de veinte reales diarios para la manutención del preso, que no debía figurar en ninguna nómina ni registro, cual si fuese un hombre que hubiera desaparecido del número de los vivientes.

Pasaron tres años. Pero las imprudentes amenazas del fraile sobre la ilegitimidad borbónica no podían borrarse de la memoria de Fernando.

En el verano de 1830 ocupaba como administrador la sede metropolitana de Valencia, vacante a la sazón, el arzobispo de México, don Pedro José Fonte, a quien los insurrectos habían arrojado de su diócesis, obligándole a buscar asilo en España. Este prelado, hombre con fama de prudente, era pariente cercano del ministro de Gracia y Justicia, don Francisco Tadeo Calomarde. Y a estas circunstancias debió que el monarca se valiese de él, encargándole arrancase con sigilo la retractación de lo que el padre Almaraz había escrito sobre la confesión de la reina María Luisa.

Acudió raudo el arzobispo a Peñíscola, con real orden para el gobernador del castillo con el fin de que dejase comunicar libremente al prisionero con el prelado.

Monseñor Fonte quedó horrorizado ante un hombre de aspecto semisalvaje, con largos y enmarañados cabellos, la barba blanca crecida hasta la cintura y la voz casi inarticulada por falta de uso, que se arrojó sollozando a sus pies.

El arzobispo trató de consolarle y le animó a que se desdijera por escrito de la «horrible calumnia» contra la Casa reinante, único medio de obtener el perdón, llegando a ofrecerle que se le abrirían las puertas de la mazmorra donde tantos años viviera separado de todo trato humano, y hasta privado del consuelo de los sacramentos.

Fray Juan de Almaraz se apresuró a firmar una completa rectificación, pidiendo humildemente perdón al soberano.

Llegó el documento a Madrid y ya ni el más leve recelo inquietó el ánimo de Fernando VII, poseedor de la retractación anhelada.

Pero pasaron meses y meses y el recluso seguía encerrado en su lóbrega celda. El arzobispo se dirigió entonces a Calomarde, instándole para que el monarca cumpliese su palabra, que él en su nombre había dado al infeliz prisionero después de la enmienda que hizo por escrito. Para dar más fuerza a la súplica, añadió el prelado que en ella estaba interesada su conciencia, puesto que él había sido el instrumento del cual la Corona se había valido para la consecución de un documento tan precioso desde el punto de vista de la dinastía.

Replicó Calomarde que «el rey había visto con el más alto desagrado su recuerdo, debiendo borrar completamente de su memoria aquel asunto, como si nunca hubiera tenido conocimiento de él. Que había cumplido bien la misión que se le había confiado; pero que, terminada ésta, no debía volver a pensar en ella si no quería exponerse a recibir una muestra terrible del desagrado de Su Majestad».

El prudente prelado, hombre ya anciano, temeroso de la amenaza del rey, selló sus labios.

Nadie volvió a hablar al monarca del prisionero.

Transcurrieron dos años y en 1833 murió Fernando VII, empezando a reinar su hija Isabel II bajo la regencia de su madre, doña María Cristina de Borbón.

Al régimen absolutista de los últimos tiempos de Fernando, sucedió el régimen liberal, y el 16 de enero de 1834 se decretó una amplia amnistía para toda clase de delitos políticos.

Entonces, el oficial mayor de la Secretaría de Gracia y Justicia, don José Muñoz Maldonado, conde de Fabraquer, que por razón de su cargo había oído hablar del extraño suceso, y cuya relación sigo al pie de la letra, reveló al presidente del Consejo de Ministros, don Francisco Martínez de la Rosa, la existencia del prisionero del castillo de Peñíscola, cuyo nombre no figuraba en ningún registro.

Martínez de la Rosa consultó el caso con la reina madre, la viuda de Fernando VII, la cual no tenía ni la menor noticia de ello, y dio orden al gobernador de la fortaleza para que pusiera en libertad a aquel encarcelado, que no había sido sentenciado por ningún tribunal, ni por delito político ni común, sino en virtud de sentencia dictada y ejecutada por el poder absoluto de un rey.

Parte de la documentación sobre este relato escalofriante se conserva en el archivo del Ministerio de Justicia.

El rey recompensó largamente a los individuos que intervinieron en el secuestro. Su cabecilla, Navarro, obtuvo la capitanía del puerto de La Habana.

Un mes después de su salida de Peñíscola, murió en Mallorca en estado de demencia, por las penalidades que había sufrido en la prisión, el infeliz fray Juan de Almaraz, confesor de la reina María Luisa y, según él, depositario de un terrible secreto.

Fernando VII *el Libertino*

A diferencia de sus predecesores en el trono, Fernando VII fue un libertino de cuerpo entero. El primero de nuestros Borbones en marcar la pauta.

Paseaba sus horas de ocio por burdeles, garitos y tabernas de la más baja estofa. Embozado, recorría su capital gozándola de lo lindo en botillerías de la periferia y en casas de mala nota —como la de la famosa Pepa *la Malagueña*—; no pocos chulapos se llevaron alguna vez la sorpresa de verse frente a frente con su soberano en cueros.

Fue Fernando infiel a sus cuatro mujeres: María Antonia de Nápoles, Isabel de Braganza, María Josefa Amalia de Sajonia y María Cristina de las Dos Sicilias, pero no hubo favorita en su reinado, sino putas baratas, de tres al cuarto. Su última esposa, que le enterró, era una sugestiva beldad de veintitrés años, líneas esculturales y ojos de fuego. Casi logró apartarlo de sus habituales rondas nocturnas. El valetudinario monarca, de cuarenta y cinco años de edad y ochenta de experiencia erótica, lamentaba haber prodigado sin tino sus energías en el pasado, porque con el desgaste físico sus fuerzas viriles ya no eran lo que antaño fueran, aunque todavía se sentía capaz de comportarse cumplidamente con su «pichona», como llamaba a María Cristina en la intimidad. Ella era como una gatita, le gustaba jugar y participar en el divertimiento. (Antes de llegar a Madrid, había ya tenido que ser severamente amonestada por el arzobispo de Nápoles, a causa de su liviana conducta con un oficial.) Fernando, cuanto más se esforzaba en la cama, poníase peor, como era lógico. Malditas noches de crápula, maldita Pepa *la Malagueña* y su chabacana mercancía, malditos sus compañeros de cuchipandas, inductores y cómplices del despilfarro de salud que ahora echaba de menos, obligándole a sincerarse a veces con su «pichona» en tono avergonzado:

—No creas que ya soy un vejestorio ni un enfermo...

Lo era, evidentemente. Pero María Cristina sonreía siempre, disculpándolo todo, transigiendo con todo. Y dando a luz a la heredera de aquel indeseable: Isabel II, la reina castiza.

La «pasión turca» de Isabel II

Isabel II pudo ser agredida por los políticos, criticada por lenguas viperinas, denostada por los partidos en liza, pero la mayor jugarreta que a la salerosa reina le gastaron en su vida fue casarla con su primo hermano don Francisco de Asís de Borbón y Borbón, infante de España.

Su matrimonio, como el de tantos soberanos y príncipes de la época, se efectuó por razones de estado, sin que entre los novios mediara el amor. Existía, además, entre la pareja una notable diferencia de temperamentos. Doña Isabel era ignorantona, marchosa y dotada de un espléndido sentido del humor. Don Francisco de Asís, cultivado, muy circunspecto y peripuesto, reconcentrado. Aquello no podía resultar bien, murmuraba el pueblo madrileño. Y llevaba razón.

No se puede demostrar documentalmente —que yo sepa— lo fundado de la supuesta incapacidad física del rey Francisco para cumplir sus deberes conyugales, comentada en chascarrillos diplomáticos de la época, que han sido recogidos, y abultados, por la mayoría de los historiadores. En el caso de que hubiera sido homosexual, esta condición no tenía por qué impedirle engendrar descendencia. Pero es que tampoco existen pruebas documentales de tal tendencia sexual. Repito, que yo sepa. Antonio Ramos de Meneses, fidelísimo secretario del rey consorte, para quien Isabel II solicitó al Papa nada menos que la Orden de Cristo y su propio hijo Alfonso XII ennobleció con el ducado de Baños y la grandeza de España, sirvió lealmente a don Francisco hasta el fin de su vida, pero no conocemos datos probatorios sobre relación sexual alguna entre ellos. Por el contrario, Meneses estaba casado con una bella dama francesa y, al quedar viudo, se unió a una lozana andaluza.

De quien sí conozco documentos originales sobre aventuras extraconyugales a porrillo es de la reina. Isabel tenía la costumbre de introducir billetes amorosos en cartas de carácter anodino que enviaba a sus galanes, según he podido probar en mi libro *La familia rival*, publicado en 1994. Reproduje fotográficamente un par de billetes enviados a su primo y amante, el infante don Carlos Luis de Borbón, duque de Parma. Fueron los primeros documentos originales que se dieron a conocer sobre las trapisondas extramaritales de la soberana, de quien últimamente varios historiadores de prestigio han aireado las debilidades en obras muy difundidas y de éxito.

Hay muchos más. El jefe de gobierno, Práxedes Sagasta, años después, los coleccionaba. La reina, inocente como una párvula, recomendaba a sus amantes que quemasen la prueba epistolar de sus efusiones sentimentales. «Quema este papel como he hecho yo con el tuyo», escribía Isabelita, según reproduzco en mi citado libro. Pero algunos, naturalmente, no lo hacían.

Desde su marcha al destierro, Isabel se mostró más «precavida». La precaución consistía en escribir cartas igualmente comprometedoras, pero en mayúsculas. No estaba de moda aún la grafología y la reina ni siquiera se paraba a enmascarar sus inconfudibles «q», entre otras señas de identidad que la delataban.

Copio textualmente un documento original inédito, digno de la protagonista de *La pasión turca*, de mi admirado Antonio Gala. Se trata, quizá, de una de las cartas más encendidas que de la soberana conozco, destinada a un turco-albanés que le había hecho perder la cabeza en 1870. Fechada el 4 de mayo, dice así:

> Mi Jorge de mi vida, alma del alma mía. Yo te adoro a cada instante más y más y más. Siento mi vida toda dentro de tu vida bendita mía. Sí, yo te enseñaré el castellano; tú ya lo sabes, mi vida. Yo también de seguro entiendo el albanés, porque te adoro y el amor verdadero, el amor del alma, hace que se hablen todos los idiomas del mundo, porque el lenguaje del amor es superior a todos. Sí, alma mía; sí, mi vida; sí, mi Jorge adorado, tú me enseñarás el albanés y el inglés y todos los idiomas, y yo te enseñaré a tí el lenguaje de mi alma, que es la tuya misma y que te adora infinito, infinito.
>
> Puesto que lo quieres, cuando tú vayas a España, me quedaré en París esperando que tú me llames, vida de la vida mía, y entregues a mi hijo el cetro y corona de España. Yo puede que cuando tu menos te esperes me encuentres a tu lado. ¡O [sic] mi Jorge, yo no temo los peligros! Nuestro amor nos serbirá [sic] de escudo. Pero quiero que tu reposes de tus fatigas en mi pecho, que se abrasa de amor por tí. Yo quiero la corona para mi hijo y para tí, Jorge mío, yo sólo quiero la corona de la felicidad que tú me darás y que ya siento dentro de mi corazón, que es tuyo, y que te adora y admira como merezes [sic]. Y yo sólo quiero estar a tus pies siempre y hacerte muy felíz como lo espero, Jorge de mi vida. El lunes nos veremos y seremos felizes [sic]. El buen Losa irá el lunes mismo a decirte la hora. Si no pudiera ser el lunes será el martes sin falta cuando Dios nos abrirá todos sus cielos estando abrazados. Y decidiremos todo, y el universo se sonreirá de felizidad [sic] al ver nuestra felizidad [resic].

Toma estas rosas, vida de la vida mía, del color de nuestro amor. Las he dado para tí millones de amantes besos. Ellas te lleban [sic] toda la [palabra ilegible] con que te adora tu

YSABEL.

Jorge mío, yo te adoro como tu mereces: infinito. Mi vida, mi alma y mi cuerpo son tuyos. Yo te idolatro, Jorge mío.[7]

Así de ardorosa era Isabel II de Borbón, reina de España.

Recientemente, dos reconocidos historiadores, Ricardo de la Cierva y Carlos Rojas, han llegado a la misma conclusión: el padre de Alfonso XII, hijo y heredero de Isabel no fue el rey consorte don Francisco de Asís, sino un gallardo oficial de la guardia, Enrique Puigmoltó. El profesor De la Cierva opina que, frente a la documentación que ha manejado no puede menos que «considerar demostrado que el padre real, aunque no regio, de don Alfonso XII no fue sino el capitán de Ingenieros don Enrique Puigmoltó».[8] Y Carlos Rojas, por su parte, diagnostica: «Sin duda alguna, el padre de Alfonso XII fue el oficial de la guardia Enrique Puigmoltó, de Valencia.»[9]

El titulado duque de Guanarteme, Ceferino Míguez, publicó en 1966 un estudio genealógico sobre la descendencia de Isabel II, atribuyendo la paternidad de la infanta Isabel, alias *la Chata*, a don José Ruiz de Arana, duque de Baena; la de Alfonso XII a Enrique Puigmoltó; la de las infantas Paz y Eulalia, a Miguel Tenorio. (La infanta Pilar y varios infantes muertos de corta edad parecían ser obra del marido, el rey Francisco, o se le habían olvidado al autor...)

Sobre el origen de la infanta Eulalia, la menor de las hijas de Isabel II, disponemos, sin embargo, de un testimonio más fiable: el del propio Alfonso XIII, su sobrino. En efecto, el gran historiador británico Theo Aronson, amigo personal y biógrafo de la princesa Alicia, condesa de Athlone, prima hermana de la reina Victoria Eugenia, ha testimoniado: «La princesa Alicia se refirió una vez a la infanta Eulalia de España como una dama bastante fantasiosa. "Eulalia —dijo— presumía de ser hija de la reina Isabel II, pero como su propio sobrino, el rey Alfonso XIII, me contó con gracia, su papá había sido uno de los guardias de la reina."»[10]

---

7. Archivo particular.
8. Ricardo de la Cierva, *La otra vida de Alfonso XII*, 1994.
9. Carlos Rojas, entrevista en la revista *Tribuna*, 10 de julio de 1995.
10. Theo Aronson, *Princess Alice*, 1981.

La obsesión de Alfonso XII al subir al trono fue, tal vez por todo esto (además de la división dinástica carlista), que la Constitución de 1876, le reconociese, en su artículo 59, como rey legítimo. De este modo quedaba legalizada, en todo caso, una duda histórica que hoy, con una simple prueba del ADN sobre los restos del marido de Isabel II, se puede resolver sin un parpadeo.

Las inéditas cartas de amor de Alfonso XII

Fernando VII gustaba de frecuentar las lonjas de Venus. Su nieto Alfonso XII, en cambio, seducía a sus conquistas según los cánones más comunes y marchosos.

Elena Sanz tenía una bien merecida fama como cantante de ópera cuando inició sus relaciones con el joven monarca. «La color morena, los labios rojos, la dentadura muy blanca, la cabellera negra y reluciente, la nariz voluptuosa, el cuello carnoso y torneado a maravilla, los ojos negros e insondables, cual dos abismos que llaman a la muerte y al amor.» Este retrato de la amante del rey lo trazó el propio Emilio Castelar, ex jefe del ejecutivo de la I República española, uno de los múltiples adoradores platónicos de la diva.

Durante algún tiempo, Elena consiguió retener a su lado a aquel joven de 21 años —trece menos que ella— a quien amaba de veras. Luego tuvo que hacerse a la idea de que un valladar de rosas no puede contener la fuerza del huracán.

Los profesores Carlos Rojas y Ricardo de la Cierva se acaban de ocupar de esta figura difusa de la historia con estilo propio. Mi amigo Carlos Rojas ha escrito un relato novelado, pero curiosamente coincidente con el tenor de las cartas de amor de los amantes (que no conocía, doy fe, cuando escribió su libro).[11] Ricardo, historiador profesional a quien estimo en lo que vale desde el recuerdo de los tiempos gloriosos del nacimiento de la revista *Historia y Vida*, donde fuimos excelentes compañeros, pero del que no tengo más remedio que discrepar en alguna ocasión, ha pretendido reconstruir la peripecia de Elena desde un estricto punto de vista histórico, y en parte lo ha conseguido, sin disponer, no obstante, de detalles esenciales que, como historiador dinástico, le brindo.[12]

Elena Sanz nació «según parece en Castellón hacia 1844», escribe

---

11. Carlos Rojas, *Alfonso de Borbón habla con el demonio*, 1995.
12. Ricardo de la Cierva, *ibíd*.

Ricardo. Y, en efecto, así fue. Su acta de defunción, en el consulado de España en Niza, que señala falleció el 24 de diciembre de 1898, detalla: «Nacida en Castellón de la Plana el 6 de diciembre de 1844, hija de don Manuel Sanz Carbonell y de doña Josefa Martínez de Arrizala y Luna.»

Elena tuvo dos hijos del rey Alfonso XII. El primero, Alfonso, en 1880, concebido cuando el monarca estaba viudo de María de las Mercedes de Orleáns, la reina de romance; el segundo en 1881, cuando Alfonso ya se había casado con su segunda esposa, la archiduquesa María Cristina de Austria.

Fue una relación tumultuosa, sensual, reflejada en las cartas de los amantes. Ricardo de la Cierva dice que no ha tenido la suerte de encontrarlas. Aquí están:

> Idolatrada Elena:
>
> Cada momento te quiero más y deseo verte, aunque esto no es posible en estos días. No tienes idea del recuerdo que dejastes en mí. Cuenta conmigo para todo. No te he escrito por falta de tiempo. Dime si necesitas «guita» y cuánta. A los nenes un beso de tu
>
> Alfonso.

> Elena mía: Qué retratos y cómo te los agradezco. El chico hace bien en agarrarse lo mejor que tiene y por eso me parece le va a gustar tocar la campanilla... Tu estás que te hubiera comido a besos y me pusistes Dios sabe cómo...
>
> Daría cualquier cosa para veros. Mas no es posible.
>
> Alfonso.

> Idolatrada:
>
> Perdona si no soy siempre gentil; si anoche te hice tanto sufrir. En el pecado llevo la penitencia, pues varias veces me he despertado pensando en tí y lleno de remordimientos. De diez menos cuarto a diez y media te verá con sumo gusto mañana domingo
>
> tu Alfonso.

> Idolatrada Elena:
>
> Mucho gusto he tenido en verte todos estos días en las funciones y siempre que puedo te miro y se me van los ojos tras de tí y tras de ellos. Mi corazón y mis sentidos.
>
> Ayer te ví en tu ventana.
> Mil besos de tu invariable,
>
> A.

Elena mía: Mil gracias por tu billete de ayer y cuanto me dices. Mucho sentí no poderte ver anoche, y aún más triste estoy ante la idea de que te hayas enfriado conmigo.
Otra vez haremos aún más, y así sudarás y no hay enfriamiento posible.
Tuyo de corazón,

A.

Cuando mandaba la escuadra blindada, querida Elena, todas las brújulas andaban mal por la proximidad de metales. Si hubieras estado allí, tus ojos las hubieran vuelto todas hacia ellos, como harán inclinando el corazón de tu

A.

Esta entrañable correspondencia, inédita hasta hoy, que no está fechada, y se conserva en un archivo particular, pone de manifiesto el amor —y la pasión— de aquella relación entre el rey y la famosa contralto, sin duda mucho más importante de lo que sus contemporáneos creyeron.

Hubo más mujeres, muchas, en la vida del monarca, como otra cantante, Adelina Borghi, pero ninguna como su «Idolatrada», de destino cruel. Retirada por Alfonso de los escenarios, dejó de percibir las cantidades verdaderamente astronómicas que por su trabajo en la lírica cobraba, a cambio de la «guita» real. Tras la muerte del rey, una serie de procesos entre la favorita y la reina María Cristina sacudieron a la sociedad de su época, como muy bien narra en su estudio Ricardo de la Cierva, quien, sin embargo, declara perder el rastro de Alfonso y Fernando Sanz —ambos habían asumido el apellido materno— en 1911, «cuando intentaron un proceso final desesperado para obtener algún dinero de la Casa Real española».

No es exacto. Alfonso —Fernando ya había muerto— realizó un postrer y comentado intento tras el advenimiento de la II República española, del que los interesados en el asunto pueden encontrar puntual información en el libro que con el título *Responsabilidad de un rey* publicó en Madrid, en 1936, el eminente profesor don Luis Jiménez de Asúa, letrado de la acusación privada.

Ricardo de la Cierva, como broche de su interesante estudio, nos cuenta que Alfonso Sanz emigró a México «e hizo una gran boda con la señorita de Linantour, sobrina de un ministro de Hacienda del duradero dictador Porfirio Díaz. Tampoco he podido saber nada —prosigue— de su descendencia ni de sus últimas etapas». Pues bien, más afortunada, la crónica dinástica puede completar con la siguiente información inédita las lagunas del saber: Alfonso Sanz casó en 1922 —el mismo año en que murió en Niza su hermano Fernando, delicado de salud— con la bellísima Guadalupe Lymantur Mariscal, acaudalada mejicana nacida en 1897, con la que residió largos años en la capital del Sena (calle Ampère, 16), formando un matrimonio felicísimo. Alfonso, que llegó a ser director de la firma Peugeot de automóviles, mantenía relación de intimidad con sus tías las infantas Paz y Eulalia, hermanas de Alfonso XII. El 30 de abril de 1926, Eulalia escribía al hijo ilegítimo de su hermano: «He albergado siempre la esperanza de que el lazo secreto que nos une conservará siempre sólida nuestra amistad.» (Archivo de la familia Sanz.)

Alfonso Sanz, que vivió hasta 1970, y Guadalupe Lymantur tuvieron dos hijas: Elena y María Luisa. La primera se casó con el empresario norteamericano Robert Borgs, y tienen dos hijos, Bruce y Warren, ambos con descendencia.

La segunda, María Luisa, contrajo matrimonio con el diplomático chileno Alberto Wittig y tienen dos hijos —Leslie y Jaime— y tres hijas —Priscilla, Patricia y Jennifer— que les han dado media docena de nietos.

En ellos se perpetúa la bella historia de amor de Alfonso XII y Elena Sanz, que algún día relataré por lo menudo.

Los hijos secretos de Alfonso XIII

Minado por la tuberculosis, exacerbada por sus proezas sexuales, Alfonso XII fallecía en el palacio de El Pardo el 25 de noviembre de 1885, y a los ciento setenta y tres días de su muerte, el 17 de mayo de 1886, alumbró su viuda, doña María Cristina de Austria, un varón: Alfonso XIII, rey desde el momento de su nacimiento.[13]

---

13. En casi todas las monarquías europeas de la época —contrariamente a la costumbre española de nombrar «Borbón» a nuestros príncipes— los miembros de la realeza no tenían apellidos. Por eso, doña María Cristina hizo rectificar el apellido de «Habsburgo-Lorena», apelativo de su linaje, con el que se la había inscrito en nuestro Registro Civil, sustituyéndolo por el de «Austria». El exilio ha obligado después a que algunas antiguas familias reales hayan tenido que abandonar el nombre de sus países para adoptar la denominación de su estirpe originaria.

Siguiendo la tradición de los últimos Borbones, y criado entre el halago y la adulación, Alfonso XIII tuvo todas las mujeres que le vino en gana. Las ninfas de la corte le bailaron el agua, aunque el monarca sufría una tremebunda halitosis, lo que resultaba muy molesto. Una anciana y desenvuelta duquesa confesó muchos años después con desparpajo: «A la mayoría de las mujeres nos resultaba que ir a la cama con Su Majestad era algo interesante. Pero sólo por una vez.»

La favorita del rey fue, sin duda, Carmen Ruiz Moragas, una actriz. Nacida con el final del siglo, a los trece años aparentaba ya dieciocho. Nació de familia acomodada en la madrileña calle de Zurbano, zona noble de la capital y estudió con las monjas del Sagrado Corazón, un colegio selecto. Educada, fina, deslumbrante, a los quince años debutó en el teatro de la mano de María Guerrero, la primera gran actriz del momento, y su esposo Fernando Díaz de Mendoza, conde de Lalaing y marqués de Fontanar, grande de España. Ambiente teatral de gran tono, en el que Carmen Ruiz Moragas se sintió a sus anchas. Un breve papel en *La malquerida*, de Benavente, le atrajo la atención del público. Pero la actriz abandonó las tablas apenas iniciada su trayectoria profesional por el amor de un torero de primera fila, Rodolfo Gaona, compañero de Joselito, Belmonte y el Gallo, pero nacido en México. Se casaron cuando ella sólo contaba dieciocho años y su matrimonio duró un suspiro. Tornó al teatro en 1919, estrenando obras de Benavente: *La Cenicienta, Los nuevos yernos*. En 1926 desapareció de los escenarios. Vivía instalada en un lujoso chalet de la madrileña avenida del Valle. Aquel mismo año dio a luz una niña, Teresa Alfonsa. En 1929, a un niño, Alfonso Leandro.

Leandro Ruiz Moragas declaraba con gracejo en una entrevista concedida en 1981 al diario *Pueblo*: «Soy monárquico de puro nacimiento.» Viva estampa de su padre, Alfonso XIII, es un vino del que no hace falta preguntar la cepa de su procedencia. «Los años del bachillerato e incluso la carrera de derecho los estudié en el colegio Alfonso XII, de El Escorial.» A la pregunta «¿Recuerda a su padre con amor?», respondía: «No puedo decir demasiado, porque pienso que todos los hijos deben de pensar así de su padre. Yo, desde luego, al mío lo adoro en mi recuerdo.»

El día de la celebración de las bodas de oro de los condes de Barcelona, en 1985, Leandro, que ha mantenido siempre un comportamiento ejemplar hacia la Casa Real, fue invitado al acontecimiento y vi que la reina Sofía le besaba en la mejilla, como acostumbra con sus familiares. Dedicado a negocios de la construcción, se ha casado dos veces y tiene abundante descendencia. Su hermana María Teresa, casada con un italiano, tuvo un hijo y una hija, entroncados con la aristocracia de aquel país.

A la caída de la Monarquía, Carmen Ruiz Moragas volvió a los escenarios. Se declaró en una revista fervorosa republicana. Falleció poco después, en junio de 1936, completamente desengañada.

Melanie de Vilmorin, francesa, esposa de un traficante en grano enriquecido por la fortuna, no tuvo importancia en la vida amorosa del rey Alfonso, pero cabe mencionarla porque le dio otro hijo, Roger, de callado destino.

Hay una figura femenina, hasta ahora inédita, en la vida de Alfonso XIII, cuya identidad puedo ya desvelar: Beatrice Noon, nacida en Escocia pero de ascendencia irlandesa. En una obra anterior, la cité sólo como «institutriz de los infantes». Hacía las veces de profesora de piano y Alfonso XIII se prendó de ella. Tuvieron una hija, Juana Alfonsa. La dio a luz en París y recibió los apellidos de Milán (el rey de España contaba entre sus títulos históricos con el de duque de Milán) y Quiñones de León (apellido que le cedió quien luego fue embajador de España en Francia, íntimo de Alfonso y depositario de sus secretos).

Juana Alfonsa Milán es el calco físico de su padre, en mujer. Don Alfonso sentía predilección por ella. Un periodista, amigo del rey en el exilio, Ramón de Franch, testimonió: «En 1940, el rey se paseaba por Ginebra del bracete de una joven y la gente dio en pensar que era una nueva amante, cuando lo cierto es que era su estampa. Joven, rubia, algo coqueta y muy elegante, lleva con garbo de princesa la ilegitimidad de su origen. Nació y se educó en París, cuando Quiñones de León era la eminencia gris de aquella representación diplomática, mucho antes de ser embajador. Y pasaron los años. La chica continuaba viviendo la mayor parte del tiempo en París, donde el rey la veía, en épocas normales, con relativa frecuencia. Luego, sacándola del infierno francés apenas las *Panzerdivisionen* dieron al traste con la Línea Maginot, don Alfonso la mandó traer a Ginebra, que no se encuentra lejos de Lausana —donde Su Majestad residía—, ni demasiado cerca tampoco. La discreción nunca sobra. Muerto el rey, no es un misterio para nadie el vínculo que lo unía a esa gentil persona. Ella misma ha descorrido el velo, introduciéndose con su propia ejecutoria en las altas esferas de la sociedad local. Vive siempre sola, es decir, soltera, bajo la custodia de una inglesa de cierta edad, que ella presenta como su señora de compañía. Las dos, más una criada por todo servicio, habitan un pisito de alquiler, decentemente puesto en un buen barrio moderno. Allí se presentaba a menudo el rey, provisto de algún obsequio y de un caudal de cariño.»[14] Puedo yo añadir que Juana Alfonsa, nacida en 1916 del idilio del rey con Beatriz Noon, tuvo tres hijos varones y una hija, dos de ellos con numerosa descendencia.

Alfonso XIII no se hizo cargo de Roger de Vilmorin, pero, en cambio, aseguró el futuro de Teresa y Leandro Ruiz Moragas y de Juana Alfonsa Milán encomendando a su íntimo amigo el conde de los Andes una cantidad fija, cuyos intereses recaerían en ellos. El conde actuó como albacea testamentario del monarca: Leandro, Teresa y Juana Alfonsa nunca tuvieron que rendir cuenta alguna a la Familia Real de aquella suma, legada por un padre solícito.

El cura enamorado de doña Victoria Eugenia

Doña Victoria Eugenia, pese a todos los pesares, y aun a sabiendas de los amoríos de su marido, le fue siempre notablemente leal. Buscaba refugio a sus penas entre los brazos de su amiga, la duquesa de Lécera, una de sus damas de honor, de la que el mejor biógrafo de la reina, el británico Gerard Noel, dice estaba enamorada de ella, sin que Victoria Eugenia llegara a enterarse prácticamente nunca de aquello.

Protagonista de otro comentado enamoramiento platónico fue un sacerdote, Francisco Javier Vales Failde, de infausto destino. Mi compañera Eugenia Montero exhumó hace años el asunto con tacto y delicadeza.[15]

«Vales Failde —explica—, doctoral de la Real Capilla del palacio de Oriente, fue nombrado profesor de religión del príncipe de Asturias en 1916. Su relación con la Familia Real era pues frecuente. La reina sentía admiración, estima y respeto por el religioso. Su preparación, su finura de espíritu, le convertían en receptor ideal de la soledad interior de Victoria Eugenia. Nadie mejor que él comprendía la grandeza de sus sacrificios, de sus esfuerzos por ser una mujer y una soberana perfecta. Admiraba su fuerza de voluntad y su saber estar

---

14. Ramón de Franch, *Genio y figura de Alfonso XIII*, 1947.
15. Eugenia Montero, *Los secretos en Palacio Real*, 1986.

por encima de las dificultades. Sabía de sus momentos de flaqueza, en los que se sintió desfallecer, y, hombre al fin, se hallaba cautivado por la belleza extraordinaria de Victoria Eugenia.

»Es difícil delimitar la frontera entre los sentimientos. Admiración, respeto, amor... ¿Cuándo se separan y cuándo se funden? ¿Cuándo se descubre que un afecto profundo es quizá un infinito amor? Entre la reina y el capellán de honor de la Real Capilla existió un sentimiento de mutuo respeto y de afinidad espiritual, mas se dijo, con la discreción que su figura merecía, que Vales Failde estaba enamorado de su reina.

»El 17 de junio de 1922 fue nombrado receptor interino de la Real Capilla. Aún no había transcurrido un año, durante la Semana Santa de 1923, sufrió una grave crisis emocional. Sentimientos, deseos, decepciones, dudas, inseguridad, toda una mezcla, varia y humana, le creó una angustia síquica que no logró superar. El 30 de marzo de 1923, Viernes Santo, Francisco Javier Vales Failde se suicidó cortándose las venas.

»Se ocultó piadosamente la forma en que había muerto, pero en palacio corrieron distintas versiones sobre los motivos que le habían inducido a tan fatal decisión. La opinión más extendida fue que había muerto por amor, un amor espiritual e imposible que había sido más fuerte que su religión.»

El gran problema de la hemofilia

El matrimonio de Alfonso XIII y Victoria Eugenia de Battenberg había hecho aguas por todas partes. No sólo por el carácter voluble del rey, sino, muy principalmente, por el mayor fallo que se puede achacar a una soberana: el problema de la descendencia.

La Monarquía es una institución basada en la familia y en la herencia. Una Casa Real sin herederos, o con la herencia tarada, significa mucho más que un hogar en el que se absorben muchas amarguras; es un foco generador de ansiedades nacionales y, en el mejor de los casos, de tibieza monárquica.

El gran problema, la continua pesadumbre, de Victoria Eugenia y Alfonso XIII residió, es bien sabido, no en la falta de prole, sino en la enfermedad de la hemofilia que la esposa del monarca español transmitió a dos de sus hijos —el mayor y el menor— privando a la Corona y al rey de un importante soporte: un inmediato heredero sano, apto para cualquier emergencia en la sucesión.

Cuando la tara hereditaria quedó al descubierto, aquella familia —la Familia Real— quedó consternada. Alfonso XIII se convirtió en un hombre abatido. La indiferencia hacia su mujer se acentuó. Según él, Victoria Eugenia había convertido a la Casa Real de España en una dinastía condenada.

SEGUNDA PARTE

DON ALFONSO, EL PRÍNCIPE DOLIENTE

El futuro de la dinastía

El 10 de mayo de 1907, menos de un año después de su boda, a las dos de la mañana, se inició el primer alumbramiento de la reina doña Victoria Eugenia. Duró doce horas y fue terriblemente penoso. Un cuarto de hora después de haber nacido un bebé, Alfonso XIII presentó, desnudo, en una bandeja de plata —siguiendo la tradición— a su primogénito y ya heredero de la Corona. El monarca aparecía resplandeciente de dicha: el futuro de la dinastía estaba asegurado.

Nunca una afirmación fue más errónea.

«El nuevo príncipe de Asturias, título tradicional de los herederos del trono, se parece a su madre —escribió Henri Charriaut, un periodista francés, en su obra *Alphonse XIII intime*—; es un pequeño inglés rubio, de ojos azules, nada español en su aspecto.»

La descripción era exacta y aquellos rasgos, al paso de los años, se acentuaron hasta convertir a «Alfonsito» —tal era su nombre en familia— en un verdadero príncipe de leyenda. Las hadas parecieron concederle todos los dones, pero nadie reparó al principio en la bruja maléfica.

Cuando, a los pocos días de nacido, el heredero fue circuncidado (un apresurado historiador que tampoco ha sabido encontrar los documentos pertinentes, niega la operación), los médicos comprobaron que una hemorragia de la banal incisión no cesaba: el príncipe —al igual que su primo, el hijo del zar de Rusia— era hemofílico.

La hemofilia, recordémoslo, es una enfermedad de carácter hereditario que ataca a los varones y se transmite por las mujeres, las cuales no la padecen nunca en sí mismas. Las heridas no cicatrizan, las pérdidas de sangre se producen por causas insignificantes, incluso por contusiones o al afeitarse, y el individuo que la padecía —en aquel tiempo en que todavía no estaba bien estudiada— podía morir a causa de incontrolables hemorragias. La reina Victoria de Inglaterra fue, en el caso que nos ocupa, germen e introductora de la tara orgánica que, a través de sus descendientes llamadas a reinar en distintos tronos europeos, se propagó a las casas de Hesse, Rusia y España.

El problema más grave que un historiador se plantea es descubrir si el gobierno español, en el momento del anuncio del noviazgo de Alfonso XIII, estaba informado del inconveniente de aquellas nupcias que tanto daño podían acarrear a la dinastía. Parece solventado: Alfonso XIII estaba al tanto de la cuestión y también su madre, la reina María Cristina, que intentó disuadirlo. Un historiador de nuestros días, autor de una notable biografía de doña Victoria Eugenia, niega este conocimiento, porque afirma que no ha encontrado en qué fundamentarlo. No puedo estar de acuerdo. De la bibliografía de su libro, se deduce que no ha consultado tres fuentes, a mi modo de ver, capitales. La primera es la «biografía autorizada» de la princesa Beatriz de Inglaterra, madre de Victoria Eugenia, titulada *The shy princess* y publicada por David Duff en 1958, es decir, cuando la mujer de Alfonso XIII estaba viva. El historiador inglés advierte en su prólogo: «Debo gratitud a Su Majestad la reina Victoria Eugenia por facilitarme información y por leer el manuscrito.» ¿Y qué escribe el prestigioso autor inglés en su libro? Pues esto: «Pronto se supo que Alfonsito sufría de hemofilia. En esto reside la verdadera tragedia de la princesa Beatriz. Tanto ella como los consejeros del monarca español conocían, en el momento del compromiso matrimonial de la pareja, el riesgo que ambos corrían. Pero estaban muy enamorados. El rey Alfonso nunca temió arriesgarse.»

Es decir la propia reina Victoria Eugenia, que revisó estas páginas, según declara el autor explícitamente, consideró que lo afirmado respondía a la verdad. Y no puso reparos a su divulgación.

El segundo testimonio lo procura Henry Vallotton, abogado y parlamentario suizo que gozaba de la intimidad tanto del rey Alfonso como de su mujer. En el prólogo de su biografía sobre Alfonso XIII (escrita también en vida de la reina), el conde de Romanones destaca la amistad del autor con la Familia Real y concluye que leer a Vallotton «es oír al mismo rey». ¿Y qué narra el biógrafo, después de explicarnos sus conversaciones con don Alfonso y doña Victoria? Lo siguiente: «El recién nacido príncipe parecía sano y vigoroso. Pero, sin embargo, la circuncisión dio origen a una hemorragia que fue muy difícil de atajar. El príncipe de Asturias estaba enfermo de hemofilia. Sus padres recibieron la noticia con gran desconsuelo; no sólo la vida del niño, sino el mismo porvenir de la dinastía estaban amenazados a la vez. Los ministros, la corte, el parlamento y hasta el pueblo mismo, al que llegó la noticia, quedaron desilusionados. Algunos adversarios de la reina decían, por lo bajo, que al rey no se le había dado a conocer este peligro hereditario. ¡Era falso! Alfonso XIII sabía, incluso antes de su noviazgo, que habían existido casos de hemofilia en la familia de la princesa del lado materno... Alfonso XIII conocía, pues, los riesgos de su matrimonio; pero su amor por la princesa Ena le había hecho olvidarlos. Además, como siempre, tenía confianza en su buena estrella. Hecho singular, pero no inexplicable. Alfonso XIII echaba, en cierto modo, la culpa a su esposa de esta enfermedad, cuya gravedad no le había sido, como decimos, desconocida. Obedecía al sentimiento de decepción que había seguido a su gran alegría de tener un hijo. Era el rey al que hasta entonces todo había salido bien, y que tenía en esta circunstancia su primer contratiempo.

»Ciertamente —prosigue Vallotton, el amigo, el confidente de los soberanos españoles en el exilio— la reina no tenía responsabilidad alguna en ello, y Alfonso lo sabía muy bien; pero no podía resignarse a que su heredero hubiese contraído una enfermedad que la familia de ella tenía, y la suya no. Era injusto, él mismo lo reconocía, pero no podía pensar de otra manera.»[16]

La tercera prueba nos la proporciona en uno de sus libros de recuerdos el insigne historiador don Claudio Sánchez Albornoz. Cuenta una visita que realizó en 1927, acompañado de su mujer, a Munich, donde residía la infanta Paz, hija de Isabel II y tía de Alfonso XIII, que estaba casada con un príncipe de Baviera. Pasearon con la señora por los jardines de su palacio de Nimphenburg y la infanta, de repente, le preguntó preocupada a don Claudio:

«—Le ruego me diga sin rodeos lo que piensa sobre la dictadura de Primo de Rivera.

»—Al establecerla y disolver las Cortes —respondió el historiador— el rey se ha jugado la Corona.

»—Eso le hemos dicho todos —comentó entonces la infanta—, pero no nos hace nunca caso. Cuando se proyectó su boda con la reina, le previnimos de que las Battenberg transmitían la hemofilia. No nos escuchó.»[17]

El moderno biógrafo de doña Victoria Eugenia llega a afirmar que la hemofilia no se tipificó hasta 1911, cuando ya había nacido el príncipe de Asturias. No es así. El profesor Wright, en 1893, la analizó y describió en su estudio *Haemophilia and haemorrhage* y sobre su trabajo se basaron algunas de las curas al zarevitch Ale-

---

16. Henry Vallotton, *Alfonso XIII*, 1958.
17. Claudio Sánchez Albornoz, *Anecdotario político*, 1972.

xis, heredero del zar Nicolás II, nacido dos años antes de la boda de los reyes de España. Incluso dos hermanos de doña Victoria Eugenia, los príncipes Leopoldo y Mauricio de Battenberg, hemofílicos, habían dado síntomas desde su primera infancia de su delicada condición. Aun en el supuesto de admitir que la dolencia no hubiera estado del todo precisada, no se puede excusar el comportamiento del monarca, jefe de su dinastía. La responsabilidad de Alfonso XIII fue total.

Una vida patética

Evelyn Graham fue una autora inglesa de éxito que escribió, la primera, una biografía de la reina Victoria Eugenia. Un puro elogio pero con el valor que todas las biografías basadas en entrevistas personales con el protagonista poseen, en mayor o menor grado.

«Alfonsito es el heredero más saludable que se pueda imaginar», consignó la Graham sin ruborizarse.

Alfonso y Victoria se empeñaban en cerrar los ojos ante la realidad de un heredero enfermo. Habían tenido otros seis hijos y sólo sobre uno cabía albergar esperanzas. Jaime, nacido en 1908, era sordomudo; Beatriz y María Cristina, en 1909 y 1911, respectivamente, posibles transmisoras de la hemofilia;[18] un infante, nacido muerto, en 1910; Juan, en 1913, y finalmente Gonzalo, hemofílico, en 1914.

Pero, del mismo modo que los reyes confiaron en 1928 a la periodista inglesa que su primogénito rebosaba salud, se pretendía engañar al país, mientras algunas gentes, al cabo de la calle, hacían correr la voz de que cada día se sacrificaba un ternero para alimentar con su sangre al desmedrado heredero. Otros, malévolos, afirmaban que se sacrificaba a un niño.

Al cumplir trece años, Alfonso XIII filió a su hijo como soldado y le dirigió públicamente su primer discurso como heredero.

---

18. «Si una mujer tiene el gen de la hemofilia seguirá estando sana pero será portadora. Su descendencia, masculina o femenina, tendrá una oportunidad de cada dos de recibir ese gen. Si no lo reciben ellos y sus descendientes, se ven libres de la enfermedad. Si un hijo varón hereda el gen de la hemofilia, sufrirá la enfermedad. Todas sus hijas serán portadoras, pero sus hijos y descendientes se verán libres del mal» (Shapiro, *La impronta humana*).

«Hoy recibes —le dijo— el honor más grande a que puede aspirar un español. Como príncipe de Asturias ofreces tu vida y prometes cumplir tu deber, perdiendo tu libertad individual para hacer una España grande y fuerte.»

¿Podía hablarse de libertad individual, de grandeza y fortaleza a aquel ser desdichado que se debilitaba por cualquier esfuerzo y no representaba ninguna garantía de futuro para la nación?

«Desde siempre éramos conscientes de la enfermedad del pobre Alfonso y de Gonzalo —testimonió en sus memorias la infanta María Cristina, hija de Alfonso XIII, hoy octogenaria—; sabíamos que no podíamos empujarles ni dejar que se cayesen, porque entonces se ponían enfermos. Todos, en cierta manera, les protegíamos. Aunque los dos tenían la hemofilia, el caso de Alfonso era el peor. Con cualquier golpe tenía unos dolores terribles y se le paralizaba parte del cuerpo.»

Y prosigue la infanta: «Alfonso se llevaba divinamente con mamá. Cuando ya era mayor, para que sintiera que tenía algo suyo, le arreglaron el palacete de la Quinta, cerca de El Pardo. Allí paseaba por los jardines y los bosques estupendos y hasta instaló una granja, en la que criaba gallinas, cerdos y toda clase de animales. Tenía un perro grande, un setter que le seguía a todas partes y se llamaba *Peluzón*.»[19]

Con el paso de los años, las crisis del príncipe de Asturias se agravaron. «Cuando visité a Su Alteza —escribió el general Mola— comprendí en su verdadera dimensión la tragedia interna de la Familia Real. Me recibió de pie, y quiso tener la deferencia de hacerme sentar. Luego intentó levantarse para despedirme y no le fue posible. Una ráfaga mezclada de angustia y resignación pasó entonces por su semblante.»[20]

Aquel príncipe patético, que ni siquiera podía saltar, correr y jugar como sus hermanos, recibió sin embargo un regalo de la Providencia, el joven doctor Carlos Elósegui: un verdadero amigo.

Elósegui era un estudiante vasco de hematología, discípulo del

---

19. Por su parte la infanta Eulalia, a quien ya conocemos, tía de la infanta María Cristina, afirma que en el cumpleaños del príncipe de Asturias siempre había un miembro de la familia que le regalaba un cerdo de raza y que era frecuente verlo arreando una piara por los caminos de El Pardo. No era en verdad lo que se esperaba del heredero de un trono.

20. Emilio Mola, *Memorias*, 1977.

famoso doctor Pittaluga, quien le encargó atender directamente a un numeroso grupo de hemofílicos que acudían a la policlínica de la Facultad de Medicina de Madrid. El impulso de la juventud de Elósegui y su dedicación científica iban paralelos al cariño con que trataba a sus enfermos, por lo que pronto trascendió su competencia, y su fama rebasó el ámbito hospitalario.

Un día de primavera del año 1925 Carlos aceptó la invitación de un amigo para almorzar en el tiro de pichón de Somontes. Asistiría también un amigo de su amigo «que tenía un hijo que padecía hemofilia». Acudió Elósegui a la cita y, cuando ya estaba sentado con su amigo a la mesa, entró Alfonso XIII y le invitó a que viese al príncipe de Asturias en palacio y se hiciese cargo de su tratamiento. Carlos, azorado, le contestó que aún no era médico —cursaba el último año de carrera— y se permitió sugerir al monarca que llamase al profesor Pittaluga.

En la conversación que pocos días después mantuvo Su Majestad con el maestro Gustavo Pittaluga, se acordó que Elósegui fuera a vivir al alcázar para atender al heredero y al infante don Gonzalo, y el ya licenciado médico se granjeó rápidamente el afecto de la Familia Real por su discreción, comedimiento y dedicación total a sus regios pacientes. Con el príncipe Alfonso, que necesitaba mayores cuidados y era casi de su edad, Elósegui trabó además una amistad cimentada en la confianza y el afecto, y con él convivió en El Pardo, La Granja y Madrid. En Torrelodones tenía Elósegui a su novia, Mercedes Grasset —que luego fue su esposa, y a quien agradezco su cooperación en este libro— y a Torrelodones acudía a veces el príncipe doliente con su inseparable *Peluzón*. También acompañó Carlos a Su Alteza, mediado 1930, en el viaje de placer más largo de aquella vida triste, cuando visitaron juntos París, Alemania, Austria, Suiza e Italia.

Aquel viaje fue un soplo de aire fresco para el príncipe de Asturias, cuyo compromiso matrimonial acababa de desbaratarse.

El matrimonio frustrado

A los veinte años el príncipe de Asturias era un hombre físicamente hermoso, que, de no haber sido por su afección, hubiera encontrado varias docenas de princesas dispuestas a compartir su vida y su futuro trono. Librado a su soledad la mayor parte del tiempo, Alfonso había visto transcurrir sus días lejos de los placeres de su edad: nada de bailes, ni esfuerzos, ni mucho menos de correrías. Había tenido que contentarse con el puro morbo de la imaginación. Y, de repente, apareció Ileana.

En la primavera de 1929, la reina María de Rumanía, viuda del rey Fernando I, visitó Madrid acompañada de una de sus hijas, la princesa Ileana, de veinte años, cabellos sedosos y castaños, brillantes ojos azules, elegante y esbelta. El príncipe de Asturias se enamoró como un novicio y le propuso matrimonio. La Familia Real estaba encantada. Ileana tenía vocación de enfermera, sentido del deber real y el deseo de dedicarse al bien común: se sintió conmovida por el interés del príncipe y su innegable encanto.

Pero el compromiso matrimonial no llegó nunca a ser anunciado. Los Archivos Reales de Rumanía, en Bucarest (Sección III, legajo 170) conservan una pavorosa carta de la reina María, donde se explica la razón.

> La mayor objeción contra esta boda —escribió la soberana— es Alfonso XIII mucho más que el marido inválido. El rey español se interesa por todas las mujeres nuevas que conoce, y luego se las arregla para declarar que son ellas quienes se arrojan a sus pies. Una nuera bonita, esposa de un hijo incapacitado, no estaría segura a su lado.

Estremecedor.

Ileana de Rumanía casó dos años después con un archiduque de Austria, del que acabó separándose. Dedicada a la caridad y a los enfermos, murió hace pocos años en un monasterio ortodoxo de Estados Unidos, donde había profesado en religión.

El heredero imposible

En 1927, ante el deterioro de la política española y el descrédito cada vez más creciente del rey, un antiguo jefe de gobierno, José Sánchez Guerra, adversario declarado de la dictadura de Primo de Rivera, se atrevió a entrevistarse con la reina doña Victoria Eugenia, en audiencia privada, manifestándole que, aun cuando el momento fuese extremadamente grave, tal vez podría encontrarse una solución en la abdicación del monarca, en el príncipe de Asturias o en el infante don Jaime, si bien debido a la incapacidad física de ambos, sería mejor que los derechos sucesorios recayesen en el infante don Juan. Pero, al ser éste menor de edad, sería obligado pensar en la regencia de su madre.

Doña Victoria Eugenia interrumpió al político declarándole: «Yo vine a España traída por Alfonso XIII. El día en que él tenga que marchar al extranjero, saldré yo también, para acompañarle en el destierro. Mientras tanto, ni siquiera puedo escuchar de labios de nadie propuestas o insinuaciones que se refieran a la marcha de la política.»

Al encontrarse poco después a solas los reyes en palacio, Alfonso XIII comentó la audiencia de Sánchez Guerra. Su mujer la justificó diciendo que, por tratarse de un antiguo presidente del gobierno, difícilmente hubiera podido dejar de recibirle. «No te lo reprocho —le atajó el monarca—. Como sé, además, lo que le contestaste, debo reconocer que estuviste muy bien.» «¿Y por quién me habías tomado?», respondió, rápida, ella.[21]

Si el príncipe de Asturias, ya mayor de edad, hubiera podido acceder al trono sin la amenaza de la cruel enfermedad, tal vez la Corona de España hubiera resistido los embates de 1931. A la proclamación de la República, el 14 de abril, Alfonso, que pocos días antes había experimentado una gravísima recaída, tuvo que ser sacado casi como un fardo de palacio. Carlos Elósegui le asistió y lo trasladó en camilla al tren en que partió la Familia Real hacia el exilio. El príncipe de Asturias aún no había cumplido veinticuatro años.

Aun en el destierro, los miembros de la dinastía española intentaban hacer valer al desdichado. «Lo digo sin pasión de pariente —afirmaba el infante don Alfonso de Orleáns, hijo de la infanta Eulalia y primo de Alfonso XIII—; el príncipe es un muchacho buenísimo y un gran caballero. Cierto es que su salud no fue siempre todo lo buena que deseamos, pero ahora, por fortuna, está completamente bien. Para ser monarca no hace falta ser un Uzcudun. Si algún día la voluntad de Dios quiere que ocupe el trono español, ya verán que será un modelo de reyes por su prudencia y sabiduría.»

Pero el príncipe de Asturias no era prudente, ni mucho menos sabio. Aunque sus modales y su aspecto físico fueran en extremo agradables, su talento, incluso en España, no le permitió otra cosa

---

21. Confidencia de Eugenio Vegas Latapié, preceptor del príncipe Juan Carlos, a su amigo Pablo Beltrán de Heredia, que la contó en el diario *ABC* del 10 de abril de 1992.

que saber criar aves de corral. Demostraremos enseguida la pobreza gramatical del único hijo de Alfonso XIII que había sido educado como aquel rey había creído que debía ser educado el heredero de la Corona, manteniéndolo, contra toda evidencia, como sucesor inmediato... e imposible.

El trueque de un trono por una cubana

Después de abandonar Madrid, la Familia Real se había instalado en París, en el céntrico hotel Meurice, un alojamiento demasiado lujoso que no tardaron en abandonar para instalarse en un hotelito de Fontainebleau, a sesenta kilómetros de la capital del Sena, donde se recibía a los españoles (pocos) que acudían a saludar a los proscritos. Las Cortes no sólo habían despojado al antiguo rey de todos sus atributos y privilegios, sino que preparaban contra él un proceso por alta traición. Se le acusaba, entre otras cosas, de haber sustraído de España enormes sumas de dinero. Alfonso XIII sería finalmente declarado culpable, fuera de la ley y traidor a la patria, mientras los bienes privados que poseía en España quedaban incautados.

El príncipe de Asturias no había podido residir mucho tiempo con sus familiares en Fontainebleau. Su estado de salud le obligó a registrarse en una clínica del barrio de Neuilly, acompañado por su fiel doctor Elósegui y un enfermero. Una vez o dos por semana, sus padres acudían a visitarlo. Una anécdota, absolutamente fiable, que me ha sido confiada, da que pensar sobre la personalidad de la reina Victoria Eugenia.

Durante una de sus visitas a su hijo enfermo, y al comprobar el estado de su postración, no pudo recatarse de exclamar:

—Si no pueden convertir a Alfonso en una persona normal, preferiría verlo muerto.

Algo mejorado, el desdichado Alfonso fue internado meses después en un sanatorio de Leysin, cerca de Lausana, en Suiza, que se reputaba la meca curativa de Europa, mientras Elósegui marchaba a España para casarse. Allí conoció a una cubana un año mayor que él y más que guapa, llamativa, que le sorbió completamente el seso.

Procedía Edelmira Sampedro, que así se llamaba la joven, de una familia enriquecida en el negocio de la caña de azúcar, pero a la sazón bastante venida a menos, y se había instalado en un chalet vecino al sanatorio, en compañía de su madre y una de sus hermanas, Elisarda, a fin de corregir ciertas anomalías respiratorias, de carácter leve, que le aquejaban. Aunque, según varios testigos, lo cierto es que estaba más sana que un roble y se distinguía por su desenvoltura en los *dancings* y playas de la costa del lago Léman, hasta que decidió asumir la actitud de enfermera dulce y comprensiva que hechizó a Alfonsito, quien poco después de conocerla le declaró su amor, mostrándose dispuesto a una formal coyunda.

La perspectiva de que Edelmira se convirtiese en la esposa del heredero español, obnubiló a los Sampedro, cubanos honrados y burgueses, sin otra comprensión de la realeza que no fuera el banal oropel que la circunda. Se mostraban literalmente extasiados.

Alfonso XIII, por el contrario, quedó anonadado. Aquel hijo cuya herencia había defendido contra viento y marea, le anunciaba su casamiento con una antillana de oscuros orígenes.

—Pierdo a mi hijo para siempre —confesó el rey a sus íntimos.

Sabía el príncipe de Asturias que las normas tradicionales de la Casa Real española exigían para él un matrimonio dentro del círculo de la realeza. Años antes, en Madrid, se había enamoriscado de una señorita de la alta sociedad, Carmen Yebes —antes de que apareciese en su vida Ileana de Rumanía—, y la negativa del rey, argumentando el compromiso impuesto por la norma dinástica, había cortado de raíz el proyecto.

La historia del enamoramiento del príncipe y la «plebeya» había, mientras tanto, saltado a los periódicos, y el tema tuvo una gran resonancia, como era de esperar (faltaban aún tres años para la abdicación de Eduardo VIII de Inglaterra para casarse con la señora Simpson y la posibilidad de una renuncia «por amor» fascinaba desde duquesas a cocineras, pues era una novedad excepcional en aquella época).

En un desesperado intento, el monarca español solicitó los buenos oficios del padre Ángel Urriza, amigo del príncipe, y del padre Martínez, su director espiritual, para hacerle volver atrás en su decisión. Sin resultado.

En consecuencia, el rey exigió la preceptiva renuncia del príncipe de Asturias a sus derechos dinásticos, que asimismo llevaba implícita la exclusión de su posible progenie, la cual quedaba automáticamente apartada de la eventual sucesión al trono.

El 11 de junio de 1933, don Alfonso de Borbón y Battenberg, suscribió en Lausana una carta, conservada en el archivo del conde de Barcelona, que decía lo siguiente:

Señor:
Vuestra Majestad conoce que mi elección de esposa se ha fijado en persona dotada de todas las cualidades para hacerme dichoso, pero no perteneciente a aquella condición que las antiguas leyes españolas y las conveniencias de la causa monárquica, que tanto importan para el bien de España, requerirían en quien estaría llamada a compartir la sucesión en el trono, si se restableciese por la voluntad nacional.

Decidido a seguir los impulsos de mi corazón, más fuertes incluso que el deseo que siempre he tenido de conformarme con el parecer de Vuestra Majestad, considero mi deber renunciar previamente a los derechos de sucesión a la Corona que, eventualmente, por la Constitución de 1876, o por cualquier otro título, nos pudieran asistir a mí y a los descendientes que Dios me otorgara.

Al poner esta renuncia, formal y explícita, en las augustas manos de Vuestra Majestad, y, por ellas, en las del país, le reitero los sentimientos de fidelidad y de amor con que soy, Señor, su respetuoso hijo,

ALFONSO DE BORBÓN.

Por ironía del destino, el documento más conocido de aquel hombre que había sido durante veintiséis años príncipe de Asturias fue precisamente su renuncia.

La carta —cuyo texto fuera redactado por la secretaría de Alfonso XIII— fue devuelta a Fontainebleau, una vez firmada, por el director espiritual del príncipe. Y, desde aquel punto, Alfonso abandonó su título y adoptó el de conde de Covadonga.[22]

Diez días después de renunciar por Edelmira a la posibilidad de ocupar un día el trono de España, don Alfonso se casó, el 21 de junio, en la parroquia de Ouchy, en Lausana, con su adorado tormento. El rey no quiso ser testigo de un acto que reputaba descabellado. Acudieron sólo la reina y sus dos hijas.

Los recién casados se instalaron en el hotel de París, de la capital francesa, donde, al principio, fueron objeto de gran curiosidad por el aura romántica que les rodeaba. La administración del lujoso establecimiento se mostraba razonable si la mayor parte de los días los condes de Covadonga se exhibían en el comedor general, en lugar de almorzar, según su gusto, dentro de sus habitaciones.

22. Título de nuevo cuño. Alfonso XII había utilizado el de marqués —que no conde— de Covadonga. El renunciante hizo uso del «condado» como nomenclatura «de incógnito» en su viaje por Europa con Elósegui.

Residían en la número 426 y allí les entrevistó, cuando su idilio se encontraba aún en su apogeo, el célebre periodista español José María Carretero, conocido como *el Caballero Audaz*, dejando a la posteridad un precioso testimonio, escrito en el tonillo áulico de aquel tiempo, que no me resisto a pasar por alto:

«—¡Hola Carretero! —me saluda jovialmente el príncipe—. ¿Cómo está usted?
»Estrecho su mano sin desechar aún mi sorpresa. Yo esperaba una antesala, un secretario ceremonioso; no sé qué. Todo, menos este aire espontáneo y sencillo de cordialidad, de llaneza simpática.
»—Pase usted, Caballero Audaz —me invita don Alfonso.
»Le contemplo con rápida atención.
»El príncipe viste un pantalón gris de franela y americana azul. Su camisa es de seda con cuello sport.
»Sin poderme contener exclamo, como resumiendo mi asombro por este recibimiento inesperado:
»—¡Pero, príncipe!
»Y, como él se vuelve hacia mí inquiriendo, yo, para atenuar el aire ingenuo de mi exclamación, repito, dando ya otro tono a mi voz:
»—¡Pero, príncipe! No esperaba encontrar a Vuestra Alteza con este aspecto de fortaleza tan admirable...
»Él, con una sonrisa dulce, impregnada de bondadosa camaradería, acoge:
»—Sí, en efecto; gracias a Dios estoy muy bien. Mejor que nunca; apenas si cojeo...
»Y echa a andar delante de mí. Compruebo que sólo un leve balanceo hacia adelante hace vacilar ligeramente su paso.
»Avanzamos por el pasillo.
»A la derecha, la puertecita del cuarto de baño y enseguida la habitación, espaciosa, pero dividida por una gran cortina de terciopelo gris.
»—Pase y siéntese —me ofrece amablemente.
»Contemplo la estancia. La división del cortinaje convierte esta media habitación en un pequeño gabinete. Conozco este recurso un poco bohemio de hacer dos cuartos de uno solo, cuando no se puede pagar un departamento completo en un hotel caro. Pero no creí que este elegante truco de turistas mundanos y de artistas tuviera que ser utilizado por todo un príncipe.
»Y, efectivamente, es así. Tras el cortinaje de terciopelo adivino

un lecho nupcial, y tal vez algún imperceptible rumor me hace imaginar al otro lado de la separación la bella silueta de la dama que comparte este recinto.

»Tomamos asiento en sendas butacas. Observo detenidamente al príncipe.

»Sin adulación, puede decirse que es un tipo de verdadera belleza. Alto, enjuto, pero ancho de hombros, parece como si el sufrimiento físico lo hubiera estilizado. Su rostro se diría tallado en palo de rosa. Los ojos azules, diáfanos, tienen una mirada dulce, leal, de subyugante simpatía. Un levísimo viso dorado, sobre el labio superior de una boca casi femenina en su perfección. Y, en contraste, la voz y los gestos muy varoniles.

»Realmente —pienso— este príncipe heredero de un trono, de infancia doliente, protagonista luego de una historia de amor, tiene el tipo de un príncipe de balada.

»Empieza nuestra conversación. Me ofrece un cigarrillo y, enseguida, brindándome gentilmente la iniciativa de la conversación, exclama con una llaneza deliciosa:

»—Vamos a ver; ¿y qué le trae a usted hacia este desterrado?

»—Venía —le digo— a ofrecer a Vuestra Alteza personalmente el libro que me inspiró la desgracia de su augusto padre.

»Y extraigo del bolsillo de la americana el ejemplar del que, en efecto, iba provisto.

»Entonces el príncipe me señala, en la mesa cercana, un volumen, cuyas hojas aparecen manoseadas y marchitas. Es mi libro.

»—Mírelo usted; aquí lo tengo. Lo he leído ya dos veces y no dejo de hojearlo a ratos. Yo, como todos los míos, le debemos estar muy agradecidos. Ha salido espontáneamente a la defensa del rey, en el instante que parte del pueblo de España quiere acumular agravios contra él. Yo se lo agradezco infinitamente.

»—Sólo he querido hacer un acto de justicia, Alteza.

»—Y de generosidad —me responde el príncipe.

»—Gracias, señor. —Y para cambiar de conversación prosigo—: Yo he venido, Alteza, para que hablemos de muchas cosas para otro libro que preparo...

»—¿De mí?... —inquiere alarmado.

»—¡Del rey... de Vuestra Alteza...!

»—Prescinda usted de mí —replica, sonriendo melancólico—. ¡Yo no tengo importancia ninguna!

»Y con acento de sincera modestia ratifica:

»—Yo no soy nada ni nadie. Y lo más triste es que no lo fui nunca. He renunciado a todo y me he convertido en un ciudadano particular, al que no le quedan más que un pedazo de vida y un amor muy grande en el corazón.
»Interrumpo, mirándole con fijeza, exponiéndome a pecar de indiscreto:
»—¿Y así es Vuestra Alteza dichoso?...
»Él medita un momento. Luego, serenamente, con acento de profunda convicción responde:
»—¿Recuerda usted el cuento de aquel príncipe que buscaba por todo su reino al hombre feliz cuya camisa había de tener la virtud de curar todas las dolencias? Resultó que el único hombre que encontró verdaderamente dichoso carecía de camisa. Bueno. Pues yo soy el hombre que es absolutamente feliz, y además tiene camisa...
»Sonríe inefablemente, como si contemplara su propia dicha.
»—Eso quiere decir que Vuestra Alteza no está arrepentido de nada del pasado.
»—Pero ¿cómo voy a estarlo? Le repito que soy absolutamente dichoso. El hombre más dichoso de la Tierra. Adoro con toda mi alma a mi mujer y he renunciado a todo lo que no sea ella...
»Hace una pausa y afirma con tenacidad de enamorado:
»—Ella es mi salud; ella es mi vida. ¡Ella lo es para mí todo!...
»—Perdóneme, Alteza —le interrumpo—, si soy indiscreto. No es caso corriente en el mundo que un hombre renuncie a lo que Vuestra Alteza ha dejado por amor. A mí ese impulso sentimental me parece más interesante que todos los problemas políticos. Durante veinte años el tema del amor ha sido mi preocupación de escritor. Disculpe Vuestra Alteza si le pido que me cuente el proceso psicológico de esa pasión, por la que tanto ha sacrificado.
»El príncipe se arrellana en la butaca; cruza las piernas.
»Se le adivina en el gesto esa complacencia, tan humana, con que a todos nos gusta tratar el tema que nos subyuga.
»Su voz grave y viril se suaviza, adoptando un tono confidencial. Y me habla, de hombre a hombre, de corazón a corazón, como si yo fuera un camarada parigual de su juventud:
»—Todo ocurrió de un modo muy sencillo, que es, digan lo que quieran, como ocurren las cosas más grandes de la vida... Yo estaba, cuando me fui a Suiza, gravemente enfermo. Tanto, que no podía moverme de la habitación. Muy triste, además. Quedaba atrás, para siempre, mi España, y la vida se me iba yendo poco a

poco. Los demás compañeros del hotel [sic] salían todos los días para hacer excursiones, para entregarse a los deportes sobre la nieve. Les veía partir, como una bandada de pájaros ansiosos de libertad. Hubiera quedado solo, totalmente abandonado a la tristeza de mi invalidez, si no hubiera sido por la generosa atención de dos damas cubanas, madre e hija, que, privándose de todo esparcimiento, se dedicaron piadosamente a hacerme compañía. Muchas tardes el hotel quedaba desierto. Todos los huéspedes, enfermos o sanos, salían a gozar del paisaje maravilloso... Yo estaba postrado, impedido de andar. Pero me sentía casi dichoso porque, alegrándome con su charla, con sus risas, con sus delicadezas mi espíritu, estaba a mi lado una mujer joven, bella, de talento: Edelmira Sampedro. Así nació en mí el amor por la que hoy es mi compañera...

»El príncipe habla con pasión, con arrobo, deleitándose al referirse a la mujer de su vida.

»Imagino que detrás del cortinaje de terciopelo unos oídos femeninos están recibiendo, con subida emoción, este homenaje del gran amor de un heredero real.

»—¿Y no pensó Vuestra Alteza en las dificultades que habrían de surgir?

»Serenamente, encogiendo los hombros con resignación, como el que se rinde sin protesta ante lo inevitable, responde don Alfonso:

»—Era natural que sucediera. El rey, con mucha razón, se oponía a mi boda.

»—¿Y eso no le hizo vacilar?

»—¡Ni un momento! —dice con firmeza rápida—. Yo contaba con ello. Y a pesar de que el rey, por ser mi padre y por ser mi rey, tenía y tiene, no sólo todo mi cariño, sino también toda mi admiración y mi respeto, creí que en estas cuestiones del corazón era yo únicamente quien debía decidir.

»—En realidad —acojo— su historia amorosa es tan interesante como una bella novela. El príncipe enfermo que todo lo sacrifica al amor. Parece cosa de romance de otros tiempos. Pero perdone Vuestra Alteza una pregunta. Si hay en ella indiscreción, cárguesela a la curiosidad del periodista, insaciable en la investigación del que nosotros llamamos "documento humano". Si Vuestra Alteza, en vez de estar enfermo y solo, se hubiera encontrado sano y próximo a heredar el trono, ¿habría procedido de igual forma?

»Rápido, sin la menor sombra de vacilación, responde:
»—Exactamente lo mismo. Tenga usted la seguridad. Ya se lo he dicho; para mí, en el mundo, no hay nada más grande que el amor de mi mujer.
»Y lo dice con la voz llena, enérgica; en los ojos azules, límpidos, una llama de pasión y de verdad. Es todo un hombre de corazón este príncipe doliente.
»Yo, no obstante, insisto para apurar la anécdota:
»—Sin embargo, muchas veces en la vida, cuando pasa el ímpetu del primer momento emocional y tropezamos con los escollos de la realidad, quisiéramos no haber hecho lo que hicimos...
»—En mi caso, no —responde tenazmente—. Me han dolido mucho, ¿cómo no?, las oposiciones, las desavenencias familiares. Hubiera querido evitarlas. Pero de eso a arrepentirme hay un abismo.
»—Tengo entendido que el rey no ha perdonado a Vuestra Alteza aún lo que pudiéramos llamar su "pecado de amor".
»Gravemente, el príncipe contesta:
»—El rey, como rey, no puede perdonar mi desobediencia. Pero esto no quiere decir que se haya entibiado nuestro cariño. Mi madre y mis hermanas vienen a verme casi todos los días.
»—Y Vuestra Alteza, ¿va también con frecuencia a Fontainebleau?
»—No —dice sencillamente—. Yo no voy nunca.
»—¿Hay, quizá —interrogo intencionado—, algún obstáculo prohibitivo?
»Sonríe comprendiendo la insinuación y se apresura a desvanecerla.
»—No. La razón es mucho más sencilla. Es que de París a Fontainebleau hay muchos kilómetros de distancia y alquilar un taxi supone demasiado gasto.
»No puedo reprimir un gesto de asombro y la pregunta, como consecuencia, inmediata:
»—¿Pero es que Vuestra Alteza no tiene automóvil propio?
»Sonríe alegremente al contestar:
»—No, amigo Carretero. Mi Alteza no tiene automóvil por la sencillísima razón de que no posee dinero para sostenerlo...
»Vuelvo a exclamar:
»—Todo lo podía imaginar menos que el príncipe de Asturias estuviera arruinado.

»Desecha él con un gesto amical:

»—¿Arruinado? No. Para eso hace falta haber sido rico alguna vez. Y lo cierto es que yo no he tenido nunca dinero.

»Pienso que este hombre nació heredero de la Corona de España y que por serlo, desde el instante mismo de nacer, se le reconocía y pagaba una asignación anual de 500.000 pesetas.

»Como si hubiera adivinado mi pensamiento, Su Alteza añade:

»—Cierto es que yo cobraba mi asignación por la Lista Civil. Pero ese dinero, como es natural, no pasaba por mis manos. Iba a la Intendencia; contribuía, y era lógico, a los gastos y decoro de nuestra posición.

»—Entonces, al abandonar España, Vuestra Alteza no tenía nada... Ningún ahorro.

»—De España —dice el príncipe— yo no saqué el 14 de abril más que el traje que tenía puesto, una pitillera y un reloj de pulsera. Pero en dinero, ni un céntimo. No quise traerme nada. Algunas alhajas y los pequeños ahorros que guardaba los repartí entre los que en palacio me habían servido siempre con tanta lealtad y cariño; algunos con sacrificio y adoración.

»—Perdone Vuestra Alteza que rememore momentos de amargura; pero son recuerdos que en su día formarán la Historia, y yo quiero dejarlos escritos después de escucharlos a su mismo protagonista. ¿Desde cuándo se hallaba Vuestra Alteza enfermo en aquellos días?

»—Desde el domingo 12 de abril. Con el ataque más grave de todos los que me ha hecho sufrir mi dichosa enfermedad. Fue terrible. No creía yo que hubiera fuerzas humanas capaces de resistir tanto... Pues bien: aquel domingo de las elecciones yo salí al campo, por la carretera de Alcalá, para pasar el día cazando avutardas.

»—¿No tenía Vuestra Alteza indicios de lo que podía ocurrir?

»—En absoluto. Ni podía sospechar la tormenta que se estaba fraguando en el ambiente. En los pueblos que crucé no noté nada anormal. Al contrario, en Morata, rodearon mi coche los vecinos, dándome vivas y pretendiendo que me detuviera allí un rato. Todos querían darme la mano, y entonces tuve que rogarles que me dejaran marchar, porque a media mañana me había dado un gran golpe en el hombro al disparar con la escopeta de un guarda. Me hice una pequeña lesión, e iba estremecido por el horror de que pudiera presentarse el ataque de hemofilia.

»—Cuando llegué a palacio —prosigue— llevaba ya el hombro monstruosamente hinchado; tumefacto por la hemorragia interior. Yo sabía que los dolores no tardarían en aparecer. Como así sucedió. A pesar de ello, me di cuenta exacta de lo que pasaba. Cundía en palacio la desolación por las noticias que se iban recibiendo. Tuve que privarme de acompañar a mis padres porque el acceso se presentaba con caracteres dolorosísimos, y me acosté en el estado de desesperación que usted puede imaginarse. Al sufrimiento físico se unían las torturas morales, la tristeza enorme de sentirme a cada momento más inútil, más... estorbo... Yo vivía en el piso bajo del alcázar, y desde el primer instante percibí los rumores de la revolución... Sentía, sin verla, cómo la multitud, semejante a una marea que crece, iba llegando hasta los muros de palacio; oía sus gritos, sus aullidos, los "¡mueras!" que sin cesar exhalaban... Veía claramente la amenaza terrible que se cernía sobre todos nosotros y me angustiaba hasta el horror no poder estar al lado de mis padres y de mis hermanos, para compartir juntos la triste suerte que nos deparaba el destino. Sinceramente le digo que deseaba morir. Aquellos gritos amenazadores que injuriaban a lo que para mí era más querido aún me parece que los tengo clavados en el corazón... Y así dos días interminables, dos horribles noches de insomnio, atormentado el cuerpo por dolores insufribles y el alma por aquella tempestad de gritos hostiles, que a mí me estremecían y ponían gestos de alarma en las caras de mis amigos... Cuando me sacaron de palacio más que un ser humano era yo un fardo inútil. Unos amigos me tomaron en sus brazos unas veces, a hombros otras. Yo me dejaba conducir absolutamente deshecho. Lo más horrible y angustioso era la sensación en algunos momentos de considerarme a mí mismo como un lastre, como un estorbo desgraciado que a todos entorpecía. Mi ataque había sido de una terrible inoportunidad.

»Sonríe al decir esto con un gesto de dulce, de infinita resignación, y exclama, con cierto deje entre irónico y amargo:

»—Ése es mi sino. Yo, amigo Carretero, soy un ser involuntariamente inoportuno. Toda mi vida ha estado regida por esa estrella implacable de la inoportunidad...

»—Vuestra Alteza —comento— exagera su mala fortuna. Su presencia aquí, en esta habitación, es una prueba de que, por lo menos, para el amor, ha sabido llegar a tiempo.

»Sonríe el príncipe, sorprendido y halagado:

»—Ciertamente. Por eso, por ser en la única ocasión en que el destino me hizo oportuno, la he defendido y la defenderé a todo trance... Ahora, en todo lo demás, tengo razón de queja. ¿Le parece a usted poca inoportunidad nacer heredero de un trono, destinado algún día a regir a un pueblo, amarlo, desear emplear la vida en su bien, y llevar fatalmente en la sangre una tara que imposibilita definitivamente el logro de todas mis ilusiones? Yo pienso algunas veces que todo lo que, desgraciadamente, está pasando en España, tal vez no hubiera ocurrido si este príncipe de Asturias hubiera estado fuerte y sano.

»—Es posible —acojo—, porque en aquellos días precursores de la revolución, cuando todos los rencores y las campañas de protesta se dirigían, más que contra la Monarquía, contra la persona del rey, hubiera conjurado el conflicto, como indicaban algunos políticos, una abdicación en Vuestra Alteza.

»Con vivacidad y alarma el príncipe interrumpe:

»—No. No hablo de eso. Yo nunca hubiera sustituido a mi padre en esas circunstancias, porque hubiera sido aceptarle como responsable de culpas que yo estoy seguro que no cometió jamás. Yo me refiero a otra cosa: Si mi salud hubiera sido normal, yo me hubiera convertido pronto en un colaborador del rey. Hubiese podido realizar la misión que corresponde a un heredero de la Corona... Mi misión, que no pude cumplir, era la de ponerme en contacto con mi pueblo, el cual, por desgracia, no llegó a conocerme...

»Luego el príncipe, alzando la voz, llama:

»—Oye, Edelmira, ¿puedes salir? Ven, que te voy a presentar a un buen amigo.

»Se alza la cortina y aparece la esposa del príncipe.

»Es una bella dama, de gallardas proporciones, morena, con el pelo negro, los labios gruesos, los ojos como el azabache, profundos y luminosos. Tipo de criolla aristocrática o de andaluza de estirpe prócer. Sonriente, con un aire suave y simpático de exquisita feminidad.

»Su cuerpo gentilísimo avanza despacio, con señoril prestancia, envuelto en una elegante bata de seda guatada.

»Nos hemos puesto de pie el príncipe y yo; don Alfonso hace las presentaciones con naturalidad:

»—Edelmira Sampedro, mi mujer. El Caballero Audaz.

»A un gesto del príncipe tomamos asiento.

»Se hace ese breve silencio, un poco embarazoso, que sigue a todas las presentaciones.

»Yo saco mi pitillera y ofrezco un cigarro a Su Alteza.
»—¿Es inglés? —me rechaza—. Gracias. Yo fumo español. Pero a mi mujer sí le gustan.
»Entonces brindo un cigarrillo a la bellísima dama y enseguida me apresuro a ofrecerle lumbre en mi encendedor...
»—Señora, ¿conoce usted España? —le pregunto.
»—No —responde con leve tristeza—. Y es, el ir a ella, una de las más grandes ilusiones de mi vida. Como soy cubana, desde niña aprendí a amar el país de ustedes lo mismo que a una madre lejana. Mi patria está impregnada de esencia y tradición españolas. Además de nuestra lengua, nuestras costumbres, nuestras ciudades, están llenas de reliquias españolas. Dicen que La Habana, en su parte antigua y en lo que tiene de alegría, de cordialidad, de más típico, parece una ciudad andaluza. Tuve siempre —suspira— una gran ilusión por vivir una temporada en Sevilla...
»—Ilusión —interrumpe con cierta amargura el príncipe— que yo he venido a hacerle imposible. Ésta es la única sombra de mi dicha, el roto disimulado en la camisa del hombre feliz; no poder llevar a mi mujer a España; estar imposibilitado de pasear por mi Patria este amor al que, para ser totalmente dichoso, sólo le falta poder expansionarse bajo nuestro cielo. Es una imposibilidad que me entristece, sobre todo, porque es injusta, falta de toda lógica...
»Hace una pausa. Y con pesadumbre, como si interpelara a un poder invisible, añade:
»—Vamos a ver: ¿por qué se me está a mí prohibido vivir bajo el sol de mi Patria?... El único obstáculo que los adversarios de la Monarquía pudieran alegar, es mi calidad de heredero de la Corona, y yo mismo, voluntariamente, lo he anulado, y lo he anulado con más eficacia y más seguridad que pudiera haberlo hecho la República, levantando una barrera infranqueable entre el trono de España y mi persona... Carece de sentido político y humano mi destierro: el príncipe de Asturias, heredero del trono español, existía, a pesar de todo, después de la revolución del 14 de abril; pero no después de mi renuncia total y definitiva a sus derechos. Es pueril intentar cerrarle un camino al hombre que, voluntariamente, los ha dejado todos. ¿No le parece a usted?
»—Exactamente, Alteza.
»—Pues he aquí el único motivo de tristeza que nubla mi felicidad actual. No es sólo una preocupación sentimental, sino también una necesidad humana. Porque el clima de Madrid es el que más

conviene a mi salud. París, húmedo y sin sol, en cambio, no me sienta nada bien...
»—Y, a pesar de ello, se encuentra Vuestra Alteza admirablemente.
»—Gracias a Dios, así es. Estoy muy fuerte. Como nunca en mi vida. Mire usted.
»Y el príncipe, con el gesto alegre de un niño que exhibe una habilidad, empieza a recorrer la habitación, dando zancadas firmes...
»—Bueno, Alfonso, siéntate. ¡Ya está bien! —le reconviene cariñosamente su esposa.
»Vuelve a tomar asiento, y mirando con deleite a la bella dama, dice:
»—Mi mujer no sólo me ha traído la felicidad, sino también la salud. Desde que la conocí mejoré extraordinariamente. Ha sido para mí como un hada buena.
»Y la sigue mirando de hito en hito, mientras ella, levemente ruborizada, murmura:
»—Tú sí que eres bueno, Alfonso...
»Yo me siento envuelto en esta atmósfera de dicha, de amor, como en un baño perfumado y sedante. Irradian contento... Estas dos vidas, que unió el amor, se complementan y se funden en un halo de ternura.»[24]

Excusará el lector que haya querido transcribir casi todo el ampuloso texto de Carretero, que nunca veo citado, y me parece —estilo revista del corazón aparte— importantísimo para adentrarse en la personalidad de mis personajes.

De él se desprende, entre otros detalles que habrá apreciado el lector perspicaz, que en aquellos momentos el ex príncipe de Asturias estaba convencido de la firmeza de su renuncia al trono. También, que las relaciones con su padre habían terminado. La excusa del taxi, sin embargo, no era baladí. En verdad, conociendo la realidad interior de la Familia Real en aquellos momentos, significaba un claro reproche. Digámoslo sin tapujos: desde el mismo día de la boda, Alfonso XIII había reducido la pensión de quince mil francos que pasaba a su hijo mayor a cinco mil. A los condes de Covadonga les habían, por decirlo de algún modo, cortado los víveres.

24. El Caballero Audaz, *Don Juan de España*, 1934.

Comenzó por ello la caída. Edelmira, subido el humo de la sangre real a la cabeza, empujaba a su marido a llevar una vida regalada, aprovechándose de la publicidad de su aureola romántica. Cayeron en manos de sinvergüenzas, de esnobs, de la «jet» de la época, que les adulaban con el solo propósito de jactarse de su relación con un príncipe real.

Con el paso de los meses, tal como temiera desde el primer momento Alfonso XIII, el arrebatado amor del joven Alfonso se fue enfriando y empezaron a surgir las desavenencias. No hay obstáculo más grande para la dicha común que la escasez de dinero y ese fondo compartido de convivencia constituido por costumbres y educación semejantes. Tampoco Edelmira era la enfermera abnegada que Alfonso, en su espejismo, idealizara.

El sueño despedazado

Menos de cinco meses después de la entrevista con el periodista español que hemos relatado, Edelmira partió, sola, hacia su Cuba natal. «Alfonso y yo estamos de acuerdo para esta separación que será como un ensayo. Después veremos lo que pasa. Nos alejamos el uno del otro sin violencia ni rencores», declaró con su acento meloso.[25] Había abandonado a su marido, presa de un nuevo ataque, en el hotel. «Edelmira se ha marchado, se ha ido —confesó el ex príncipe entre sollozos a un amigo—. Anteayer tuve que meterme en cama después de recibir un golpe en la rodilla, estando en un taxi. Hemos discutido porque ella quería acudir a una recepción a la que había comprometido nuestra asistencia. Ha insistido para que me levantase y fuese, cosa que me resultaba materialmente imposible. Entonces me ha dicho que iría sola, y al hacerle notar yo que su puesto estaba junto a mí, que tan mal me encontraba, ha llamado a un conserje del hotel para que me cuidase, entregándole una propina elevada. Me he ofuscado y le he reprochado sus gastos excesivos. Me ha contestado que no se había casado conmigo para actuar como una enfermera perpetua y que se marchaba con los suyos.»[26]

Está claro que el cuadro idílico ofrecido por el Caballero Audaz se había esfumado de la manera más prosaica.

25. Melchor de Almagro San Martín, *Ocaso y fin de un reinado*, 1947.
26. Ramón de Alderete, *Les Bourbons que j'ai connus*, 1972.

Resulta curioso que la Familia Real disculpase a la mujer del primogénito. La infanta Eulalia —según el citado Almagro San Martín— consignó: «Edelmira era una buena chica y Alfonso un bendito.» Y la infanta María Cristina comenta en sus ya citadas memorias: «Edelmira era muy buena persona y siempre se portó bien. Lo que pasa es que Alfonso, en cuanto tenía un golpe o algo, se quedaba paralizado de cintura para abajo y necesitaba un enfermero que lo bañase y todo. El pobre tuvo vergüenza de contárselo todo antes de la boda [sic] y "la Puchunga", como la llamábamos, se encontró con aquella situación.»

Parece difícil, según lo contado por el príncipe a Carretero, que Edelmira ignorara nada. Si la mayor parte de la Familia Real demostraba hostilidad hacia Alfonso era, sin duda, porque éste se había alineado al lado de su madre contra todos los demás.

La situación de los reales cónyuges se había hecho penosísima, hasta el extremo que un día, en Fontainebleau, la soberana, normalmente flemática como buena inglesa, estalló. Salieron a relucir los trapos sucios —hasta entonces educadamente guardados— y se llegó a la confrontación final. Tras pasar revista a la larga serie de amoríos del rey, Victoria Eugenia clavó una gélida mirada en los ojos de su marido, diciéndole: «No quiero ver tu fea cara nunca más.» Alfonso XIII quedó sin habla.

Ena volvió a Inglaterra y entre el matrimonio surgieron penosísimas cuestiones crematísticas que a punto estuvieron de llegar a los tribunales. Si lo menciono es para que se comprenda la carta inédita que ofrezco a continuación, respetando las faltas de ortografía, pero corrigiendo la puntuación para que resulte más inteligible. En ella los lectores encontrarán al verdadero Alfonsito, no el adornado por José María Carretero, sino el auténtico y real. Algunas consideraciones previas: De entrada, la carta pone de manifiesto la inconcebible falta de cultura sintáctica de un príncipe heredero al que su padre aseguraba haber cultivado, alabando su inteligencia y aplicación, ya que no podía resaltar su fortaleza física. También se observará el triste concepto que el joven tenía de su familia. La misiva, escrita por Alfonso, pocos días después de la marcha de Edelmira, a su hermana Beatriz, que se iba a casar en Roma con un aristócrata italiano, el príncipe Torlonia, después de que, conduciendo ella un coche hubiese sufrido un accidente en el que murió su hermano Gonzalo, el menor de la familia, también hemofílico, que se sentaba a su lado, dice así:

París, 6-1-35

Querida Beatriz:
No creas que es falta de cariño hacia tí el no asistir a tu boda, pero comprenderás que yo no puedo ir en estos momentos en que está ausente mi mujer. Primero, porque, si hubiese estado, ¿la habría convidado Papá? Me figuro que no. Pues como para mí está presente, esa es una razón. Segunda, que tu novio te querrá mucho, será muy bueno, todo lo que quieras, pero yo no veo el porqué ése a [sic] de tener más suerte que mi mujer, porque sus antepasados tuvieron dinero para dárselo al Papa y la mía no lo tuvo para sacar un título.[27] Pues no quiero pensar mal y creer que, para consolarte de haber sido por desgracia causa de la muerte de un hermano, hagan todo ésto,[28] pues de ser así no quiero el calificarlo, por existir en la lengua de Cervantes una sóla palabra.

Como todo es posible dada la canalla que te rodea, no me choca que ese fuese el motivo. Pero quiera Dios que tu marido y tus hijos no te hagan lo mismo que vosotros le hacéis a Mamá, pues yo cada día estoy más convencido de que el que la hace la paga y Dios no espera a pasarle la cuenta al final del viaje de la vida, sino que lo hace en este mundo.[29]

Y la tercera y última, es que creo va a ser la apoteosis del monarquismo, y si voy podría hacer mucho daño al decir pura y exclusivamente la verdad por el [sic] cual no asiste la reina (ya ves no digo la madre, que es una razón). Y como para callarme tendrían que matarme, es preferible no vaya. Y como el daño a Papá iba a ser muy grande y creirían [sic] era venganza, pues la gente es muy cochina, materialmente me imposibilitan el asistir.

Y, por último, por los periódicos he visto que habéis nombrado a Jaime y al tío Nino[30] como testigos por tu parte. Y aunque os pese a todos y me quiten todo, hay dos (cosas) que no me podeis quitar: la primera, el ser vuestro hermano mayor, y la segunda el derecho a vivir. Todo lo demás ya sé hace tiempo lo perdí, así como parecer casi extraño a la familia; pues bien sé que protocolariamente soy el último, pero el primero en poner el nombre bien puesto en todas partes,

---

27. Esta afirmación era cierta. Los Torlonia, descendientes de un astuto francés que con argucias consiguió fundar una casa de tráfico y banca, habían recibido sus títulos por sus servicios pecuniarios a la Santa Sede.

28. O sea, echar la casa por la ventana, como si doña Beatriz se casase con un miembro de la realeza. Lo que a Alfonso le habían escatimado.

29. Se refiere a las discusiones materiales entre doña Victoria y don Alfonso, y el partido que sus otros hijos habían tomado por este último, dueño de los caudales.

30. El infante don Carlos de Borbón-Dos Sicilias.

cosa que otros no hacen. En lo demás siempre me he... (jodido) y quedado como un caballero, sin dos pesetas, ya lo sé, pero es lo que nos suele pasar a los pocos que hoy día existen en el mundo, en donde lo que reina es esa cosa que se llama dinero.

Que tengas mucha suerte (aunque lo dudo, pues el que mal empieza mal acaba) y no tengas que llorar lo que has hecho, pues ten en cuenta es un paso para toda la vida y que a alguno lo has destrozado. Espero veas en esta carta cariño y no venganza, pues no es ese mi deseo.

Te abraza tu hermano

ALFONSO.

P.S.—Ya sé piensas ir ahora a ver a Mamá. A buena hora, mangas verdes. No me choca, pero ya no tiene mérito hoy en día que eres libre.[31] Eso antes, hija mía, pues el concepto que me merecéis todos es muy bajo. Acuérdate de lo que os dije a raíz de la muerte de Kiki.[32] (Archivo particular.)

Tales eran en 1935 los sentimientos de Su Alteza Real don Alfonso de Borbón y Battenberg, el heredero escamoteado.

El vil metal

Al hilo de lo narrado, quisiera hacer un inciso sobre un tema poco tratado, tanto en España como en Inglaterra, sobre los recursos de la reina Victoria Eugenia. Sobrevolaré, deliberadamente, empero, los detalles mezquinos de este aspecto tras su separación, si no de derecho sí de hecho, de Alfonso XIII.

Veintinueve días después de la conversión de la princesa Ena al catolicismo el 7 de marzo de 1906, la secretaría de su tío, el rey Eduardo VII de Inglaterra, enviaba esta nota (copia en los archivos reales de Windsor), de parte de Su Majestad, al ministro de Asuntos Exteriores británico:

> El rey ha leído el memorándum de sir Edward Grey de 27 de marzo relacionado con el **casamiento** de su sobrina la princesa Victoria Eugenia de Battenberg con el **rey de España**. A pesar de que el rey no ha dado consentimiento formal en Consejo para el casamiento, considera que se puede concluir un Tratado (con España), como se hizo en el ca-

---

31. Es decir, independizada económicamente. Torlonia, el novio, era riquísimo.
32. Sobrenombre que la familia daba al infante don Gonzalo.

samiento de sus otras dos sobrinas, las princesas María de Edimburgo (casada con el futuro rey de Rumanía) y Margarita de Connaught (casada con el futuro rey de Suecia) para asegurar su pensión.

El rey considera absolutamente imprescindible que la princesa Victoria Eugenia de Battenberg haga una renuncia por escrito a sus derechos de sucesión al trono de Inglaterra, por haberse convertido a la religión católica.[33]

Aunque no se solicite dote oficial alguna para la princesa Victoria Eugenia, ésta recibirá de su madre cierta suma de dinero, aunque ésto, según piensa el rey, es un asunto privado.

De todos modos, el tratado con España no era ya necesario. El monarca español se mostró generoso con su enamorada y el 23 de marzo anterior se había expedido una ley, aprobada en Cortes, en la que se establecía una asignación de 450.000 pesetas a la futura reina de España, puntualizándose: «En el caso de que la princesa Victoria Eugenia, después de celebrado su matrimonio con el rey, le sobreviva, percibirá del presupuesto general del estado, mientras no pase a segundas nupcias, la asignación anual de 250.000 pesetas.»

Pero la asignación de la Lista Civil de la reina —al igual que sucediera con la del príncipe de Asturias don Alfonso, según explicara éste a Carretero—, quedaba en manos de la Intendencia real. Alfonso XIII operaba financieramente con el capital de su mujer y sus hijos. «Normalmente —escribe el profesor Guillermo Gortázar, que ha dedicado un escrupuloso estudio al tema de la fortuna del rey—,[34] cuando Alfonso XIII realizaba inversiones o ventas de valores de su cartera, indicaba al intendente general movimientos proporcionalmente similares en las disponibilidades del caudal privado de doña Victoria y los infantes. La fortuna de éstos era, en todo lo demás, completamente independiente con respecto a la del rey, y así se hacía constar expresamente.»

En 1931, a la caída de la Monarquía, la fortuna personal de la reina, según datos oficiales, ascendía a 2.317.984 pesetas en metálico y valores, sin contar sus joyas —a las que era muy aficionada—

---

33. El monarca se mostraba harto escrupuloso. Al apostatar de su religión por la católica, Ena había quedado excluida automáticamente de la eventual sucesión al trono inglés. La renuncia *pro forma* se exigió para impedir en el futuro cualquier pretensión de acceso al trono de uno de sus descendientes que quisiera reintegrarse a la Iglesia anglicana.

34. Guillermo Gortázar, *Alfonso XIII, hombre de negocios*, 1986.

de valor incalculable. La fortuna de los infantes sumaba la cifra global de 22.873.896 pesetas. Haciendo una aproximación al volumen comparativo de capital en pesetas de nuestros días Gortázar calcula que Alfonso XIII poseía 8.200 millones de pesetas, y movilizaba además otros 5.000 millones correspondientes a los caudales de la reina y de los infantes. Una fortuna considerable para la época.

El 25 de abril de 1931, el gobierno de la II República española prohibió la enajenación de toda clase de bienes por parte del ex rey y sus familiares hasta el cuarto grado de consanguinidad y encargó a una comisión dictaminara la situación del regio patrimonio. Dicha comisión, tras advertir que sus conclusiones se referían a los datos contenidos en la contabilidad oficial hallada, daba cuenta un año después que:

> La parte de caudal privado de doña Victoria Eugenia a que se refieren los datos de contabilidad examinados estaba compuesta del metálico y valores siguientes:
>
> **En el extranjero**[35]
>
> | | |
> |---|---:|
> | C/c en bancos por un equivalente de | 197.414,07 |
> | Valores depositados en bancos | 875.498,80 |
> | Valores llevados al extranjero | 994.802, – |
> | Subtotal | 2.067.714,87 |
>
> **En España**
>
> | | |
> |---|---:|
> | Metálico en poder de varias entidades | 4.942,83 |
> | Valores en igual situación | 245.326,70 |
> | Subtotal | 250.269,53 |
> | En total pesetas | 2.317.984,40 |

Tras su separación, la reina reclamó a su marido las sumas por él manejadas. No hubo acuerdo. Y de ahí el que se ahondasen las desavenencias entre ellos. Otro tanto cabe decir del ex príncipe de Asturias. En cambio, los restantes hijos del rey —el pobre sordomudo don Jaime y los jovencísimos Juan, Beatriz, María Cristina y Gonzalo— no chistaron.

---

[35]. Hay que tener en cuenta que existía libertad de cambios en España durante la Monarquía, y que aquella legislación no varió sustancialmente hasta el advenimiento de la República.

El ex príncipe declara inválida su renuncia

Volvamos al conde de Covadonga. Pasado algún tiempo de la marcha de Edelmira, don Alfonso, en su desamparada soledad, comenzó a olvidar sus sinsabores conyugales, para no retener sino los recuerdos amables. Amaba todavía a la evaporada antillana —los párrafos dedicados a ella en la carta inédita que hemos transcrito lo prueban— y, por otra parte, desaparecido en la voluble opinión pública el interés que la pareja suscitara, lo cierto es que precisaba ganarse la vida, pues la pensión que su padre le pasaba le parecía irrisoria. Algunos amigos norteamericanos le deslumbraron asegurándole que en Estados Unidos podría dar conferencias, e incluso charlas radiofónicas, que le reportarían pingües beneficios.

Cruzó, pues, Alfonso el Atlántico y se reunió en Nueva York con Edelmira. La prensa volvió a interesarse en ellos y vivieron del cuento un poquito más. Copio un despacho de agencia:

«Zarpa a Cuba, para invernar, don Alfonso de Borbón. Está encantado —según dice— de la vida democrática.»

Y bajo este titular:

«Nueva York, 18. — El príncipe de Asturias [sic] y su esposa han embarcado para Cuba, en cuya capital piensan pasar el invierno. Don Alfonso, a quien fotografiaron con su esposa interminablemente los reporteros gráficos de la prensa neoyorquina, aparecía en excelente salud y visiblemente mejorado por su estancia en los Estados Unidos haciendo vida democrática. Declaróse satisfechísimo de su viaje a Nueva York, anunciando que volvería en la primavera próxima para recorrer el país detenidamente, y mostróse interesadísimo en las cuestiones más palpitantes de la actualidad, la que conoce a fondo, por seguir de cerca la prensa nacional y extranjera, y por su hábito de conversar con personas de todas las clases sociales y tipos de vida económica, para informarse de primera mano sobre el modo de sentir público.»

Otro titular: «El ex príncipe de Asturias en Cuba. Él y su esposa visitan La Habana de riguroso incógnito. La capital cubana tiene un parecido con Sevilla.»

Y este texto: «De riguroso incógnito, hasta el extremo de que ni los propios familiares tenían noticias de la visita, llegaron a esta capital el ex príncipe de Asturias, don Alfonso de Borbón, y su bella esposa, la señora Edelmira Sampedro. El motivo de ese viaje inesperado ha sido el deseo de concurrir al enlace de una hermana de la señora de Borbón.[36] Declaró el ex príncipe que por ahora no desea regresar a Europa, aunque su estancia en América no significa que desee dedicarse al cine, como se ha publicado, pues eso —según dijo— no pasa de ser una fantasía periodística.

»—Tenía los más vivos deseos —declaró— de conocer la capital cubana, y mis esperanzas no se han visto defraudadas. Tiene un parecido con Sevilla.»

»El matrimonio se ha hospedado en la casa de ella, la mansión que en la calle 8, entre la 19 y 21, en el Vedado, fue residencia de la señora Zayas Bazán, viuda del apóstol Martí.»[37]

Nueva noticia, y esta vez muy importante por su trasfondo político:

> Nueva York. — Aunque el heredero al trono español se ha negado aquí y en Cuba a los requerimientos periodísticos para que diera su opinión sobre el régimen existente en su Patria y las posibilidades de una restauración monárquica, se ha logrado conocerla por lo manifestado sobre el particular en el seno de la familia, y que ha trascendido a los periódicos donde fue recogido como información de positivo interés.
>
> —Yo nací príncipe de Asturias —dijo Alfonso de Borbón en la intimidad— y príncipe de Asturias seguiré siendo hasta que haga renuncia formal a mis derechos o se me prive de ellos en forma legal. Mi padre sostiene que al contraer matrimonio renuncié automáticamente a todos mis derechos. Yo no lo creo así.

Eran los primeros síntomas de rebelión contra su padre el rey, a quien Alfonso acusaba de desinteresarse de su suerte. Ya hemos visto que en la escalofriante carta del conde de Covadonga a su hermana Beatriz, escrita sólo un año antes, Alfonso declaraba: «Ya sé que perdí todo y que protocolariamente soy el último.» Pero, sin duda, expertos abogados de Yanquilandia, que esperaban sacar del

---

36. Elisarda Sampedro que se casó con un compatriota, José Gómez Mena.
37. José Martí, líder de la independencia cubana contra España.

ex príncipe algún beneficio, le habrían hecho notar supuestas deficiencias jurídicas de su renuncia (de las que hablaremos al tratar del infante don Jaime), impulsándole a decir digo donde había dicho Diego.

En La Habana, mediado julio de 1936, sufrió Alfonso una gravísima recaída hemofílica, que los médicos cubanos intentaron paliar mediante transfusiones de sangre procedente de personas a las que se les había extirpado el bazo, por la teoría de que la sangre de tales individuos coagulaba más rápidamente. Tras una larga serie de sufrimientos y altercados, Edelmira tiró la toalla y el divorcio puso fin al sonado idilio de los condes de Covadonga el 8 de mayo de 1937.

La historia de amor del príncipe azul y «la mujer de su vida» había durado menos de cuatro años.

Apenas dos meses después, el 3 de julio de 1937, Afonso volvía a reincidir en el matrimonio con una despampanante cubana, Marta Rocafort, hija de un dentista, a la que había conocido en Nueva York, siendo ella maniquí de una importante firma de alta costura. Esta unión resultó todavía más desgraciada que la anterior, ya que de hecho apenas duró dos meses, y el 8 de enero de 1938 era declarada disuelta civilmente por un tribunal de La Habana.

Una vida desordenada había arrastrado a Alfonso a una situación límite. Esperaba, tal vez, por medio de la compañía de hermosas mujeres y de un ambiente escapista, olvidar la desdicha de su tara y el olvido en que le tenía inmerso su familia. Sólo su madre había intentado acudir a su cabecera en el curso de otra de sus graves crisis, acaecida en Nueva York.

No se sabe si convencido de su razón por el grupo de amigos que le rodeaba, o impulsado por el profundo rencor que le inspiraba la indiferencia hacia él de su padre, el ex príncipe de Asturias se prestó a protagonizar un bombazo: la retractación oficial a su renuncia dinástica. En la primavera de 1938, los medios monárquicos españoles se conmovieron con la declaración que el secretario del conde de Covadonga, Jack Fleming, hizo pública desde Nueva York:

> Como hijo primogénito de Su Majestad el rey don Alfonso XIII —decía el Príncipe—, declaro no renunciar a ninguno de los derechos al trono de España que tengo desde mi nacimiento. Los documentos privados que me hubieran podido obligar a firmar, carecían de valor legal.

Pero más que en España, sumida en plena guerra civil entre republicanos y partidarios del levantamiento, encabezado por el general Franco, donde la noticia hizo mella fue en Alfonso XIII y su círculo de allegados. El rey, verdaderamente furioso, se apresuró a desautorizar a su hijo mayor; tarea inútil porque bastante desprestigiado estaba el joven por su comportamiento disoluto y su carrera loca en el vivir, que tocó a su fin el 6 de septiembre de aquel mismo año, en Miami, donde el infeliz se hallaba en amoríos con Mildred Gaydon, alias *la Alegre*, cigarrera de un club nocturno.

Muerte de un olvidado

La causa inmediata del fallecimiento de Alfonso fue una hemorragia interna que se produjo al chocar su automóvil con un poste telefónico al salir del local en el que estaba empleada su amiga. La hemofilia hizo el resto y el ex príncipe de Asturias murió desangrado. Mildred, que sólo había sufrido heridas leves, lloró desconsoladamente en su funeral y su desesperación no le permitió asistir al entierro, en el Graceland Memorial Park, al que sólo acudieron tres personas. En el nicho, el secretario del fallecido hizo inscribir en inglés:

HIS ROYAL HIGHNESS
PRINCE ALFONSO DE BORBÓN
Y BATTENBERG

May 10   Sept. 6
1907   1938
R. I. P.

Flores frescas aparecían de vez en cuando sobre la lápida. Las enviaba su madre, la reina Victoria Eugenia, que no había podido llegar a tiempo para asistir a los últimos instantes de su hijo, cuyas postreras palabras fueran un gemido desesperado: «¡Mamá... mamá...!»

Edelmira Sampedro y Marta Rocafort: Las dos mujeres de don Alfonso

Puesto que el matrimonio de Alfonso con Edelmira Sampedro había recibido la bendición de la Iglesia, y nunca fue anulado, la primera esposa del ex príncipe de Asturias se convirtió, a los efectos de la Familia Real, en su viuda, y fue autorizada a utilizar el título de cortesía adoptado por el difunto.

Vivió la condesa de Covadonga desde aquel punto completamente retirada y en buena armonía con la Familia Real. Le profesaban una condescendiente simpatía y, tras la muerte de la reina Victoria Eugenia le regalaron, incluso, una joyita.

Cierta vez, en Lausana, poco antes de que la reina Victoria falleciera, escuché al conde de Barcelona comentar muy emocionado: «Edelmira ha telefoneado varias veces para interesarse por la salud de mamá. Es una buena mujer. ¡Imaginaos, en sus circunstancias, huida de Cuba con lo puesto, y con lo que cuesta una conferencia!»

La condesa de Covadonga había abandonado, en efecto, su tierra natal poco después del advenimiento del castrismo, retirándose a Miami, donde jamás consintió en conceder ninguna entrevista a los periodistas interesados en conocer los detalles de un romance que, apartando a su marido de la sucesión, cambió la historia de España.

Edelmira no quiso, tras su divorcio de Alfonso, volver a casarse. En 1985 acudió a la funeraria del aeropuerto de Miami, del brazo de una enfermera, pues ya le resultaba muy dificultoso caminar, para despedir con una oración el féretro de don Alfonso que, cuarenta y siete años después de su muerte, iba a ser trasladado a El Escorial. Insistió en arrodillarse y rezó largamente por el hombre que había renunciado, por su amor, al trono.

El 23 de mayo de 1994 la mujer que no pudo ser reina falleció en Miami, casi nonagenaria, con la misma discreción con la que había vivido sus últimos cincuenta y cinco años. Ni el consulado de España ni la Casa Real facilitaron noticia alguna del óbito, del que la prensa española no tuvo noticia hasta un mes más tarde (y puedo añadir: por mera casualidad).

La historia de España mencionará a Edelmira Sampedro sólo de pasada, como la bella mujer que torció una de sus líneas mal garabateadas.

Y, sin embargo, gracias a ella —o a causa de ella— la legitimidad dinástica de la Casa Real pasaría a don Juan de Borbón, conde de Barcelona.

Marta Rocafort, modelo de alta costura, la segunda mujer de Alfonso, se volvió a casar, dos meses después de su divorcio —cuando don Alfonso aún estaba vivo—, con un millonario norteamericano apellidado Atkins y, más tarde, pasó a terceras nupcias con el cubano Rodolfo Caballero. Su matrimonio con el conde de Covadonga, que tuvo como testigo a Batista, el futuro dictador, íntimo del príncipe, resultó, aunque inválido para la Iglesia católica, plenamente legal, pues se efectuó de acuerdo con la normativa entonces vigente de la II República española, que admitía el divorcio.

Marta vive todavía en Miami. Sus relaciones con la Familia Real son inexistentes. La infanta doña María Cristina, su cuñada, ha sentenciado lacónicamente en sus memorias: «Aquélla fue un desastre.»

TERCERA PARTE

DON JAIME, EL PRÍNCIPE ANULADO

El nuevo príncipe de Asturias

De los muchos problemas que asediaban en 1933 al exiliado Alfonso XIII, el de la renuncia de su primogénito era quizá el más inquietante.

En efecto, desde un punto de vista estrictamente dinástico, y conforme a las leyes monárquicas y a las normas de la Familia Real, a partir del 11 de junio, fecha de la defección del heredero, el segundo hijo del rey, el infante don Jaime, pasaba a ser el nuevo príncipe de Asturias.

Un príncipe de Asturias disminuido físico.

Otro heredero inhábil

Jaime —llamado así por su padre para halagar a catalanes y aragoneses, imponiendo al nuevo infante el nombre del legendario «Conquistador»— nació en 1908 dos años después de la boda de sus padres, sano, robusto y prometedor. Pero apenas contaba cuatro años cuando, de resultas de una doble mastoiditis, se le tuvo que someter a una trepanación que requirió romper el hueso auditivo. El niño quedó sordo, y, como consecuencia, mudo. Aquel drama condicionó toda su existencia y también el destino de la dinastía.

Puesto al cuidado de unas monjas y de terapeutas especializados, Jaime se acostumbró poco a poco a leer las palabras en los labios de los demás y con el tiempo llegaría a expresarse con una voz ronca y dramática que, cuando le conocí, en 1969, llegó a impresionarme. Se comunicaba más bien con el gesto, con cordialidad y campechanía, pero era decididamente un hombre limitado, aislado por su sordera y expuesto a la dependencia de quienes le rodeaban.

Sin embargo, aquel minusválido se percató desde muy chico de la deficiencia física de su hermano mayor, con quien, al sólo separarles un año de edad, se encontraba muy unido. En cierto modo, el cariñoso Jaime se convirtió en el protector de Alfonso, aquel ser débil y enfermizo a quien se le hinchaban las rodillas y no podía jugar. El infante parecía adivinar que su hermano mayor sufría una dolencia aún peor que la suya.

En los últimos tiempos de la Monarquía, la enfermedad del príncipe de Asturias obligaba a que, en la práctica, fuera Jaime quien tuviera que cumplir la mayoría de los deberes de representación que al heredero le hubieran incumbido, inaugurando y presidiendo con frecuencia, en nombre del rey, ceremonias oficiales en las que no precisara expresarse en público.

Por lo demás, el infante pasaba su tiempo silencioso jugando al golf en el selecto club de Puerta de Hierro o hacía con amigos alguna escapada que otra a cafetines, restaurantes o fiestas particulares de las muchachas de la alta sociedad.

El adolescente se enamoró de una de ellas, Blanca de Borbón y León, descendiente de una rama morganática de la Casa Real, la de los duques de Sevilla. Alfonso XIII, al enterarse, cortó el asunto de cuajo. La candidata a infanta casaría en 1929 con Luis Figueroa, segundo conde de Romanones.

Entretanto, la familia, y especialmente la reina Victoria Eugenia, que se daba perfecta cuenta de la caótica situación sucesoria de la Monarquía, no había perdido del todo la esperanza de que el infante pudiese recuperar el oído, y Jaime, enviado a diversas clínicas extranjeras, fue sometido a una serie de suplicios que nada conseguían sino hacerle pasar un calvario.

En la primavera de 1931 —el año fatídico de la Familia Real— el infante acababa de llegar de uno de esos tratamientos en Burdeos, cuando fue requerido por el rey para representarlo en las procesiones de la Semana Santa de Granada. El 8 de abril, paseando por una de las estrechas y pintorescas calles de la ciudad, el infante sufrió un atentado: una mujer saltó hacia él, de entre la multitud congregada a su paso, apuntándole con una pistola al grito de: «¡Muera el rey!» Pudo ser desarmada, pero el incidente provocó una impresión pesimista en Jaime, quien se apresuró, tras su vuelta a Madrid, a hacer saber a su padre que el ambiente de la calle estaba muy lejos de parecerse al lenguaje adulador, alejado de la realidad cotidiana, que rodea a las personas reales en palacio.

La magnitud del 14 de abril pilló desprevenidos a los Borbones. Alfonso XIII hizo mutis por el foro (sin efectuar una formal abdicación), para, según dijo, «evitar un derramamiento de sangre». Se embarcó en Cartagena rumbo al exilio francés, mientras la reina y los infantes quedaban en palacio, atemorizados, según el pormenorizado relato que el príncipe de Asturias hiciera al periodista Carretero, y hemos consignado en páginas anteriores. Luego salieron en coche hacia El Escorial y desde allí en tren hasta la frontera.

Instalada la familia proscrita en Fontainebleau, allí recibió Alfonso XIII, en junio de 1933, de manos del padre espiritual de su hijo mayor, la renuncia a sus derechos a la sucesión dinástica española para contraer matrimonio con su adorada cubana. De inmediato, el monarca puso en práctica el plan que seguramente tenía madurado desde que comprobara que sus esfuerzos para hacer fracasar aquella boda contraria al derecho tradicional estaban condenados al fracaso: Jaime, el nuevo príncipe de Asturias sordomudo, debía ser anulado.

La encerrona

Hay dos versiones distintas sobre la renuncia dinástica del segundo hijo de Alfonso XIII.

La primera —la oficial, por así decirlo— fue la que publicó el periódico monárquico *ABC*, de Madrid, en crónica de su corresponsal en París, Mariano Daranas:

> Una escena de emoción familiar, y sin duda de trascendencia política, se desarrolló el miércoles por la mañana en el hotel Savoy, de Fontainebleau.
>
> Cuando don Alfonso XIII se disponía a salir de sus habitaciones íntimas, su segundo hijo transmitió el deseo de celebrar con él una conversación reservada. Una vez en presencia de su progenitor, don Jaime le manifestó que, en el documento que se apresuraba a entregarle, constaba una decisión profundamente elaborada y resuelta, que, como consecuencia de la renuncia del primogénito, y al servicio de España, se creía en la obligación moral de adoptar. Un fuerte y conmovido abrazo de don Alfonso fue la respuesta al gesto de su hijo, por el que éste renunciaba asimismo a la sucesión.

El documento recuperado en el archivo del conde de Barcelona llevaba fecha del 21 de junio de 1933 y decía así:

> Señor:
>
> > La determinación de mi hermano primogénito de renunciar, por sí y sus descendientes, a sus derechos a la sucesión en la Corona, me han llevado a medir por mi parte las obligaciones que, al recaer de manera inmediata en mí el llamamiento que las leyes antiguas y la Constitución de 1876 contenían a favor de aquél, me estarían trazadas por el amor al pueblo español y por el interés de que a éste, tan necesitado del restablecimiento de la Monarquía para su paz y prosperidad, le alcance con las mayores seguridades de sucesión idónea.

Inspirado en esos sentimientos de que Vuestra Majestad nos ha dado tan altos ejemplos, he decidido, con toda madurez y deliberación, hacer también, como hago por el presente documento, formal y explícita renuncia, por mí y por los descendientes que pudiera llegar a tener, a cuantos derechos me asistieran a la sucesión del trono de nuestra patria.

Al poner en las augustas manos de Vuestra Majestad esta renuncia, le renuevo, Señor, la expresión del respeto con que soy su amante hijo

JAIME DE BORBÓN.

La segunda versión de lo acaecido, la dictó muchos años más tarde el propio infante don Jaime a uno de sus secretarios, y ampliaba el cuadro de la renuncia de aquel príncipe de Asturias visto y no visto.

Contó don Jaime en sus memorias:

El día 20 de junio recibió mi padre de Lausana la renuncia de mi hermano Alfonso. Al día siguiente, me llamó y después de habérmela leído me dijo que este documento constituía un elemento importantísimo para el desarrollo de la cuestión monárquica y que, dada su importancia, convenía que yo tratase de la nueva situación creada por esta renuncia con los jefes monárquicos españoles que se hallaban presentes en Fontainebleau y que, añadió mi padre, presentaban la inmensa ventaja de conocer perfectamente la situación de España, puesto que vivían en contacto diario con el país.

Cumpliendo los deseos de mi padre —que por lo demás me parecían plenamente justificados— me reuní, pues, con Calvo Sotelo, el marqués de Torres de Mendoza, Luis Miranda y el conde de Riudoms. Éstos me expresaron que, dada la gravedad de la situación en España, y el deber, no sólo para los monárquicos sino para todos los buenos españoles, de hacer lo imposible para salvar a nuestra querida patria del caos que cada día le amenazaba más, estimaban que yo debía de sacrificar mis derechos al interés de España, e imitar el ejemplo de mi hermano Alfonso, para que los derechos recayesen en mi hermano Juan.

Me expusieron que si bien en una época normal hubiese yo podido perfectamente reinar —y la prueba de esto, me dijeron ellos mismos, es que desde que había cumplido los dieciséis años había representado oficialmente a mi padre en numerosísimas ceremonias— los días excepcionales que vivíamos exigían un pretendiente que gozase de la plenitud de todos sus sentidos.

—La sola imposibilidad de Vuestra Alteza Real de sostener personalmente una conferencia telefónica, constituye un obstáculo de una trascendental importancia en momentos tan álgidos como éstos —me dijo Calvo Sotelo.

Todos me aseguraron que no sólo mi familia, sino el pueblo español en su integridad, me quedarían eternamente reconocidos por mi sacrificio. Por lo demás, añadieron, este gesto de abnegación y de altruismo mío tendría como consecuencia lógica el que toda mi familia, y muy en particular mi hermano Juan —beneficiario directo de mi gesto— se cuidasen de que yo viviese toda mi vida colmado no sólo de agradecimientos sino de compensaciones pecuniarias que me permitiesen vivir sin tener que preocuparme de ninguna consideración de orden material.

Aunque estas últimas razones no fueron las que me dictaron mi decisión, sino el amor a mi patria, confesaré que me parecieron perfectamente lógicas y que las acepté pues me tranquilizaron sobre mi porvenir material.

En el mismo instante en que, altamente emocionado, les dije a mis interlocutores que aceptaba, por España, el marqués de Torres de Mendoza (secretario de Alfonso XIII) sacó de una carpeta el borrador de mi renuncia, rogándome que les acompañase a la habitación de mi padre.

Unos momentos después, y en presencia de mi padre y de las personalidades monárquicas más arriba citadas, copiaba y firmaba mi renuncia, que entregué seguidamente a mi padre.

—Ahora, le pregunté, supongo que se van a tramitar estas dos renuncias en conformidad con la Constitución; es decir, que se van a someter a las Cortes para que éstas se pronuncien soberanamente.

—Naturalmente —me contestó mi padre— y para esto se las remito a Calvo Sotelo.

Éste se fue, llevándoselas.

Unos días después le pregunté a mi padre si se había cursado normalmente la tramitación de mi renuncia.

Tal vez por error me contestó que sí.

Luego me enteré por Luis Miranda que no se habían presentado las renuncias a las Cortes. Los hechos han comprobado esta afirmación.

Sea lo que sea, mi renuncia, no habiendo sido refrendada por las Cortes como lo exige textualmente la Constitución, es nula en derecho.

Tal vez sea por ésto por lo que nadie, ni mi familia, ni en particular mi hermano Juan, ni ninguno de los grandes cuyos representantes me lo certificaron en su nombre, han cumplido la promesa que me hicieron cuando estimaban que yo era el dueño de la situación, de asegurarme una vida exenta de toda consideración de orden material...

El panorama no era, pues, tan idílico como lo pintaba el corresponsal de *ABC*.

Por un lado, vemos que Alfonso XIII había querido dejar la cuestión sucesoria muy clara, «pues conocía a fondo —señala lúcidamente Luis María Anson en su celebrada biografía *Don Juan*— la importancia, sobre todo después de las guerras dinásticas carlistas, de que el titular y el heredero de la Casa Real fuesen indiscutibles».

Además, y como quiera que el infante estaba soltero, su renuncia no perjudicaba a terceros; es decir —siguiendo el modo de ver las cosas del rey— si Jaime, como su hermano Alfonso, tenía en el futuro hijos, éstos no habrían sido despojados de eventuales derechos dinásticos para reinar sino que, sencillamente, nacerían sin ellos.

Otrosí: en 1933, durante la II República, no había Cortes del Reino, ni la Constitución entonces vigente se refería al caso, además de encontrarse desterrada la Familia Real. Calvo Sotelo podía enseñar las renuncias a los comités monárquicos y punto.

Pero, por otro lado, la verdad es que Alfonso XIII hubiera podido hacer las cosas mejor: ambos documentos —la renuncia de don Alfonso y la de don Jaime— eran simples cartas enviadas por dos hijos a su padre, el rey, acatando su autoridad soberana en el exilio. Pero se hicieron chapuceramente, sin suscribirse por testigos, sin notario presente que diera fe del acto.[38]

Afortunadamente para los planes de Alfonso XIII, don Jaime renunció no sólo por la Constitución de 1876, por la que se regía la dinastía en el exilio, sino también —única previsión sagaz de quienes le pusieron el papelito a la firma— por el imperativo de las «leyes antiguas».

Porque ocurría que dicha Constitución monárquica establecía que el rey necesitaba la autorización, mediante ley especial, para abdicar la Corona en el inmediato sucesor, y señalaba asimismo que las personas que fueran incapaces para suceder serían excluidas por otra ley.

Por tanto, la decisión de Alfonso XIII de solicitar la renuncia de su hijo Jaime, por incapacidad física evidente, debido a su sordomudez, fue, debido a la circunstancia del exilio, personal, fruto de su mera voluntad y sin respaldo ni concurso posibles del pueblo español.

---

38. Argumento en el que también basaba su contrarrenuncia el ex príncipe de Asturias.

Eso iba a dar lugar en el futuro, como veremos, a muchos quebraderos de cabeza.

Don Jaime, como su hermano Alfonso hiciera, efectuaría luego varias contrarrenuncias. Sus abogados presentaron la argumentación siguiente:

> El artículo 64 de la Constitución de 1876 establecía expresamente que habrían de ser las Cortes quienes excluyesen por medio de una ley a las personas que no fuesen aptas para suceder en la Corona, cualesquiera que pudiesen ser los motivos que para ello hubiere. Ahora bien, hasta el 14 de abril de 1931 las Cortes no dictaron ninguna ley que excluyese a Su Alteza Real el infante don Jaime de Borbón y Battenberg, con lo que es evidente que este augusto señor conservaba su estatuto jurídico de posible sucesor a la Corona en el caso de que le premuriese sin sucesión su hermano primogénito el señor Príncipe de Asturias.
>
> Llega el 14 de abril y con él, como consecuencia al parecer obligada, la marcha de don Alfonso XIII y de su augusta familia. Y solamente dos años después, en junio de 1933, el infante don Jaime firma un documento a tenor del cual renuncia a la sucesión a la Corona, para sí y sus hijos. Documento cuyo valor legal es nulo según el artículo 4.º del Código Civil, pues que taxativamente establece este precepto que «los derechos concedidos por las leyes son renunciables, a no ser esta renuncia contra el interés o el orden público o en perjuicio de tercero».
>
> En el caso que nos ocupa, no solamente existe un perjuicio de tercero; es decir, de los hijos que en su día pudiera tener el renunciante, sino incluso una violación del orden público, pues que se subvertía total y completamente el orden sucesorio establecido por la Constitución de 1876.
>
> El documento de abdicación y el testamento de don Alfonso XIII designan como sucesor suyo en los derechos a la Corona de España a su hijo don Juan, al dar por admitida la renuncia que le tenía presentada su otro hijo don Jaime. Pero evidente resulta que no podía don Alfonso XIII tomar por sí y ante sí determinación de tan grave alcance que venía a sustituir el estatuto legal de la Casa de España por capricho del monarca.
>
> Podrá observarse que la Constitución de 1876 había dejado de regir el 14 de abril de 1931, mas a ello puede fundadamente oponerse la doctrina de no pocos tratadistas de Derecho Constitucional, a juicio de los cuales tiene la Constitución el valor de un pacto de estatus entre la Monarquía y el pueblo, lo que claramente se comprueba en la Constitución española de 1876 con la sola lectura de

su preámbulo que la coloca entre las llamadas «doctrinarias». Quiere ello decir que aun cuando una de las partes contratantes rompiese el vínculo, queda la otra ligada a él; es decir, que don Alfonso XIII continuaba ligado por los artículos pertinentes de la Constitución de su reinado, que constituían para él un vínculo no ya de orden privado y aun público en el caso de sus relaciones familiares como tal rey de España, sino de este mismo orden público en sus relaciones con la Nación. Relaciones que no podía él alterar caprichosamente y menos en desobediencia a lo preceptuado en el artículo del Código Civil antes citado sobre renuncia de derechos, toda vez que el título preliminar de aquel cuerpo legal, que se ocupa de las leyes en general y de sus efectos, tiene un valor equivalente al de la misma Constitución, en cuanto ha de estimarse como *norma normarum* dotada de superlegalidad bastante para imponerse a todos, comenzando por el propio monarca, que no puede, por serlo, sustraerse a su imperio.

Es evidente, pues, que fallecido Su Majestad el rey don Alfonso XIII, queda la jefatura de la Casa Real de España atribuida a Su Alteza Real el infante don Jaime; mas aun suponiendo legal y dando por válida su renuncia, ésta surtiría efectos solamente para dicho augusto señor, pero nunca para sus descendientes.[39]

Por su parte, Alfonso de Borbón Dampierre, hijo mayor y heredero de Jaime, consignó en sus memorias muchos años después: «Las renuncias arrancadas a mi padre no son válidas: no se renuncia a un trono en la habitación de un hotel. Las renuncias deben recibir un reconocimiento oficial y una notoriedad de hecho. En lo que a mí concierne, la invalidez de las renuncias de mi padre es todavía más absoluta: un hijo no nace sin derechos.»

El pleito dinástico estaba servido. Pero en 1933 nadie pareció darse cuenta.

Un antecedente:
Don Felipe de Borbón, el príncipe imbécil

Desde un punto de vista dinástico, la renuncia por disminución física no sólo tenía precedentes, sino que resultaba lógica en un heredero del trono. El último que, durante nuestra Monarquía abso-

---

[39]. «La sucesión en la jefatura de la Casa de España» (estudio de derecho dinástico). *Rivista Aráldica*, 1963.

luta, había sido víctima de su triste condición fue don Felipe de Borbón, el príncipe imbécil.

Felipe había nacido en 1747 en Nápoles, donde a la sazón su padre, Carlos III, reinaba en espera de pasar a ocupar el trono de España por muerte sin hijos de su hermanastro mayor Fernando VI.

La reina María Amalia de Sajonia, esposa de Carlos III, había dado ya a luz cinco hijas, por lo que la llegada al mundo del primogénito varón fue saludada con festejos especiales y magníficos. El exultante padre escribía a su suegro, rey electivo de Polonia: «Ha complacido a Dios Nuestro Señor escuchar mis plegarias y obsequiarme con el nacimiento de un príncipe bien formado y robusto que se denominará duque de Calabria o duque de Apulia.»

Ninguno de aquellos títulos preparados para los herederos de las Dos Sicilias pudo ser entonces utilizado, sin embargo, por el «bien formado y robusto» retoño de la estirpe de Borbón, nacido, según se pudo comprobar enseguida, mentecato.

Privado de razón, el príncipe tuvo que ser forzosamente apartado del trono en beneficio de otros varones, menores, que tras Felipe había parido la reina. Carlos, el segundo hijo superviviente, fue reservado para España —donde reinaría a la muerte de su padre con el ordinal de Carlos IV—; Fernando, el tercero, asumiría la dúplice corona de Nápoles y de Sicilia.

En 1759, antes de pasar a ocupar el trono de España, el propio rey Carlos se dirigió a sus pueblos en estos términos:

«Entre las graves preocupaciones que la sucesión a la Monarquía de las Españas y de las Indias, tras la muerte de mi amado hermano el rey católico don Fernando VI, me ha procurado, no ha sido la menor la de asegurar la sucesión hábil, debido a la notoria imbecilidad de la mente de mi real primogénito...»

Seis afamados doctores firmaron una declaración manifestando que el heredero no tenía esperanza de curación, lo que debía prevenirse al Consejo de las Dos Sicilias y a las Cortes españolas. Seguidamente, la Junta de Gobierno hizo llegar al rey un documento que decía así:

«A Su Majestad Católica:
»En cumplimiento de la Real Orden del 24 de agosto, y tras haber observado atentamente al príncipe, lo hemos hallado fatuo e incapaz de cualquier razonamiento. Ponemos humildemente a los pies de

Vuestra Majestad esta formal declaración, al mismo tiempo que incluimos el parecer de los seis físicos designados por Vuestra Majestad, y que concuerda del todo con nuestro examen.
En Nápoles, a 8 de septiembre de 1759.»[40]

El desdichado ex heredero contaba doce años cuando fue oficialmente excluido de la Corona española, así como de la partenopea. Vivió, recluido, hasta los treinta, en el palacio de Capodimonte, donde aullaba a la luna. Lo paseaban dos veces al año para que a los napolitanos no les cupiesen dudas acerca de su idiotez manifiesta. Un médico que le visitó en su retiro consignó filosóficamente: «Come y bebe con gusto, no tiene ninguna pasión y se divierte con caricias y juegos de niño, como si estuviera aún en brazos de su nodriza. Ciertamente, el estar privado de razón es uno de los más grandes males que le pueden acaecer a un hombre. Pero bien pudiera suceder que mientras nosotros lamentamos el destino de este joven que, por ausencia de lucidez, pierde el derecho de un trono, su título de príncipe de Asturias, que le correspondía por nacimiento, le hubiera quizá podido atormentar con ambiciones, desilusiones e impaciencias por ceñir la corona, capaces de convertirlo en un ser todavía más miserable de lo que es ahora.»[41]

Carlos III ordenó que en la soberbia sepultura de su primogénito, en la basílica de Santa Clara, no se celase tampoco la condición mental del desgraciado:

PHILIPPI
FILII PRINCIPIS QUI MENTIS MINOR
VACUUM FRATRIBUS PRINCIPATUM RELIQUIT.

CAROLUS III
REX HISPANIARUM ET INDIARUM
RELIQUIAS HIC DEPONI IUSSIT.[42]

40. Archivo de Estado de Nápoles: «Regno di don Carlo di Borbone».
41. Michelangelo Schipa, *La diseredazione di un Principe Reale*, 1899.
42. «Carlos III, rey de las Españas y de las Indias, mandó depositar aquí los restos de su hijo el príncipe Felipe, retrasado mental, que dejó vacante el principado para sus hermanos.»

De este modo cruel quedaba fijada, en mármol y oros, para la posteridad, la tragedia del heredero inservible.

Prevenir es curar

El temperamento de un rey, o de una reina, tiene más importancia para el curso de los sucesos de su reinado que todos los pareceres escritos de sus Consejos de Estado. Una cabeza de chorlito puede desquiciar el mismo porvenir de la Monarquía. La Constitución de 1876, al prevenir la incapacidad de los príncipes, no hacía más que seguir la sabia cautela de nuestros monarcas preconstitucionales.

Cautela tanto más necesaria en una dinastía como la borbónica española, de la que el doctor don Francisco Herrera Luque, catedrático de psiquiatría, ha trazado en su estudio *La huella perenne* el esquema de salud siguiente:

Parece, pues, de todo punto justificado el artículo inserto en la Constitución de 1876 —por la que se regía la dinastía en el exilio— en previsión de tener que excluir a algún miembro de la Familia Real por razones de salud, o por cualquier otro motivo.

Un matrimonio «arreglado»

¿Qué sucedió con el infante don Jaime, príncipe de Asturias anulado, después de su renuncia?

El rey Alfonso XIII se apresuró a notificar a su tercer hijo, don Juan de Borbón, que sobre él recaía entonces la herencia dinástica. Don Juan aceptó —como examinaremos en su momento— y el porvenir de la Casa Real pareció quedar alejado de nubarrones amenazantes.

De todos modos, don Alfonso no las debía de tener todas consigo, porque preparó minuciosamente otro matrimonio desigual para su segundo hijo, por si en el futuro quedara alguna duda —como ocurrió— acerca de la validez de su renuncia.

Disponemos tanto de las versiones de Jaime como de Emanuela Dampierre, su futura esposa, sobre lo acontecido. Don Jaime dictó sus memorias a un destacado periodista español muy amigo suyo, Juan Bellveser. Pero cuando éste llevaba escritos al dictado ochenta folios, uno de los secretarios del infante, Ramón de Alderete, prosiguió con el trabajo. Por su parte, doña Emanuela confió la redacción de sus recuerdos a las periodistas Maruya Navarro y Zoila López, al alimón. Utilizaremos ambas memorias coincidentes en el fondo, que no en la forma.

Versión de Emanuela: «Conocí al que sería mi esposo en Roma durante un cóctel ofrecido por una familia, muy amiga de la mía, que tenía relación intensa con Alfonso XIII. Aunque yo lo ignoraba, mi matrimonio con Jaime estaba ya hablado y sólo hacía falta que nos conociéramos. Entre nosotros no existió ningún flechazo ni nada por el estilo. En aquella época las cosas se hacían así, sobre todo en el exclusivo mundo en el que nos movíamos. Tal vez Jaime había soñado otra cosa y tal vez yo misma también, pero nuestro destino estaba concertado. Jaime no me desagradó, ni mucho menos. Aunque su tono de voz era muy gutural, podía expresarse y además entender a quienes le hablaban. Conocía varios idiomas y confieso que me impresionaron su apostura y gracia. Me di cuenta enseguida de que, a pesar de todo, tenía un terrible «handicap»: el hecho de no poder mantener una conversación con varias personas a la vez; sino que tenía que hacerlo de una en una para poder leer en sus labios. Esto, con el tiempo, le haría muy dependiente.

»Pasaron sólo tres meses desde aquel día hasta el momento de mi boda. Yo tenía veinte años. Jaime siete más.»

Versión de don Jaime: «Durante una de las estancias en Roma de mi padre, a quien yo acompañaba, fuimos invitados en 1934 a una fiesta organizada por damas de la sociedad a beneficio de la Cruz Roja. Allí conocí a Emanuela, que era bonita y nada llamativa. Volvimos a vernos días después en un baile de gala. Otro día tomamos el té, y un cuarto, fuimos, con la madre de ella, al cine.

»Una noche estábamos reunidos, jugando a la baraja, cuando llamaron al teléfono. Era la madre de Emanuela. Cuando mi padre acabó de conversar con ella, me llamó aparte y me dijo que la señora vería con agrado que se realizaran mis proyectos de casarme con su hija. Aquellas palabras me dejaron atónito porque nunca había pensado en semejante cosa. "Si es así, no te preocupes —me dijo papá—; ya veremos." Pero la maniobra estaba, por lo visto, demasiado bien urdida. Y, en los días sucesivos, el cerco de presiones familiares se fue cerrando hasta que al fin tuve que aceptar.»

El plan de Alfonso XIII estaba, a mi modo de ver, muy claro: Con el fin de atajar cualquier suspicacia futura sobre la renuncia de su segundo hijo, lo haría pasar por las horcas caudinas de un matrimonio fuera del ámbito de la realeza; es decir, contrario a la normativa de la Casa Real española. Un historiador extranjero que hoy está de moda, Paul Preston, autor de una controvertida biografía de Franco, opina asimismo: «Jaime renunció en 1933 a sus propios derechos por incapacidad, porque era sordomudo. En cualquier caso, los hubiera perdido en 1935, al contraer matrimonio morganático con Emanuela Dampierre, que aunque era aristócrata no era de sangre real.»[43] La boda de Jaime y Emanuela, en suma, vendría a reforzar la renuncia del infante en Fontainebleau.

Victoria Emanuela Dampierre era hija de un vizconde francés, Roger de Dampierre, titular del ducado pontificio de San Lorenzo, y una dama de la alta nobleza italiana, Victoria Rúspoli, de la familia de los príncipes de Poggio-Suasa. Había nacido en Roma el 8 de noviembre de 1913 y su infancia no fue muy alegre, pues el dicha-

---

43. Paul Preston, *Franco*, 1994.

rachero Dampierre había abandonado el hogar para casarse con otra. Puede admitirse perfectamente que Emanuela, crecida a la sombra de su formidable madre —una mujer de mucho carácter— fuera semicoaccionada por ésta para contraer el enlace que tanto brillo daría a la familia.

Lo que sí parece difícil es que pensara seriamente que iba a convertirse en princesa real por vía de matrimonio. Tal vez el lenguaje cortesano de la lisonja que la rodeaba pudo hacérselo creer. Conocemos su primera entrevista con un periodista español, el obsequioso José María Carretero, *el Caballero Audaz*, quien empezó a darle el tratamiento de alteza.

Hela aquí:

> En el Grand Hotel de Roma, encuentro a don Jaime en compañía de su prometida, la señorita Dampierre.
> El infante me saluda efusivamente y me invita a tomar con ellos una copa de jerez.
> Entablamos mientras una conversación cordial.
> Son prodigiosos los progresos de don Jaime en vencer el triste impedimento de su sordomudez. Sin aparente esfuerzo ninguno, comprende cuanto se le habla. No pierde una sola palabra y responde con sorprendente agilidad.
> Su voz es ronca, monocorde, sin matiz, pero cada vez vocaliza mejor y con más rapidez.
> —¿Vendrás a mi boda? —me dice.
> —Si Vuestra Alteza me invita, lo haré con mucho gusto.
> —¡Ya estás invitado!
> —¿Cuándo se casan Vuestras Altezas?
> El infante se apresura a responderme:
> —El cuatro de marzo... No dejes de venir.
> —¿Aquí en Roma?
> —Claro está, aquí, en Roma, en la iglesia de San Ignacio de Loyola.
> Hablamos en francés, en honor a la prometida de don Jaime. (El periodista no dominaba el italiano ni Emanuela el castellano.) Aunque desciende de franceses, apenas conoce su país natal, por haberse educado en Italia, pero habla el francés como la más deliciosa parisina.
> —Una sola vez estuve en París —me dice—, aunque todo el mundo cree por mi apellido que soy francesa.
> Mademoiselle Dampierre es de una gentil belleza morena, de una expresión dulce y bondadosa, plena de simpatía.
> Acaba de cumplir veinte años; sus negros ojos llenos de alma, están también saturados de una deliciosa ingenuidad.
> Me cuenta su conocimiento en Roma con don Jaime, y con encan-

tadora sencillez cordial me confiesa que, desde el primer momento, se enamoró del infante. Se hicieron amigos. El infante se propuso enseñarla el español, y la pedagogía, impulsada por el amor, hizo prodigios. Sólo así se explica que un sordomudo lograra en breve tiempo enseñar su idioma a una extranjera.

Mademoiselle Dampierre, para probarme sus progresos como discípula enamorada, pronuncia algunas frases en correcto castellano.[44]

Los esfuerzos de Carretero para presentar una pareja de tórtolos nos parecen, tras conocer el testimonio auténtico de los novios sobre su relación, patéticos. Se nota también el embarazo del periodista, que no sabe cómo titular a la prometida del infante. Indistintamente la llama una vez «señorita», otra «mademoiselle» y, finalmente, «alteza». Esto último era, en cualquier caso, absurdo, pues Jaime todavía no se había casado.

Algo debía flotar en el ambiente, sin embargo, y, a fin de evitar confusiones, el rey Alfonso XIII decidió intervenir y conceder un título a su hijo, para que de esta manera su cónyuge pudiese ser denominada con cierto empaque, sin llegar a alteza y sin quedar en lisa y monda señora de Borbón.

Don Juan, el nuevo príncipe de Asturias, testigo de aquellos acontecimientos, dio fe años después de lo sucedido.

> Cuando la boda de mi hermano Jaime con Emanuela, nuestro padre el rey meditó mucho lo que debía hacerse, y la conclusión a que se llegó fue que nunca debería darse el rango real a Emanuela y, por tanto, menos a sus posibles descendientes. Para hacer menos dura la decisión, mi padre «inventó» el ducado de Segovia, y siempre se les llamó infante don Jaime y duquesa de Segovia. El rey entendió que daba el consentimiento a la boda de su hijo, pero que no consideraba de rango real a la señora.[45]

Cuando leí estas declaraciones de don Juan, efectuadas en 1972, quise investigar por mí mismo el tema y llegué a la conclusión de que su versión era exacta. La Familia Real guarda en sus archivos numerosos testimonios de que la esposa morganática de don Jaime fue llamada siempre «su excelencia la duquesa», y, además, en el protocolo de las pocas ceremonias de la realeza europea

---

44. El Caballero Audaz, *Una española se casa en Roma*, 1935.
45. Laureano López Rodó, *La larga marcha hacia la Monarquía*, 1977.

a las que ella tuvo ocasión de asistir junto a su marido, así aparece consignada.

De la unión de Jaime y Emanuela nacieron dos chicos: Alfonso, en 1936, y Gonzalo, un año más tarde. Ambos en Roma, donde el matrimonio vivía en una casa elegante en via Luciano Luciani. Alfonso XIII había hecho de la Ciudad Eterna su cuartel general. La reina Victoria Eugenia seguía en Inglaterra, y no asistió siquiera a la boda de su segundogénito para no tropezarse con su marido.

Por disposición expresa de su abuelo Alfonso XIII, los hijos de los duques de Segovia fueron inscritos en el registro civil de su ciudad natal con el apellido compuesto Borbón-Segovia, confirmándose así públicamente que no eran príncipes ni miembros de la Familia Real —a juicio de su abuelo, jefe de la Casa— en razón de la renuncia de su padre don Jaime.

El exiliado monarca decidió que estos dos nietos suyos se apellidasen con ese nombre distintivo —y transmisible a sus descendientes—, para dar a entender que en sus personas se creaba una línea familiar ajena a la realeza.[46]

Por otro lado, el antiguo rey de España hizo enviar al marqués de Torres de Mendoza, su secretario, una carta a Rolf von Kutzchenbach, redactor jefe del famoso almanaque *Gotha* (donde se reseñaban todos los personajes de las distintas Familias Reales), en los siguientes términos: «Su Majestad me indica le diga que el hijo de S. A. R. el infante don Jaime nació en Roma el 20 de abril y deberá ser inscrito en su almanaque, sin título de infante, como Alfonso Jaime de Borbón-Segovia, de conformidad con la renuncia de su padre.»

El *Gotha*, de cuya sociedad protectora Alfonso XIII era nada menos que presidente, se apresuró a publicar en su edición de 1937 el estatus del hijo mayor de Jaime, de acuerdo con las órdenes del rey.

Alfonso de Borbón Dampierre, el afectado por esta decisión de Alfonso XIII, se quejaría años después acerbamente:

> Se habían ocupado incluso de que no supiera ni mi propio nombre. Mi acta de nacimiento fue redactada con un nombre falso: «Alfonso de Borbón-Segovia». Segovia es el título que mi abuelo dio a mi padre con motivo de su matrimonio. «Borbón-Segovia» era como «Bor-

---

46. Publiqué la prueba documental —inscripción de su partida de nacimiento— en mi libro *La Familia Real y la familia irreal*, 1992.

bón-Sevilla»... o sea, ramas menores, mientras que mi hermano y yo éramos los mayores. Me vería obligado, años más tarde, en 1979, a hacer rectificar mi partida de nacimiento.[47]

Quien esto escribía era un hombre profundamente amargado y que no aceptaba que él, el primogénito de toda la familia de Borbón, hubiera sido pospuesto a tantos otros de su ralea.

Precauciones sucesorias

Durante toda la guerra civil española, la Familia Real —excluida la reina y el conde de Covadonga—, vivía en Roma pendiente de las vicisitudes de aquella conflagración entre el gobierno republicano y los sublevados. El infante don Jaime fue un fidelísimo colaborador de su padre Alfonso XIII y de su hermano Juan, nuevo príncipe de Asturias. Casi año y medio después de terminada la guerra, con la victoria de Franco, Alfonso XIII abdica —como detallaremos más adelante— en enero de 1941, «para que por ley histórica de sucesión a la Corona quede automáticamente designado, sin discusión posible en cuanto a la legitimidad, mi hijo el príncipe don Juan». Don Jaime no pone ninguna objeción (aunque está claro por la expresión «sin discusión posible» que don Alfonso XIII se olía la tostada).

Tampoco la pondrá cuando, al cabo de poco más de un mes de su abdicación, muere Alfonso XIII y se da a conocer su testamento, fechado el 8 de julio de 1939, en cuya cláusula quinta insiste:

> Hago constar que tengo aprobada la renuncia que del derecho a sucederme en la Corona de España hizo mi hijo don Jaime, por sí y sus descendientes, y que por virtud de tal renuncia el heredero inmediato de aquélla es mi otro hijo varón don Juan, que por eso ha asumido el título de príncipe de Asturias.

Y, en previsión de problemas, el monarca español añadía:

> Por tanto, encarezco a mis familiares que reconozcan en don Juan la autoridad que, mientras subsistió la Monarquía, pertenecía al rey sobre sus parientes.[48]

---

47. Alfonso de Borbón, *Memorias*, en colaboración con Marc Dem, 1990.
48. Texto en Pedro Sainz Rodríguez, *Un reinado en la sombra*, 1981.

¿Por qué la insistencia de don Alfonso XIII? ¿Tan poco crédito concedía al papel firmado en Fontainebleau por Jaime? Yo no creo que la regia desazón proviniese sólo de aquella porosa renuncia en el exilio, sino también de otra trampa en la que él mismo se había metido, con su inconsciencia habitual, y de la que tal vez lamentase ahora sus consecuencias: el espinoso asunto de la jefatura de la Casa de Borbón.

El enredado asunto de la «jefatura de la Familia»

Desde la muerte del último varón de la primera rama de los Borbones, el conde de Chambord, en 1883, fallecido sin hijos, parte de los monárquicos franceses rehusaban aceptar a la rama de Orleáns, que continuaba la Casa de Francia, como segunda línea francesa de la estirpe, acusándola de liberalismo y depositando sus esperanzas en la rama primogénita, que genealógicamente pasaba antes, pero había renunciado en 1713 a cualquier derecho francés para aposentarse en España con Felipe V.

Aunque resulte un pelín pesado, conviene que el lector eche un vistazo al documento de renuncia del primer Borbón para que pueda juzgar por sí mismo esta cuestión que, increíblemente, subsiste.

Proclamado rey de España Felipe V y reunido en Madrid el Consejo de Castilla, el primer Borbón español anunció su determinación de renunciar a sus eventuales derechos a la Corona de Francia, abandonando para siempre cualquier pretensión en este sentido, con el propósito de integrar su dinastía de lleno en España. Por voluntad de las Cortes quedó convertida —ojo— en Ley Fundamental de la Monarquía española el acta de renuncia en la que el soberano expresamente manifestaba:

> De mi *proprio motu*, libre, espontánea y grata voluntad: Yo, don Felipe, por el presente instrumento, por sí mismo y por mis herederos y sucesores, renuncio, abandono y me desisto para siempre jamás de todas pretensiones, derechos y títulos que Yo o cualquiera descendiente mío haya desde ahora, o pueda haber en cualquier tiempo que suceda en lo futuro, a la sucesión a la Corona de Francia, y me declaro y he por excluído y apartado Yo y mis hijos herederos y descendientes perpetuamente e inhabilitados absolutamente, como si no hubiéramos nacido ni fuésemos en el Mundo,

porque por tales hemos de ser tenidos y reputados, para que en mi persona y la de ellos no se pueda considerar ni hacer fundamento de representación activa o pasiva.

Y quiero y consiento, por mí mismo y por mis descendientes, que desde ahora, como entonces, sea mirado y considerado este derecho como pasado y trasladado al duque de Berry, mi hermano, y a sus hijos y descendientes varones legítimos, y, en defecto de su línea, al duque de Orleáns, mi tío, y a sus hijos y descendientes.[49]

Y prometo y me obligo en fe de palabra real que en cuanto fuere de mi parte y de los dichos mis hijos y descendientes, que son y serán, procuraré la observancia y cumplimiento de esta escritura sin permitir ni consentir que se vaya o venga contra ello, directa o indirectamente, en todo o en parte. Y me desisto y aparto de todos y cualquier remedios, sabidos o ignorados, ordinarios o extraordinarios.

Y esta renuncia ha de ser firme, estable, válida e irrevocable perpetuamente para siempre jamás. Y digo y prometo que no he hecho ni haré protestación o reclamación en público o en secreto, en contrario, que pueda impedir o disminuir la fuerza de lo contenido en esta escritura.

Y empeño mi Fe y mi Palabra Real y juro solemnemente por los Evangelios que observaré, mantendré y cumpliré este acto e instrumento de renuncia, tanto por mí como por mis sucesores, herederos y descendientes, en todas las cláusulas en él contenidas, según el sentido y construcción más natural, literal y evidente.[50]

No se podía ser más claro. Creo, a la vista de este documento oficial, que vale la pena subrayar el hecho de que los Borbones de España, históricamente, están excluidos a perpetuidad del trono francés, no sólo por esta solemne renuncia (que los llamados «legitimistas» franceses consideran inválida, aunque fue incorporada al Tratado de Utrecht, ley de rango internacional y cuyas cláusulas siguen tan vigentes que en base a una de ellas no se devuelve Gibraltar...), sino también y sobre todo por Ley Fundamental de la Monarquía española, aprobada en Cortes y que no ha sido expresamente derogada.

Pero ¿qué ocurrió? Pues que a la muerte sin hijos del conde de

---

49. El duque de Berry no dejó hijos, por lo que la herencia dinástica francesa, agotada la línea primogénita descendiente directa de Luis XIV en 1883, recayó en la rama de Orleáns, tal como se había previsto y estipulado en esta renuncia de Felipe V.
50. *Novísima recopilación*, libro III, título I, ley V.

Chambord, primogénito de la familia Borbón, el nuevo primogénito resultó ser... el pretendiente carlista español.

Proscritos, vencidos, excluidos de la sucesión dinástica por la rama liberal y vencedora ocupante del trono de Madrid, los pobres pretendientes carlistas, que no tenían donde caerse muertos, vieron en esta nueva posición de «primogénitos de la familia» una salida digna a su condición de desterrados; un título que sonaba bien y, en realidad, no comprometía mucho, pues se guardaron bien de proclamarse reyes de Francia, sino «jefes de la Casa Real de Borbón». La titulación era ingeniosa y había sido utilizada por los monarcas franceses cuando, a raíz de los Pactos de Familia, intentaron poner de manifiesto con esa denominación una supremacía política sobre las distintas ramas borbónicas que reinaban en Europa: España, las Dos Sicilias, Parma.

Decidieron, en consecuencia, los soberanos tradicionalistas aprovechar la ocasión que el destino les brindaba y, sin abandonar ni por ensueño sus pretensiones españolas, se declararon al mismo tiempo depositarios de las francesas.

Tras su exilio, en 1931, Alfonso XIII no puso inconveniente en denominar a sus primos, los sucesivos pretendientes carlistas don Jaime I y don Alfonso Carlos I «jefes de la Familia», pues aquel dictado no suponía nada en la práctica, no conllevaba preferencia, prerrogativa ni rango especiales. Pero como las circunstancias políticas del momento aconsejaban un supremo tacto en pro de la unión de todas las fuerzas monárquicas contra la república, y puesto que ninguno de los pretendientes desterrados podía reconocer al otro como soberano —condición que se atribuía a sí mismo tanto Alfonso XIII como el rey carlista—, la fórmula indicada pareció la más conveniente en aquellas específicas circunstancias.

(Que se trataba de una fórmula meramente contemporizadora y vacía de todo contenido histórico-jurídico por parte del taimado Alfonso XIII, se evidenció años después cuando, en ocasión de haber apoyado el viejo rey Alfonso Carlos, como «jefe de la Familia» la petición de un irregular pariente real para que se le pusiera en el *Gotha* con tratamiento de alteza, Alfonso XIII dirigió una carta al rey carlista expresándole que nadie sino él podía dispensar tales mercedes y honores. Lo que —dicho sea de paso— enfureció de tal modo al pretendiente tradicionalista que decidió prescindir de la rama rival y nombrar una regencia encabezada por su sobrino Javier de Borbón Parma).

Sólo que Alfonso XIII tuvo la debilidad de aceptar ser reconocido «jefe de la Casa Real de Borbón» a la muerte sin hijos del anciano rey carlista Alfonso Carlos, último varón de su estirpe. Era cierto que los derechos de primogenitura del linaje de Borbón recaían entonces en el antiguo rey de España. Pero ¿pudo éste sospechar jamás las complicaciones dinásticas que tal desdoblamiento —jefe de la Casa Real y jefe de la Familia— iba a ocasionar?

Don Juan y doña María Cristina, hijos de Alfonso XIII, han pretendido quitar importancia al asunto. La segunda ha escrito en sus memorias, dictadas al escritor Javier González de Vega: «Por cierto que un día los *Camelots du Roi* (los legitimistas) le dijeron en el exilio de París a papá: "Monseñor, ésta es su casa. Sea nuestro rey." Pero papá, en su francés estupendo, aunque con acento español, les contestó: "Recordad que Luis XIV dejó dispuesto que no se pudiese ser rey de los dos países, y yo soy el rey de España, y lo seré siempre."»

Don Juan de Borbón, por la cuenta que le traía, restó también importancia al asunto y en 1972 declaraba, según recoge en uno de sus libros de recuerdos el ex ministro Laureano López Rodó: «Cuando a mi padre le fueron a buscar unos "legitimistas" franceses para que levantara bandera, se negó rotundamente y creo recordar dijo esta frase o algo parecido: "Suprimir el cerco de gules a nuestras gloriosas flores de lis comprometería las buenas relaciones entre España y Francia, y por lo tanto no pienso recabar nada de ese lado." Se refería, naturalmente, a la orla roja que rodea nuestro escudo.»[51]

Pero no fue exactamente así. En determinadas ocasiones —contadas, eso sí— Alfonso XIII suprimió la orla para adoptar el escudo pleno de las tres flores de lis y se tituló no sólo jefe de la Familia, sino también de la «Casa Real de Borbón». Al fin y al cabo, se hallaba exiliado y en la posición en la que antaño se encontraron los pretendientes carlistas que también utilizaron el término.

Esto tenía una consecuencia clara: enredar la madeja dinástica un grado más. Por un lado, Alfonso XIII recomendaba en su testamento que sus familiares reconociesen en don Juan la autoridad del «jefe de la Familia». Por el otro, resultaba que el jefe de la Familia (para los legitimistas todas las renuncias significaban papel mo-

---

51. Laureano López Rodó, *ibíd.*

jado) no era otro que el primogénito. Y el primogénito resultaba ser, sin discusión posible, tras la muerte del conde de Covadonga, don Jaime, el príncipe apartado de la sucesión.

La segunda renuncia de don Jaime

En todo caso, don Juan de Borbón y Battenberg quedó convertido, desde la abdicación de su padre, un mes antes de su muerte, en 1941, en el jefe de la Casa Real, si se aceptaban las renuncias y la expresada voluntad de Alfonso XIII, como hicieron la mayor parte de los monárquicos ortodoxos. Pero no faltó quien, con todo lo anterior, removiese la cazuela de las contradicciones, y Juan, la verdad sea dicha, se inquietó.

En Lausana, el 23 de julio de 1945, su hermano Jaime firmaba esta importantísima carta dirigida a «Su Majestad el rey don Juan III»:

> Señor:
> Yo, don Jaime de Borbón, infante de España, en atención a los rumores difundidos por la Prensa en torno a mi persona y a la de mis hijos, y con la conciencia de que con ello presto un nuevo servicio a nuestra amada Patria, a Vuestra Majestad declaro:
> Que protesto con toda mi alma contra la antipatriótica y antimonárquica maniobra de quienes propugnan absurdas soluciones, contrarias a considerar a Vuestra Majestad como único e indiscutible titular de la Corona de España, en virtud de las respectivas renuncias que en 1933 hicimos, nuestro muy amado hermano Alfonso cuando era Príncipe de Asturias, y mía, por nosotros y nuestros descendientes, y la que en enero de 1941 hizo, poco antes de su santa muerte, nuestro querido y llorado padre el rey don Alfonso XIII.
> PRECISAMENTE PARA EVITAR TODA POSIBILIDAD DE FUTURAS DISCUSIONES EN CUANTO A LA INDISCUTIBILIDAD DEL ORDEN SUCESORIO, BASE FUNDAMENTAL DE LA LEGITIMIDAD MONÁRQUICA, CUANDO ME RESOLVÍ A CONTRAER MATRIMONIO —CON POSTERIORIDAD A LA RENUNCIA QUE POR MÍ Y POR MIS DESCENDIENTES HABÍA HECHO A LOS DERECHOS QUE ME CORRESPONDÍAN A LA CORONA DE ESPAÑA— ELEGÍ MI ESPOSA FUERA DEL CÍRCULO DE LAS FAMILIAS REALES, CONDICIÓN INDISPENSABLE, SEGÚN LAS SECULARES LEYES DE NUESTRA PATRIA Y CASA, PARA QUE NUESTROS DESCENDIENTES PUEDAN INTENTAR REIVINDICAR DERECHO ALGUNO COMO TALES PERSONAS REALES.
> En la seguridad de que con esta declaración sirvo a nuestra ama-

da España, a cuyo servicio estoy dispuesto a sacrificarlo todo, se reitera de Vuestra Majestad como leal súbdito y querido hermano, que le abraza,

Jaime de Borbón
Infante de España.[52]

Esta segunda renuncia de don Jaime, que fue protocolizada notarialmente, venía a reforzar la validez de la primera, el discutible papelito de Fontainebleau. Había que congratularse, comentó Juan a uno de sus allegados, Eugenio Vegas Latapié, de que la dinastía tuviese la fortuna de contar con la prescripción de la llamada Pragmática de Matrimonios de Carlos III, que había coexistido con todas las constituciones españolas, como norma interna de la Casa Real, cuyos miembros la habían respetado hasta entonces sin excepción, contabilizándose hasta catorce exclusiones de sus contraventores.

Aquella segunda renuncia de don Jaime sacó de sus casillas a Emanuela. «Se decía allí —escribe en sus memorias— que tanto él como sus hijos habían perdido sus derechos a la sucesión española. En mi opinión, él no podía hacer semejante cosa, pero lo hizo, supongo que presionado por malintencionadas personas. Fue muy duro, porque comprometía el futuro de nuestros hijos. Yo no podía entender aquello, pero Jaime era contradictorio y yo nunca podía estar segura de lo que sentía realmente... El problema estaba en su dependencia a otras personas, creo yo.»

Y aquí uno se pierde; porque, vamos a ver: ¿pretende doña Emanuela hacer creer a la posteridad que ella desconocía la renuncia de Fontainebleau? ¿O acaso quiere darnos a entender —y eso parece más verosímil— que muchos no la consideraban válida y, en cambio, la segunda renuncia apelando al morganatismo escoció?

Alfonso de Borbón Dampierre, el primogénito de Jaime y Emanuela, comentó en sus memorias al respecto:

> La puntilla para la definitiva ruptura de mis padres fue una carta que mi padre, presionado por razones políticas, dinásticas y familiares, se vio materialmente forzado a escribir; carta en la que su mujer y sus hijos salían vergonzosamente malparados. Cerca del final de su vida, mi padre un día me confesó que aquella carta la había firmado sin leer, que se la habían dado escrita. Lamentablemente, era cierto.

---

52. AA VV, *La Monarquía española: un año histórico,* 1956.

Epistolario desconocido de un infante sumiso

Hay varias cartas inéditas del infante don Jaime por aquella época en las que se refleja, a pesar de todos los pesares, una unión estrecha con su hermano don Juan, a quien entonces consideraba ciertamente el rey.

El 4 de diciembre de 1945, es decir, menos de cinco meses después de su segunda renuncia, escribía el infante desde Roma a su madre, la reina Victoria Eugenia, a la sazón ya residente en Suiza, donde se había asentado desde principios de la Segunda Guerra Mundial.

> Mi queridísima mamá:
> No sabes cuánto agradezco tu cariñosa carta del 17 pasado, en la que me comunicabas lo que yo suponía: el fracaso de la gestión de Oriol. Como verás por la carta que le escribo a Juan (don Juan también había trasladado su residencia a Suiza), el nuevo emisario es el padre Ángel Herrera[53] que piensa ir a Lausana dentro de quince días, después de entrevistarse con el Papa y realizar unas gestiones más o menos misteriosas aquí en Roma. Por la impresión que tengo, dada la categoría del enlace, es muy posible que se pueda obtener alguna más provechosa oportunidad en estos momentos por medio de este hombre, que evidentemente conserva un gran prestigio en algunas zonas españolas de las más influyentes en el orden político. De otras cosas no tengo ninguna noticia importante que transmitirte. Estoy con los preparativos de la Primera Comunión y Confirmación de los niños, que espero resulte muy bien y, justamente, voy a invitar al padre Herrera para que pronuncie una plática en español. En la próxima carta ya te daré detalles de toda la ceremonia y de las personas que han asistido. Y nada más, mamá. Recibe el inmenso cariño de tu amantísimo hijo que te quiere muchísimo y te envía miles de besos,
>
> JAIME.[54]

---

53. Ángel Herrera Oria, inspirador de *El Debate* y la CEDA (Confederación de Derechas Autónomas) durante los años de la República, en esas fechas ordenado sacerdote, futuro obispo de Málaga y cardenal, y partidario de la colaboración con el régimen del general Franco.

54. Esta carta y las siguientes se conservan en un archivo particular. Copias en mi archivo.

Como anunciaba don Jaime en esta carta, la siguiente explica con algún detalle la Comunión de sus hijos, Alfonso y Gonzalo, con fecha 12 de diciembre del mismo año. Dice:

> Mi queridísima mamá:
> Ya verás por la carta que le envío a Juan, las novedades políticas de la hora y sobre todo la presencia del padre Herrera que tratará de llegar a unas conclusiones que le ha encargado Franco. Como supongo que tú también le verás, estarás al tanto plenamente de lo que trae como proposiciones a Juan.
> Quiero explicarte un poco la ceremonia de la Primera Comunión y Confirmación de Alfonso y Gonzalo. Fue emocionantísima. La mañana era terriblemente fría, y a las ocho y media nos reunimos en la capilla de los Miani (la hermana de Emanuela, Beatriz, estaba casada con el conde Miani de Angoris), con Beatriz, Crista, Sandro, Enrico, toda la familia de Emanuela, el embajador Sangróniz, su mujer y sus chicas, los ministros y secretarios de la Embajada del Quirinal y de la Santa Sede, el padre Herrera y Cortés-Cavanillas. El cardenal Marmaggi pronunció una plática preciosa y el tío Gabriel (el príncipe Gabriel de las Dos Sicilias) apadrinó a Alfonso y Miani a Gonzalo. El momento de la Comunión fue muy emocionante. Los niños han tenido regalos muy bonitos, y están encantados. Tu telegrama y el de Juan se los leímos y les hizo mucha ilusión.
> Después de la ceremonia tuvo lugar un *lunch* magnífico y bien servido. Más tarde, llevé unas flores al monumento de la Inmaculada en la plaza de España, que estaba precioso. La vida que hago en Roma no puede ser mejor. Quiero ir a pasar unos días contigo y con Juan coincidiendo con el final de año. Ya sabrás que ha muerto el pobre Gómez Ulla. Yo le he telegrafiado a la viuda dándole el pésame. Hasta pronto, mi queridísima mamá. Te envía miles de besos y abrazos tu amantísimo hijo que te quiere mucho,
>
> JAIME.

Una de las cartas que don Jaime dirige a su hermano Juan, y a la que alude en las cartas que escribe a su madre la reina, sin fecha, es la siguiente:

> Mi queridísimo Juan:
> Una vez más, con mi preocupación constante, me permito ponerte estas líneas para contribuir a tu mejor información en el sagrado deber que tenemos de servir y hacer el bien exclusivo de España.
> Como supongo estarás advertido y esperas al padre Ángel Herrera, yo quiero anticiparme a su visita para que conozcas los puntos

de que te hablará, evidentemente inspirado por las conversaciones que ha tenido con Franco, y más concretamente con el actual ministro de Asuntos Exteriores, Martín Artajo. Como ya te anuncié en mi carta anterior, tuve una entrevista de cuarenta minutos con Herrera, en que le escuché con atención y le hice todas las discretas observaciones que merecían sus proyectos. En primer lugar, y Sangróniz abunda en cuanto te digo, Herrera viene como monárquico a tratar de abrir un cauce para un entendimiento y una comprensión comunes en el confuso problema político de España, sobre todo en cuanto se refiere a las amenazas de tipo internacional, graves sin duda alguna.

Me dijo claramente que él entendía, y Franco también, que había que restaurar la Monarquía, pero que pretendía por su parte convencer a Gil-Robles de que era necesario contar con el generalísimo para la vuelta de la Monarquía, ya que sin su apoyo era en extremo difícil llegar a ella con éxito. Por otra parte —y es su opinión— había que fundar el tránsito en un Consejo de Regencia que restableciera automáticamente la Constitución de 1876 y con su mecanismo se hicieran, después de la Restauración, unas elecciones que consolidaran legalmente el Trono. En esencia ésa es la pregunta que te hará Herrera.

De cualquier forma, estimo que convendría sacar el mayor y mejor partido posible de la presencia en Lausana de Herrera, ya que se manifiesta acendradamente monárquico, y en la entrevista conmigo no pudo disimular su emoción, como igualmente en el acto de la Comunión de mis hijos, al que asistió y donde él percibió un ambiente de cordialidad que indudablemente le sorprendió.

Precisamente porque es un hombre muy inteligente y que puede mover resortes fundamentales en el clima actual español, es por lo que insiste en que su viaje debe ser bien aprovechado por ti para que no haya duda de cómo procede el Rey y con qué claridad y patrióticos fines se produce siempre.

Sabes cuánto te quiere tu hermano, que te abraza,

JAIME.

Mientras tanto, con motivo de la Comunión y Confirmación de Alfonso y Gonzalo de Borbón Dampierre, le escribe don Juan a don Jaime la siguiente carta, fechada en Lausana el 10 de diciembre de 1945:

Mi querido Jaime:

Deja que mis primeras palabras sean para felicitarte por la Primera Comunión de tus chicos, en cuya ceremonia estoy seguro habrás pasado momentos de honda emoción. Este primer contacto con el Cuerpo, Alma y Divinidad de Nuestro Señor, es el que marca la entrada oficial del hombre en la vida del Cristiano que aún tienen los chicos por delante, y si tú te has acercado a la Sagrada Mesa con tus hijos, no habrán dejado de caerte del Cielo abundantes gracias.

El día de la Purísima fuimos María y yo a comulgar, y en nuestras oraciones le pedimos a Dios colmara de bendiciones a nuestro ahijado. Muy felices Pascuas y entrada de año nuevo. Saluda a todos de mi parte, y tú recibe un fuertísimo abrazo de tu hermano que sabes que te quiere y no te olvida,

JUAN.

He querido dar a conocer esta correspondencia para poner en evidencia que la armonía entre los hermanos, en aquellos días, no podía ser mejor.

Desgraciadamente, el matrimonio del infante se resquebrajaba a ojos vista, y uno de los últimos actos en que interviene, con su afán de representar a su rey, don Juan, y a cuanto consideraba importante para el bien de España, es el almuerzo que ofrece en su casa romana, a principios de 1946, a los cardenales españoles que acababan de recibir el capelo de manos del papa Pío XII, y entre los cuales se encontraba el primado de España y arzobispo de Toledo, doctor Enrique Pla y Deniel. Los comensales eran, además del infante y los purpurados, sólo los dos embajadores de España, en el Quirinal y ante la Santa Sede. A la hora de los brindis, don Jaime se levanta y lee el siguiente discurso, hasta ahora desconocido en España:

> Eminencias, señores embajadores:
> Tengo la satisfacción de felicitar a Vuestras Eminencias por la elevación a la púrpura cardenalicia, por acertado designio del Santo Padre Nuestro Señor Pío XII. Satisfacción íntima y profunda por mi parte, porque sois españoles de esa España católica y eterna que fue siempre adelantada de la Fe y portaestandarte de la Civilización de Cristo.
> Pensando en ella, en la Patria de nuestros amores, única guía y esperanza de mi vida; en la santa memoria del rey mi padre, que murió por ella en la nostalgia de su amor; en el claro pensamiento de mi hermano el REY DON JUAN, que sólo desea la felicidad, la grandeza, la paz y la armonía de todos los españoles, yo os saludo con esperanza y con alegría, viendo en vuestra designación tan merecida un

cauce para que el pueblo, que fue siempre el más sólido baluarte de la Fe, recoja, en unidad y en orden, el tesoro fertilizante de las augustas tradiciones. Por la gloria de vuestras sagradas púrpuras, elevo mi corazón con reverencia y amor filiales.

Emanuela abandona a don Jaime

Pocas semanas después, la catástrofe de la ruptura familiar se produce entre don Jaime y su esposa. Era un hecho tan esperado como inevitable (advierta el lector que en las cartas reproducidas de don Jaime a su madre y su hermano Juan, apenas se menciona específicamente a su mujer).

Emanuela Dampierre recuerda: «La juventud y la inexperiencia, unidas a otros factores ajenos a nosotros, hicieron que nuestro matrimonio acabara en un desastre espantoso. La poca ayuda que recibíamos fue una de las causas por las que se rompió nuestra unión.»

Está claro que Emanuela culpa a alguien bien concreto de falta de apoyo. ¿Quizá económico?

Alfonso XIII, en una cláusula de su testamento, había recomendado a su sucesor designado, don Juan: «A mi hijo le exhorto a que, como consecuencia de su autoridad, se considere, en el alcance de sus medios y según los dictados de su conciencia, investido del deber de ayudar a sus familiares.»

Volveremos sobre este punto, que, al paso del tiempo, se hará cantinela por parte de los Borbón Dampierre.

El caso es que frustrada, tal vez, por la explícita reiteración del apartamiento de sus hijos del trono, formulada por don Jaime en su segunda renuncia; decepcionada, también, por el comportamiento de un marido enfermo, Emanuela claudicó.

> Desde el 5 de junio de 1937, fecha del nacimiento de nuestro hijo Gonzalo —dictó el infante en sus memorias—, Emanuela y yo vivíamos prácticamente separados, aunque tuviéramos un mismo domicilio. Y, a pesar de que mi dignidad sufría en muchos casos, tuve que resignarme a aceptar, en aras de un decoro aparente y en busca de un mínimo de paz familiar, las relaciones más que sospechosas de mi mujer con un amigo suyo llamado Tonino Sozzani, hijo de un acaudalado agente de cambio muy conocido en Milán... En febrero de 1946, Emanuela abandonó el domicilio conyugal, lanzándose a

una aventura que su educación y rango —y sobre todo el respeto que hubiera debido sentir hacia el nombre de Borbón que llevaba después de su matrimonio— debieran haber bastado para disuadirle de emprender.

Si el hecho en sí de abandonarme para irse con Sozzani no se lo reproché nunca, lo que no puedo perdonarle es que se llevara a mis hijos. Traté de recuperarlos porque temía que la vida que había emprendido mi mujer no constituyese precisamente el ambiente más adecuado para que en él se educaran los niños. Punto de vista que compartía la propia madre de Emanuela. La prueba es que, basándose en el peligro que la vida poco recomendable de su hija suponía para los dos niños, reclamó, sin éxito, ante el Tribunal Tutelar de Menores de Roma, la entrega de los muchachos.

Un año más tarde, Emanuela consiguió el divorcio y se apresuró a legalizar su situación con Tonino. Leamos su versión de los hechos:

> Cuando me di cuenta de que todo estaba acabado entre Jaime y yo, intenté por todos los medios conseguir la patria potestad y la custodia de mis dos hijos, y no me costó mucho... Sola, con apenas treinta años y con un montón de problemas, me volví a casar en 1947 con el financiero milanés Antonio Sozzani, al que había conocido hacía varios años y con el que siempre me había unido una gran amistad. Pero me equivoqué nuevamente y, después de veinte años, nos separamos. Bueno, sólo de hecho, porque legalmente aún seguimos casados, aunque nuestro matrimonio, válido en Italia, no está reconocido en España. Tengo que decir que Antonio les dio a mis hijos una educación esmerada y, aunque con limitaciones, fue un padre para ellos.

Volvía, pues, a suscitarse en el seno de la Familia Real el problema planteado por las dos mujeres del príncipe de Asturias don Alfonso de Borbón y Battenberg. Puesto que en el estado franquista no existía legalmente el divorcio y la Monarquía española aún no se había declarado oficialmente laica (como lo es ahora la Monarquía de Juan Carlos I), hubo que buscar una salida a la situación, agravada por el subsiguiente matrimonio civil de Jaime con una cantante prusiana, Carlota Tiedemann, que también tomó el título de duquesa de Segovia. Tras un compás de espera para solucionar de manera delicada el asunto, don Juan se reunió con sus dos hermanas y los restantes infantes de España (don Alfonso de Orleáns, don Alfonso de Borbón-Dos Sicilias, don Fernando de Baviera, etc.), y resolvieron que la titularidad del ducado de Segovia correspondía a la única esposa de Jaime que la Iglesia católica, y por ende el estado de Franco, reconocía como tal: Emanuela Dampierre. Pero no por ello la nueva mujer del infante dejaría de ser llamada duquesa de Segovia en el círculo de los partidarios que empezaba a formarse alrededor del primogénito vivo de Alfonso XIII.

El infante renuncia por tercera vez

Las finanzas del infante don Jaime iban de mal en peor. Sus enormes dificultades para trabajar, dada su disminución física, y una pésima administración alentada por un entorno de vividores comenzaron a crear problemas serios. Se le empezó a hacer hincapié en que había vendido —como el bíblico Esaú con Jacob— su primogenitura por un plato de lentejas.

Así fue como el 31 de julio de 1946, el infante lanzó un manifiesto:

> Yo, Jaime Enrique, duque de Anjou y de Segovia, heredero directo de los derechos de mis antepasados y como jefe de la rama primogénita de la Casa de Borbón, declaro no renunciar a ninguna de las prerrogativas que me corresponden por nacimiento...[55]

Don Juan de Borbón, conde de Barcelona, que se había instalado definitivamente en la localidad portuguesa de Estoril, a fin de encontrarse más cerca de España, se sobresaltó. Uno de los consejeros que pululaban a su alrededor en aquel entonces, José María Gil-Robles, comentó en su diario político el incidente:

«Ayer tuve unos minutos de conversación con don Jaime. Alguien le ha metido en la cabeza la idea de reivindicar la jefatura de la Casa de Borbón. En el fondo —tal vez incitado por su mujer (Emanuela Dampierre)— lo que quiere es salvar derechos para sus hijos... La cosa es disparatada y, sin embargo, puede crear complicaciones e incidentes que conviene a toda costa evitar. Por eso, de acuerdo con el rey (don Juan), redacto una nota en la que recuerdo la sujeción del infante al rey, como jefe de la Familia. Creo que podremos convencerle de que se esté quieto.»[56]

---

[55]. El título de duque de Anjou lo utilizaba a efectos de los hipotéticos derechos franceses.
[56]. José María Gil-Robles, *La Monarquía por la que yo luché*, 1976.

Se temía —dígase ahora lo que se quiera— al infeliz sordomudo. En 1947, el general Franco proponía a los españoles una ley de Sucesión instaurando un reino sin rey concreto, inventado por el dictador para prestar apariencia de normalidad al estado totalitario por él creado, tras la caída de sus aliados fascistas y nazis al fin de la Segunda Guerra Mundial.

Y Gil-Robles volvía a anotar: «Se da como seguro que triunfará una enmienda al proyecto de ley de Sucesión, en el sentido de convertir en hereditaria la Monarquía electiva ideada por Franco... Lo más desagradable es una maniobra —que no se sabe si se llevará hasta el fin— para reconocer como rey al hijo mayor de don Jaime. Dada la mentalidad infantil de éste y su carencia de dinero, cualquier cosa es posible. Se dice que Franco ha enviado ya un emisario y, para contrarrestar la maniobra, se ha hecho ir a Roma a Corcho, amigo de don Jaime. Algo es, pero no basta.»

Y al día siguiente Gil-Robles continúa: «El rey está francamente preocupado por el caso de don Jaime. Como la actuación de Corcho no es suficiente, trazamos el siguiente plan. Se avisará a Corcho para que lleve a don Jaime a Suiza, pagándole, como es natural, todos los gastos. Allí, si el peligro es grave, se procurará tener una reunión con él, con doña Victoria, con López Oliván y con Quiñones de León (destacados monárquicos).»

Fruto tal vez de aquellas intrigas en torno al trono vacío, Jaime enviaba el 6 de junio de 1947 a su hermano este telegrama:

> En estos momentos de confusionismo provocado, recuérdote y envío mi más cariñosa ferviente adhesión. Siempre tuyo,
>
> JAIME.

Pero dos días después, el 8, el infante mandaba a su hermano una comunicación trasladándole —por primera vez— su decisión, tomada en círculo restringido el año anterior, y que ya conocemos, de asumir la primogenitura de la Casa de Borbón. «Y, por lo tanto, ser su jefe.»

Tras una serie de nerviosas llamadas telefónicas, y puesto que algunos ponían en duda —frente a los hechos— que el sumiso telegrama de don Jaime hubiera sido verdaderamente expedido por él, los enviados de don Juan consiguieron arrancar al infante una carta que, a modo de tercera renuncia, aparece fechada en Roma el 17 de junio de 1947:

A mi querido Juan:

Hoy tengo oportunidad de enviarte ésta en mano, no habiéndote escrito antes [sic], como era mi deseo, por inseguridad en los correos.

Recibí tu telegrama de contestación al mío, que te agradezco de corazón.

Comprenderás que estoy muy preocupado con lo que ahora intentan en España con la idea de desunir a la opinión monárquica, ya de por sí desorientada debido a la propaganda en contra que, en estos últimos años, han dirigido especialmente a la juventud, lo cual supone una grave responsabilidad que debería ser inmediatamente remediada por los mismos que la han consentido viendo cómo se desvirtuaba el verdadero espíritu del Glorioso Alzamiento Nacional, en el cual, si no nos fue dado contribuir personalmente, hemos vivido y sentido en todos sus momentos, hermanados con los que combatían por el resurgir de la Patria.

Cuando más pienso sobre todo ello, más gravedad veo en lo que pueda ser el resultado de una injusta y parcial campaña de prensa dirigida y controlada, que, como ahora, ha utilizado mi nombre.

Pero no han tenido en cuenta que yo, como español e hijo de rey, no me haré eco de nada que se aparte del testamento sucesorio que por Legitimidad Histórica legó nuestro buen Padre y rey Patriota (Q.D.H.G.).

Han alegado para ello mi primogenitura, pero no han pensado que todo es designio de Dios, que si a mí no me dotó de todas las condiciones precisas para tan elevada misión, he de agradecer a Él siempre el haberme destinado a servir de ejemplo de acatamiento, toda vez que concurren en tu persona cualidades y circunstancias tales, que hacen más providencial tu indiscutible designación, que llevará a nuestra querida España a un futuro próximo de paz y de gloria.

Para contribuir a lo cual sabes que contarás siempre con tu hermano que te quiere y te abraza,

JAIME.

Como se observará, se trataba, en sustancia, de una auténtica tercera renuncia. Había sido motivada, además de por los acontecimientos citados, por un sonado artículo publicado el 23 de abril anterior en el diario falangista *Arriba* y que causó gran impacto en medios allegados a don Juan por deberse a la pluma del marqués de Villamagna, un destacado grande de España, que expresaba de modo contundente:

> Todas las antiguas leyes de la Monarquía, y también la Constitución de 1876, última de nuestros reyes, disponen que el hijo mayor reine antes que el menor, por derecho de primogenitura. Pero que si el

mayor, por cualquier circunstancia, no llegase al trono, GUARDEN LOS DERECHOS SUS HIJOS, si los tuviese. Y traigo esto a colación porque está bien claro que ni la legitimidad ni las leyes del Reino dan al infante don Juan de Borbón un derecho irrebatible a la Corona de España. Pudo nuestro amado monarca Alfonso XIII, guiado por las especialísimas condiciones del momento, las posibilidades de una restauración, que creyó inmediata, y los innegables inconvenientes de una minoridad, entregar los derechos de don Jaime de Borbón a su hermano don Juan. PERO NI COMO PADRE NI COMO REY PUDO MUDAR LOS QUE FIJAN LAS LEYES. Y esto es así: que para los monárquicos legitimistas, para los fieles servidores de la Institución antepuesta a la persona, GUARDA MEJOR DERECHO AL TRONO EL HIJO MAYOR, EN PRIMOGENITURA, DEL INFANTE DON JAIME... Y la Constitución de 1876, vigente para la Dinastía, determina irrebatiblemente, innegablemente, que debe ser rey de los españoles el hijo legítimo y primogénito de don Jaime de Borbón.

Al erigirse España en «Reino» queda planteado ahora un dilema: o se acepta la nueva ley de Sucesión, contraria a las tradiciones y dinásticamente revolucionaria, o se sigue la vieja. O se está con Franco y se acepta su normativa, o se está con la milenaria costumbre de la Dinastía y se vuelve la vista hacia lo que los siglos y las viejas leyes determinan. Y en este segundo caso —que para mí es primero—, la legislación política, la civil, el derecho posesorio, el consuetudinario, los testamentos de los reyes y hasta los testimonios y la voz de los tiempos, todo viene a deponer en favor de la sucesión de los hermanos mayores sobre los menores, y de los descendientes del hermano mayor sobre los del menor. Y así, o el infante don Juan de Borbón acepta la revolución que implica la ley sucesoria propuesta por Franco, o la recusa. Pero, en este caso, el legitimismo, la razón y la ley pueden alzar su voz para decir: EL LEGÍTIMO SOBERANO DE LOS ESPAÑOLES ES EL HIJO MAYOR DE DON JAIME DE BORBÓN SEGUNDOGÉNITO POR NACIMIENTO Y PRIMOGÉNITO POR LA MUERTE DEL QUE FUE PRÍNCIPE DE ASTURIAS, DEL ÚLTIMO MONARCA ESPAÑOL, DE SU MAJESTAD EL REY DON ALFONSO XIII. LA LEGITIMIDAD NO SE ACEPTA: SE LA ACATA.

El diario *ABC*, portavoz del llamado «juanismo», replicó recordando a tan significado purista con el argumento del matrimonio morganático de don Jaime, que implicaba la exclusión de sus hijos. Alfonso XIII había escrito, en efecto, en 1940 una carta diáfana al respecto a su pariente el duque de Sevilla, en la que se expresaba así:

> He querido dar ejemplo de fiel cumplidor de la legislación y del estatuto de familia al no haber concedido a mis nietos, los hijos de Jaime, la dignidad de infantes de España, a pesar de ser nietos de rey, y,

> aunque son descendientes por línea de varón de nuestra Casa de Borbón, sólo les reconozco el uso de este apellido,[57] sin que tengan derecho a tratamiento ni a rango de príncipes o de infantes, POR SER HIJOS DE UN MATRIMONIO MORGANÁTICO, Y A PESAR DE SER SU MADRE DE ESCLARECIDO NACIMIENTO POR LÍNEA PATERNA Y DESCENDIENTE POR SU MADRE DE LA PRINCIPESCA FAMILIA DE LOS RÚSPOLI, TAN ANTIGUA E ILUSTRE EN ITALIA.

El tratamiento de Alfonso y Gonzalo de Borbón-Segovia y Dampierre que Alfonso XIII mandó consignar expresamente en el *Gotha* fue el de «excelentísimos señores», como el que las familias reales hemos comprobado que otorgaban a Emanuela.

Muy enfadado, el marqués de Villamagna volvió a la carga el 30 de abril negando la validez de la costumbre tradicional sobre matrimonios reales. Y añadía:

> Otro argumento podría haber esgrimido *ABC*, cual es la renuncia de don Jaime en 1933. Las renuncias, voluntarias o forzosas —Y LA QUE COMENTAMOS LA TENEMOS POR NOTORIAMENTE FORZOSA—, fueron válidas cuando los Reinos eran patrimonio de los Príncipes. Ahora, estos actos, realizados a espaldas de los pueblos, no tienen ningún valor jurídico ni dinástico. Un príncipe puede renunciar para sí, pero nunca para sus hijos. Tengo por rey en buen derecho al hijo de don Jaime de Borbón, y la cálida acogida de mi primer artículo me prueba que no estoy solo. Pudo haber renunciado a sus derechos. Puede, incluso, volver a renunciar mañana. PERO SU HIJO TAMBIÉN PUEDE, AL LLEGAR A MAYOR, PROCLAMARSE ALFONSO XIV, Y ENCONTRAR PARTIDARIOS. Nadie puede conocer la futura actitud de un príncipe que cuenta ahora once años de edad.
> LO DEMÁS ES, TODO, HABLAR POR HABLAR. Franco nos ofrece una «instauración» y no una «restauración». Lo cual, lejos de dar valor, lo quita a todas esas tesis del morganatismo sostenidas por *ABC*.

El marqués de Villamagna —¿hace falta señalarlo?— era, además de grande de España, un fervoroso franquista. Y, bajo este punto de vista, una voz consecuente: admitido Franco, habría que admitir sus leyes.

Se iniciaba de este modo —hay que fijarse en ello— el rompecabezas monárquico de la «instauración» *versus* la «restauración», que subsiste hasta hoy en las opiniones de unos y de otros, zahiriendo a la dinastía ideada por Franco y ocupante del trono de España en la actualidad, con Juan Carlos I al frente.

---

57. Al que se añadía, como hemos visto, el nombre de Segovia, su rama.

El golpe de efecto del marqués de Villamagna tenía que ser contrarrestado con otro. De ahí la tercera renuncia de don Jaime, a quien también utilizaron al año siguiente para iluminar la compleja situación. El 25 de agosto de 1948, en efecto, tuvo lugar la primera entrevista entre el conde de Barcelona y el jefe del Estado español a bordo del yate de Franco, en alta mar y aguas de San Sebastián, para tratar del porvenir del hijo mayor de Juan, el príncipe Juan Carlos, aún niño, y de sus futuros estudios en España. Mucho se ha escrito sobre ella y aquí cabe solamente llamar la atención acerca de la presencia de don Jaime, acompañando a su hermano. El infante avalaba de este modo su adhesión al titular de la Corona en el exilio, según disposiciones de Alfonso XIII.

La aparente sumisión no debía durar mucho. Menos de doce meses después, don Jaime anulaba formalmente la renuncia a sus derechos al trono de España.

Carlota: Una prusiana de armas tomar

Carlota Tiedemann, la segunda mujer de don Jaime, era una alemana rubia y fortachona, con el genio vivo y la sensualidad a flor de piel, que quedó deslumbrada con el partido que creyó poder sacar de su matrimonio con el infante.

Había nacido en Koenigsberg, en Prusia, en 1919. Mi padre dirigía una gran firma de exportación —narra la segunda duquesa de Segovia, llamémosla así, en sus memorias—. A los diecinueve años encontré a un joven austriaco de veintiséis, ingeniero electrónico: un vienés pura sangre, divertido, inconsciente y guapísimo. Me casé con él, pese a los consejos de mi madre, que me advirtió no le parecía un chico serio. Un año después pude probar ante los tribunales que mi encantador vienés se había transformado en un marido tiránico y brutal, capaz de recurrir a métodos como levantarme la mano. Obtuve el divorcio cuando mi pequeña Helga Carlota cumplía tres semanas.

Puesto que todos decían que yo tenía buena voz —continúa la segunda mujer de don Jaime en su relato—, probé fortuna como cantante en diversos cabarés e incluso posé como modelo publicitaria para la firma Ford de automóviles. Luego rodé tres películas y, para mi sorpresa, vi que me catalogaban como «pin-up girl».

Estudié entonces a fondo lecciones de canto —prosigue— y me enrolé en una compañía de ópera. A los veintiocho años era una mezzo-contralto de cierto renombre desde una actuación en la ópera de Berlín.

El infante don Jaime encontró a esta perla en Roma, en el restaurante Il Faro, en el curso de un almuerzo con un grupo de amigos comunes. «Carlota tenía los cabellos de un rubio pálido de leyenda nórdica y los ojos de un azul que no se podía confundir con ningún otro», confesó en sus recuerdos.

> Durante la comida —dice don Jaime—, Carlota, que estaba sentada a mi derecha, habló conmigo, haciendo visibles esfuerzos para comprenderme, y observándome, según me pareció, con curiosidad primero; con una simpatía creciente en la que quizá hubiese algo de conmiseración, después.

Don Jaime, a quien Emanuela abandonase a su soledad, quedó enamorado de la rubiales. «Carlota me propuso poco después ayudarme a efectuar regularmente ejercicios de vocalización; propuesta que yo acepté enseguida, en primer término porque encontraba así un pretexto para pasar más tiempo a su lado; de aquel afán surgió lo que luego han considerado muchas personas que me habían conocido anteriormente casi como un prodigio, y que no fue en realidad sino un esfuerzo cariñoso y obstinado. Lecciones de buen amor que me daba, con método —que conocía, como cantante que era— y con ternura, la mujer que comprendió hasta qué punto necesitaba yo alguien que me echara un salvavidas.»

> La boda se celebró en Innsbruck el 3 de agosto de 1949 y luego nos instalamos en París, donde yo tenía muchos amigos como jefe de la Casa de Borbón.

Coincidiendo con aquella nueva (y enrevesada en aquellos años) situación familiar don Jaime fue presionado por diversas personas para que declarara públicamente que su renuncia a la Corona de España no era válida y que los derechos de sucesión correspondían en exclusiva a sus hijos. Quien instrumentalizó al infante para comercializarlo y darlo a conocer en el mercado que su hermano Juan tenía casi copado por entero fue un italoamericano, Guido Orlando, llamado «el rey de la publicidad», que en sus memorias describió con cínica desenvoltura sus relaciones con don Jaime. Después de explicar cómo comenzó a tratar en la capital del Sena al duque de Segovia y su flamante esposa, explica que ésta le habló de su vida y sus expectativas. «Carlota —narra Orlando— había sido cantante en los clubes nocturnos vieneses y ahora le gustaba mucho que el mundo se enterara de que era la duquesa de Segovia. El infante, por su parte, también deseaba con ansia que se supiese que él era el verdadero pretendiente al trono de España y que entendía reivindicar los derechos cedidos, por imposición paterna, a su hermano.»

Supe por la duquesa —prosigue Orlando— que el infante, a pesar de ser sordomudo, le testimoniaba su amor en italiano. E inmediatamente me asaltó la posibilidad de un magnífico trabajo de relaciones públicas. Carlota me explicó cómo durante los cuatro meses de vida conyugal había conseguido remediar, al menos en parte, el defecto que hacía infeliz a su marido. Se había dado cuenta de que don Jaime percibía el tic-tac de un reloj cuando a éste le apoyaba sobre la frente. Y empezó a impartirle graduales y pacientes ejercicios, eligiendo la lengua italiana, porque, rica en vocales, era de más fácil pronunciación.

Dos días después yo estaba en Londres con los duques de Segovia ya que el infante intentaba obtener la parte que le correspondía de los varios millones de esterlinas dejados allí por su difunto padre, Alfonso XIII. En el testamento se establecía que la mitad de tal suma le correspondería a su sucesor en el trono, y la otra mitad subdividida entre los otros miembros de la familia. Ahora que ya podía expresarse mucho mejor, don Jaime entendía reivindicar los derechos que en 1933 había cedido a don Juan. El servicio de relaciones públicas comenzó a funcionar a través de la Prensa. Informé a los periodistas de la interesantísima noticia: el príncipe sordomudo estaba ahora en condiciones de reivindicar sus derechos y de convocar un Consejo de familia, pues él era el jefe.

Y semejante acontecimiento obedecía a haberle curado con amor su mujer, una famosa artista lírica alemana. Elevé la cantante de clubs nocturnos a los esplendores de la ópera para que la noticia asumiese un tono de más alta clase [sic]. El interés fue grandísimo. Pero no se trataba más que de un primer paso. Ahora comenzaba la fase productiva del negocio.

Conduje de nuevo al duque y a la duquesa a París, instalándoles en una *suite* del hotel Crillon, un alojamiento verdaderamente regio. Comencé por hacer publicar en los diarios parisienses que los duques de Segovia vivían felicísimos en aquel gran hotel, después de la milagrosa cura de don Jaime, porque éste había adquirido el don de la palabra gracias al amor de su mujer. Sucesivamente, hice estallar la bomba: la duquesa estaba decidida a divorciarse si tal sacrificio le procurase a don Jaime los derechos de sucesión al trono de España. La duquesa —dije a los periodistas— había decidido sacrificar su amor para que el matrimonio morganático no se transformase en un pretexto que habría podido obstaculizar las relaciones en curso entre su marido y el general Franco para el regreso a Madrid del duque de Segovia como rey. Organicé, incluso, una conferencia de prensa en el hotel Crillon para que la duquesa pudiese confirmar directa y personalmente la noticia y explicar el motivo de su determinación.

Fue un éxito memorable. Además de los periodistas, estaban presentes numerosos taquígrafos y fotógrafos. La duquesa confirmó lo que yo había dicho, añadiendo que su gran amor por don Jaime y la simpatía por el pueblo español le aconsejaban ponerse al margen si de esa manera su marido podía ascender al trono de España. Un periodista preguntó dónde se encontraba el infante y la duquesa contestó que ella había querido ahorrarle la pena de oírle hablar de su propósito de renuncia al matrimonio. Hay que anotar que la duquesa habló repetidamente de «propósito», pero jamás de efectiva renuncia. La reunión aún duraba cuando entró don Jaime, que, viendo tantas gentes y tantas botellas de champán, en gran parte vacías, quiso saber qué había sucedido. Mientras yo retenía a los periodistas que pretendían asaltar a don Jaime, la duquesa dijo a su marido, en italiano: «Querido, he anunciado que nos divorciamos.» «¿Qué dices?», exclamó atónito el infante. «Que yo me divorcio de ti. Vamos a nuestro cuarto; mañana hablaremos, cuando hayas leído los periódicos.»

El duque se alejó, mientras yo prometía a los periodistas que intentaría convencerle de que hiciera una declaración. Y obtuve de don Jaime la siguiente: «La política y el porvenir de España son una cosa y los asuntos privados, otra. Me siento sorprendido de que a mi mujer se le haya podido ocurrir semejante idea. ¿Por qué el pueblo no puede querer bien a ella como a otra? No se trata de escoger entre el trono y mi felicidad conyugal. Espero que este dilema no sea necesario.» El asunto tomaba cada vez un aire más interesante y yo hice que durante semanas enteras apasionase a la Prensa.

Lo importante para mí —termina Orlando— era el éxito de la campaña publicitaria. Los duques de Segovia, durante bastante tiempo, fueron asediados por los periodistas en cualquier sitio que se encontraran, y terminaron por conseguir unos beneficios pecuniarios nada indiferentes.[58]

Después de esta lectura, uno se percata de la especulación que en tantos órdenes, y por variadas gentes en distintos países se hizo sobre aquel infante de España bueno e infeliz.

58. Guido Orlando, *Memorias*, 1970

Don Jaime anula sus renuncias

A partir de aquellas fechas, la actividad dinástica del infante don Jaime se hizo legendaria. Hay que reproducir, forzosamente, sus contrarrenuncias y protestas oficiales.

El 6 de mayo de 1954, el primogénito de la familia Borbón envía a varios jefes de Estado —entre ellos Franco— un telegrama en el que dice:

> Tengo el honor de dirigirme a V. E. a fin de informarle que, desde el año 1949, a través de varias declaraciones, he anulado la renuncia a mis derechos al Trono de España, que había efectuado en favor de mi hermano Juan. Esta renuncia era nula en derecho, debido a que nunca fue ratificada por las Cortes, como lo exigía la Constitución. Renuevo solemnemente ante V. E. esta anulación y reivindico mis derechos a la Corona de España, en mi calidad de hijo mayor de mi difunto padre, S.M. el Rey don Alfonso XIII.[59]

9 de junio de 1961: Después de madura reflexión, convencido de que España sólo en la reconciliación de sus ciudadanos puede encontrar el camino que la incorpore a la Historia, y que el restablecimiento de la Monarquía Constitucional ha de llevarla al cumplimiento de su misión, he decidido, como legítimo heredero del Trono, y sin otro propósito que el de ponerme al servicio de mi Patria, defender mis derechos y los de mi hijo Alfonso.[60]

En marzo de 1963 y mayo de 1964, respectivamente, don Jaime se proclama gran maestre del Toisón de Oro, la orden más importante concedida por los soberanos españoles y, como primogénito de su casa, heredero de la dinastía carlista, extinguida por línea de varón.

Otras dos cartas, dirigidas a su secretario, Ramón Alderete Granados, al que ha nombrado su delegado, tocan fibras sensibles en el terreno familiar.[61]

La primera la envía nueve meses después de conocer la dolorosa noticia de que, mientras sus sobrinos Juan Carlos y Alfonso, hijos del conde de Barcelona, jugaban manipulando un revólver, éste se disparó hiriendo mortalmente al segundo.

---

59. Ramón de Alderete, *...y estos Borbones nos quieren gobernar*, 1974.
60. *Ibíd.*
61. *Ibíd.*

Rueil-Malmaison, 16-1-1957

Mi querido Ramón:
Varios amigos me han confirmado últimamente que fue mi sobrino Juan Carlos quien mató accidentalmente a su hermano Alfonso.

Esta confirmación de la certidumbre que ya tenía desde el día en que mi hermano Juan se abstuvo de citar ante los tribunales a quienes habían expuesto públicamente tan terrible realidad, me obliga a rogarte que solicites en mi nombre mío [sic], en cuanto lo juzgues oportuno, y de las jurisdicciones nacionales e internacionales adecuadas, que se proceda a la encuesta judicial indispensable para establecer oficialmente las circunstancias de la muerte de mi sobrino Alfonso (q.e.p.d.).

Exijo que se proceda a esta encuesta judicial porque es mi deber de jefe de la Casa de Borbón, y porque no puedo aceptar que aspire al trono de España quien no ha sabido asumir sus responsabilidades.

Te abrazo muy fuerte,

JAIME DE BORBÓN.

En la segunda, escrita un mes antes de la boda de Juan Carlos con Sofía de Grecia, don Jaime reivindica el título de príncipe de Asturias, si bien tal denominación, puesto que él se consideraba el jefe de la Casa Real, pertenecía en puridad a su hijo mayor Alfonso:

París, 18 de abril de 1962

Mi querido Ramón:
Si, como algunos periódicos se han hecho eco, el título de Príncipe de Asturias hubiera sido concedido a mi sobrino Juan Carlos por el general Franco o por mi hermano Juan o por cualquier otra entidad —con ocasión de su próximo matrimonio—, te pido expresamente de dar a conocer, en mi nombre, mi oposición solemne y formal a esta decisión.

Te pido subrayes que el título de Príncipe de Asturias me pertenece, en mi calidad de hijo primogénito del último rey reinante español, mi padre Alfonso XIII, y que, por lo demás, ningún título nobiliario español o francés no podría ser otorgado sino por mí, en calidad de jefe de la Casa de Borbón.

Te dejo toda latitud [sic] en lo que respecta a los medios para dar

a conocer mi oposición al conocimiento de los jefes de Estado y del público.
Te abraza muy afectuosamente,

JAIME DE BORBÓN Y BATTENBERG,
Duque de Segovia.[62]

En las invitaciones a la boda de Atenas, el conde de Barcelona denominaba, efectivamente, príncipe de Asturias a su hijo, el contrayente.

Las joyas de la Corona

El segundo matrimonio del duque de Segovia transcurría entre altibajos. Las riñas y reconciliaciones se sucedieron y llegaron al escándalo el día en que el infante sordomudo encontró a su mujer en la alcoba con un apuesto oriental. La echó de casa, pero pronto se reconciliaron, porque Carlota era la única persona que, a fin de cuentas, lo amaba. Vivieron primero en Rueil-Malmaison, cerca de París, en una mansión que bautizaron Villa Segovia y que pronto tuvieron que abandonar, ya que exigía un tren de vida que no podían soportar sus recursos. La situación de don Jaime era, y había sido siempre, caótica. El infante discapacitado no se había ocupado nunca de las cuestiones materiales. Según recuerda Alfonso de Borbón Dampierre, su padre le confió: «En 1933, antes de firmar la renuncia, le dije a mi padre Alfonso XIII: "No puedo trabajar; ¿de qué viviré?" Me respondió: "Si renuncias a la Corona, no tendrás más problemas."»

Tras el fallecimiento de Alfonso XIII, habían sido administradores, nombrados por el conde de Barcelona, los que habían sufragado siempre sus gastos, con dinero proveniente de la herencia del difunto rey. «Fue el arma económica en particular —acusa don Alfonso en sus memorias— la que emplearon para arrancarle las múltiples renuncias al trono que firmó. El arma era utilizada como sigue. A la muerte de mi abuelo se dispuso de su herencia según la ley española: un tercio va a los descendientes directos, un tercio a los parientes más alejados, dejándose a la libre disposición del testador el último tercio. Mi abuelo dio a mi tío Juan su parte del primer tercio, o sea un cuarto, puesto que tenía dos hijos y dos hijas vi-

---

62. *Ibíd.*

vos, y puso a su disposición también el tercer tercio. De modo que mi padre no percibió más que el cuarto del primer tercio.»

Prosigue don Alfonso: «El ejecutor testamentario era mi tío, Juan, quien a partir de 1944 confió la administración de la herencia al conde de Aybar. De este último recibía el dinero mi padre, en Suiza, pero jamás le presentaron las cuentas. Todo fue dispuesto para empujarle a gastar y, cuando se encontraba en situación desesperada, se le presentaba un papel a firmar.»

Acuciado por la necesidad, y también por la espabilada Carlota, don Jaime reclamó a Emanuela, según daba noticia el 24 de enero de 1962 *Il Corriere d'Informazione*, de Milán, lo siguiente:

> La causa concerniente a las joyas de la Corona de España que debía verse esta mañana en la 1.ª sesión civil del tribunal de apelaciones, se ha pospuesto hasta el próximo 5 de junio. Esta controversia judicial ha sido promovida por el duque de Segovia contra su esposa Victoria Emanuela Dampierre, de la cual está separado, con el fin de recobrar las joyas que le había regalado con ocasión de su boda. Las joyas habían pertenecido a la Corona de España.

(Anotemos, de pasada, que no se trataba propiamente de joyas de la Corona, sino de alhajas personales de la reina Victoria Eugenia, que a ellas era muy aficionada, y que el gobierno de la República no había puesto obstáculo a su salida de España. La soberana fue repartiendo estas joyas, en el exilio, entre sus descendientes. Hoy han sido subastadas en su mayor parte, obteniendo sus vendedores pingües beneficios.)

El pleito por «las joyas de la Corona de España» suscitado entre don Jaime y su primera mujer, acabó, según la prensa italiana, de este modo: «Se ha llegado al acuerdo de que se haga una escritura privada, firmada por el infante y la señora Dampierre Sozzani, en la que se conviene guardar las alhajas en una caja fuerte a disposición de los hijos de ambos, Alfonso y Gonzalo.»

Pero algo debió de quedar para Carlota. La revista española *Hola* publicó esta noticia: «En una de las últimas fiestas a las que han asistido los duques de Segovia en París, los presentes no podían apartar sus ojos del cuello de la duquesa. Motivo: el fabuloso collar de las reinas de España, compuesto de cuarenta grandes diamantes representando 287 quilates que relucían sin competencia posible.» Y, tras la muerte de don Jaime, Carlota confió a la revista española *Primera Plana* (mayo de 1977): «Alfonso y Gonzalo

se han portado muy mal conmigo, impugnando el testamento de su padre para al final dejarme sin nada: hasta las cucharillas se llevaron de mi casa porque, según ellos, tenían el escudo y no me correspondían. Me han quitado las joyas que mi marido heredó de su madre y que él luego me regaló porque deseaba que las luciese yo.»
También la hija del primer matrimonio de Carlota, Helga, a la que don Jaime profesaba mucho afecto, fue vista utilizando alguna de aquellas piedras preciosas. La moza vivía con su madre y su padrastro en un piso de la avenida Ingres, en París.

Alfonso y Gonzalo llevaron a su padre ante los tribunales franceses, alegando que dilapidaba su patrimonio y estaba desequilibrado. Pero al final quedó dictaminado que el infante era plenamente responsable de sus facultades mentales. El tribunal sentenció a los hermanos Borbón Dampierre a pagar las costas.

Problemas por el vil metal, ya se sabe, sacuden a muchas familias. Incluidas las reales.[63]

Las ambigüedades de Alfonso de Borbón Dampierre

La tragedia de los hijos de Jaime —sobre todo del mayor— fue rebelarse contra la mala pasada que les había jugado el destino: nietos mayores del último rey de España, no eran, para la mayoría de los monárquicos españoles, nada. Más aún, a veces se sentían rodeados de un ambiente hostil, como si molestase su presencia.

No cabe duda de que Alfonso de Borbón-Segovia y Dampierre —llamémosle Alfonso de Borbón, como él quiso, y como era conocido— fue un hombre pulcro, caballeroso y muy desgraciado. Fue también, a mi modo de ver, una personalidad fría, poseída por el rencor y la idea de que era una víctima de la Historia.

Sin duda lo fue.

Alfonso y Gonzalo llegaron a España mucho tiempo después de la venida de Juan Carlos, heredero elegido por Franco, quien se reservó la carta de los hijos de don Jaime por si convenía un día jugarla, al igual que alentaría, a veces, las ilusiones de los pretendientes carlistas de la rama Borbón Parma.

---

63. Sobre el verdadero paradero de las joyas de la Corona véase mi estudio en *Julia Bonaparte, reina de España*, 1991.

Alfonso, a quien Franco colocó en el Banco Exterior, había estudiado Derecho y decidió jugar sus cartas basándose en la baraja que la legalidad franquista le ponía en bandeja de plata: la ley de Sucesión de 1947, que exigía ambiguamente que el posible sucesor del Caudillo «a título de rey» debería ser un español mayor de treinta años y de estirpe regia.

En diciembre de 1966, Alfonso de Borbón, que ya cumplía el requisito de la edad estipulada en la ley de Sucesión, concedió una amplia entrevista al brillante Tico Medina, a la sazón redactor del diario *Pueblo*. Refiriéndose al ordenamiento franquista, opinaba:

—Es ágil y prudente.

Cuatro días después, levantaba un poquito más el velo de sus intenciones, confesando a Jacques Guillemé-Brulon, en *Le Figaro* de París:

—Permítame que no conteste a su pregunta sobre quién es hoy el príncipe de sangre real que se encuentra en mejor posición para ocupar el trono de España. Ésta es una pregunta a la que sólo podrá responder el pueblo español, en el futuro. Yo no tengo el derecho de olvidar que me conciernen directamente las condiciones exigidas por la ley de Sucesión. En consecuencia, considero que mi deber es el de estar a la disposición de mi país, por si él deseara un día hacer uso de mi persona.

El conde de Barcelona, en Estoril, y Juan Carlos, en la Zarzuela, abrieron las orejas. Desde el diario *El Alcázar*, dirigido eficazmente entonces por el opusdeísta José Luis Cebrián, se preguntó públicamente a don Alfonso que aclarase sus palabras al rotativo galo. ¿Qué posición deseaba ocupar en el panorama político español?

Alfonso respondió tan aguda como sibilinamente:

—Si como un español más acepto y suscribo las leyes vigentes, COMO NIETO MAYOR DEL ÚLTIMO REY DE ESPAÑA Y COMO PRÍNCIPE DE ESTIRPE REGIA no tengo derecho a olvidar que concurren también en mí directamente las condiciones precisadas en la ley de Sucesión. No es, por tanto, de derechos dinásticos de lo que se trata, AUNQUE ME VENGAN POR VÍA HEREDITARIA INDUDABLE, sino de responsabilidades históricas ante el pueblo español, quien decidirá un día su futuro, y que, concerniéndome directamente, no puedo, ni debo, ni quiero rehuir. SI ES VERDAD QUE ME CREO CON UNA RESPONSABILIDAD HISTÓRICA y actualmente legal hacia mi país, no pretendo, sin embargo, OSTENTAR MIS TÍTULOS DINÁSTICOS COMO PRIMARIOS, sino como secundarios al servicio de España.

Era cierto que en los requisitos previstos por la ley franquista de sucesión encajaban, exactamente igual, las condiciones personales de Alfonso y Juan Carlos, dos primos hermanos de linaje real; no menos cierto era que la propuesta no se fundamentaba en la herencia dinástica. Pero lo era igualmente que Alfonso jugaba su baza siguiendo las huellas de su padre, y contrariando, por tanto, las expresas disposiciones dinásticas dispuestas por su abuelo Alfonso XIII.

La jugada no le acabó de salir bien a Alfonso porque Juan Carlos se le adelantó a someterse al dictador y jurar de rodillas en 1969 acatamiento a sus Leyes Fundamentales, lo que le valió el título de príncipe de España. Se hallaba entretenido don Alfonso con dos guapísimas actrices de cine italianas, Eleonora Rossi-Drago y Marilú Toló, perdidamente enamoradas de un individuo tan apuesto como aquél. La Rossi-Drago era una señora, y cuando el asunto terminó, hizo discretamente mutis por el foro. La Toló, sin embargo, parecía más enfurruñada. La revista *Lecturas* publicaba que «Marilú ha hecho unas sustanciosas declaraciones, diciendo: "He decidido romper mis relaciones con Alfonso y le he devuelto todos sus regalos sentimentales: un brazalete de diamantes, muchos discos, algunos libros, perfumes (las botellas estaban ya medio vacías, claro) y fotos. Ciao..."».

Sin embargo, hoy se aprecia que ya desde 1966 el destino le había preparado al hijo y heredero de don Jaime —príncipe de Asturias para quienes, grupo reducido, consideraban a su padre el rey—, otra mala jugada, que al principio pareció, no obstante, maravillosa: su enlace con la nieta primogénita de Franco.

Si aquella boda se hubiera celebrado antes de 1969, posiblemente Juan Carlos no hubiese sido jamás proclamado sucesor.

Una boda conflictiva

Fueron, naturalmente, las revistas extranjeras —en aquellos años de estricta censura— las que desde 1966, cuando Carmencita Martínez-Bordíu Franco contaba sólo quince años, empezaron a especular sobre un posible matrimonio con Alfonso de Borbón Dampierre, que le doblaba la edad. «Así —explicaban, intencionadamente— el dictador se unirá a los Borbones y creará su propia dinastía.»

Personalmente creo que aún no era cierto, pero que tales noticias consiguieron darle ideas a doña Carmen Polo, dictadora del dictador, la abuela de María del Carmen, hija mayor de su única hija, Carmen, casada con Cristóbal Martínez-Bordíu, marqués de Villaverde. Las tres Cármenes del franquismo.

Tanto es así que, seis años después, el 8 de marzo de 1972, se celebraba en la iglesia del palacio de El Pardo, residencia del Generalísimo, la fastuosa boda de Alfonso y María del Carmen, y ocho meses más tarde nacía el primer fruto de la unión, a quien llamaron Francisco, en homenaje al satisfecho bisabuelo.

La boda de su primogénito Alfonso, supuso un problema para Jaime, que regresaba a Madrid por primera vez desde 1931.[64] A tenor de la ley española, su esposa continuaba siendo Emanuela, casada con el italiano Sozzani; Carlota no existía y como, según el protocolo, no había dónde meterla, tuvo que quedarse en París. La prusiana montó en cólera, que se acrecentó al ver que en las participaciones de la boda figuraba Emanuela no sólo como consorte de su marido, sino también con el tratamiento de alteza real antepuesto a su título de duquesa de Segovia. El detalle, calificado por los indignados monárquicos «juanistas» como caprichoso, significaba, en cualquier caso, una especie de nebulosa sanción de legalidad tolerada por Franco, jefe del Estado y abuelo de la novia. Si Carlota estaba hecha un basilisco, no menos agresivo se mostró Juan, quien, desde Estoril, envió una carta en tono grave al ministro de Justicia. Su caballo de batalla argumental era que el matrimonio con Emanuela había sido considerado morganático por Alfonso XIII, quien jamás había concedido el rango de alteza a su nuera Dampierre, y, por lo tanto, menos a sus descendientes. En el terreno de los hechos, así había sucedido, como hemos visto. Pero en el de las realidades, todo era discutible y el ex ministro López Rodó ha testimoniado que el caudillo comentó a raíz de la polémica:

—Don Alfonso tenía el tratamiento de alteza y el título de príncipe y ahora, porque se casa con mi nieta, se los quieren regatear.[65]

O Franco pretendía aumentar la ceremonia de la confusión monárquica, como creían los partidarios de Juan, o, sin dejar de reconocer como interlocutor válido de la Casa Real española al conde de Barcelona, padre de Juan Carlos, su sucesor «designado» y que «no debía nada al pasado», como el caudillo manifestó más de una vez, calculaba con precisión sus pasos de estratega introduciendo la sombra de la duda en el terreno dinástico, al tolerar que la cónyuge

---

64. Salvo una escala técnica en el aeropuerto de Barajas en 1947.
65. Laureano López Rodó, *ibíd.*

a efectos legales españoles del infante fuera titulada alteza real, y su hijo príncipe, en las invitaciones familiares a la boda.

En este sentido, Franco preparaba a Juan una bofetada aún mayor.

El sopapo del Toisón

Uno de los ardides que utilizábamos los monárquicos «juanistas» durante la dictadura para titular soberano a don Juan era utilizar su calidad de tal como jefe de la Orden del Toisón de Oro, considerada la más prestigiosa de Europa, y otorgada por los monarcas españoles desde que recayó en ellos la jefatura familiar de la Orden por herencia dinástica de los duques de Borgoña, sus antiguos fundadores. Por eso, entre la nomenclatura histórica de los reyes de España, figura el título de duque de Borgoña. Una de las escasas prerrogativas de los reyes en el exilio es otorgar órdenes pertenecientes a su ámbito familiar, de las que se consideran «guardianes en el tiempo». Por ello —y pese a que Isabel II (debido a la primogenitura familiar indiscutible de don Carlos, su tío y rival, el primer pretendiente carlista) había cometido la insensatez de convertir la orden dinástica del Toisón en orden de estado, y en tal concepto pudo ser otorgada por el rey Amadeo de Saboya y hasta por el regente don Francisco Serrano—, don Juan se consideraba soberano de la Orden y así lo reconocían internacionalmente muchos de sus colegas reinantes. En 1960, por ejemplo, el rey Balduino de Bélgica recibió del conde de Barcelona la preciada distinción y aceptó y ostentó públicamente sus insignias. Franco, de momento, no dijo esta boca es mía.

En 1961, en un intento para atraerse al generalísimo, don Juan le envió una carta expresándole su deseo de que fuera «el primer español» por él agraciado con el áureo vellocino. Esta carta, que no se conoció hasta su inserción en el libro del consejero del conde de Barcelona, Pedro Sainz Rodríguez, *Un reinado en la sombra*, publicado en 1981, se trataba de una de las triquiñuelas de don Juan para ver si Franco mordía su anzuelo. En efecto, en el caso de que el caudillo hubiera aceptado el ofrecimiento, se admitía implícitamente el reconocimiento de Juan —al menos desde el punto de vista de la legitimidad dinástica— como heredero indiscutible de la Corona. No hay que olvidar que el dictador, al dirigirse al teórico jefe de la Casa Real, le daba el tratamiento de alteza y el título de infante.

La carta, fechada en Estoril el 27 de septiembre de 1961, decía:

Quisiera ahora hablar a Vuestra Excelencia, muy confidencialmente, de un asunto que por referirse a nuestras relaciones personales considero de verdadera importancia.

Cuando, por decisión propia, el duque de la Torre cesó en el cargo de preceptor del Príncipe de Asturias, algunas personas me propusieron que, como expresión de mi estimación y gratitud por los servicios prestados, le concediese el Toisón de Oro. Entonces contesté que, sin entrar a discutir los merecimientos del duque de la Torre, yo no podía acceder a esta propuesta porque tenía firmemente decidido que el primer español a quien yo otorgaría el Toisón habría de ser el Generalísimo Franco.

Desde que se divulgó este propósito mío he recibido ya en varias ocasiones la indicación de que debería conceder el Toisón a Vuestra Excelencia y ahora deseo explicarle con toda sinceridad por qué no he aceptado esas sugestiones.

Siendo este honor la única cosa digna de su persona que las circunstancias me permiten ofrecer a Vuestra Excelencia, no he querido, en modo alguno, que nadie suplantase mi libre iniciativa, con criterios personales cuya buena fe no discuto, pero que pueden estar inspirados en la preocupación de aparentar servicios a uno y a otro.

Precisamente por ser este honor —como ya he dicho— el único que hoy en día está en mi mano ofrecer a Vuestra Excelencia, yo deseo que si Vuestra Excelencia se digna aceptarlo tenga un carácter más personal que político, siendo la expresión del reconocimiento por parte de la Dinastía de los altos servicios prestados por Vuestra Excelencia a España.

Franco no picó. Y el 31 de octubre siguiente respondía una carta en la que al hablar de Juan Carlos no lo titulaba príncipe de Asturias (lo que hubiese implicado que existía un Rey, su padre), sino simplemente «príncipe don Juan Carlos», en términos genéricos, y continuaba:

> En cuanto al asunto que confidencialmente me exponéis en relación con vuestros proyectos sobre el Toisón, yo agradezco en su valor la estimación que hacéis de mis servicios a la Nación y a la causa de la Monarquía, al querer honrarme con tan preciado galardón, que por distintas razones estimo no es conveniente y no podría aceptar. En este orden creo debiérais pedir información histórica sobre la materia.[66]

---

66. Pedro Sainz Rodríguez, *ibíd.*

Entre las razones celadas por Franco, se contaban sin duda éstas:

Primera y principal, si aceptaba el Toisón reconocía la soberanía de don Juan sobre algo, aunque sólo fuese la Orden.

Segunda, puesto que el Toisón había sido otorgado por jefes del Estado español no borbónicos, como Amadeo y el general Serrano, Franco podía considerar que le correspondía a él el derecho legal de concederlo.

Tercera, y fundamental para nuestro estudio: declinando el honor, y recomendando con desenvoltura a don Juan que se informase bien, Franco mantenía impreciso el tema de la jefatura de la Familia Real. Tenemos la prueba de lo que decimos en las páginas del diario del teniente general Franco Salgado, primo y secretario del caudillo, cuando, con fecha 19 de marzo de 1964 (es decir, casi tres años después del ofrecimiento rechazado de don Juan), consigna:

> Comentamos hoy una información recibida de Lisboa sobre el nombramiento de caballeros de la Insigne Orden Dinástica del Toisón de Oro a Su Alteza Real el príncipe don Roberto de Borbón Parma (jefe, por lo tanto, de dicha rama, tercera de la Casa de Borbón, que fue soberana de los ducados de Italia del mismo nombre) y también a Su Alteza Real el príncipe don Carlos de Borbón-Dos Sicilias. Franco me dice: «El jefe de la Casa de Borbón y por lo tanto el que puede tener derecho a conceder el Toisón de Oro, es el actual infante don Jaime, hermano mayor de don Juan.» Le contesto que aquél había cedido todos sus derechos a su hermano y, por consiguiente, también éste de soberano de la citada Orden. Franco no me contesta a esta observación.

El momento que Franco esperó para asestar otro sopapo a don Juan fue, precisamente, en 1972, cuando, para solemnizar el enlace matrimonial de su hijo Alfonso con la nieta del dictador, don Jaime se presentó en el palacio de El Pardo con un estuche que contenía el collar del Toisón, que anunció conceder a Franco. El general agradeció la deferencia y cogió el estuche, sin abrirlo, depositándolo en su mesa de trabajo. No lució la Orden jamás. Pero tampoco declinó el honor recibido ni devolvió al infante las insignias, como alguien ha supuesto.

Sabemos, por el testimonio de Laureano López Rodó, que a Juan Carlos, proclamado ya príncipe de España le sentó como un tiro la noticia. «A don Juan Carlos le preocupó mucho el tema —escribe el ex ministro franquista— y la antevíspera de la boda me llamó por teléfono a las diez y media de la noche para que hiciera ver a Carrero Blanco, vicepresidente del gobierno, lo improcedente de esa concesión del Toisón, y que procurara evitar que Franco se lo pusiera en la boda.»

El generalísimo, en posesión del Toisón que había aceptado —y no rechazado, como hiciera con el ofrecido por don Juan de Borbón— accedió benévolamente a la súplica de su designado sucesor.

El conde de Barcelona continuó, impertérrito, concediendo sus toisones; por ejemplo a su consuegro el rey Pablo de Grecia y al hijo de éste, Constantino. Mientras el duque de Segovia, no menos firme en su postura, distribuía los suyos a otros miembros de la realeza, como el rey Pedro II de Yugoslavia. El Toisón de Oro del infante fue discernido también a su hijo mayor, Alfonso, y otras personas, desde el príncipe Irakly Bagration de Mukhrani —pretendiente al trono de Georgia— hasta los astronautas norteamericanos Borman, Lovell y Anders, los primeros hombres que pusieron el pie en la Luna.

Carmen Martínez-Bordíu es creada alteza

El tema de la boda del heredero de don Jaime y la nieta mayor de Franco suscitó numerosos comentarios en la prensa internacional. Uno de los más lúcidos fue el de Philippe Nourry, corresponsal del *Figaro* francés en Madrid:

> El Príncipe de España, don Juan Carlos, tiene otras razones para mostrarse inquieto. El matrimonio de su primo hermano don Alfonso de Borbón Dampierre con María del Carmen no es una simple página de revista del corazón. Bullen, por lo menos en el espíritu de muchos, las cartas de un juego que se creía definitivamente repartido.
>
> Juan Carlos, es cierto, no tiene razón alguna para pensar que el jefe del Estado español haya soñado jamás al consentir en esta unión en apartarlo en provecho de su «nieto político»... Pero ¿quién puede en la España de hoy alimentar su porvenir de certezas absolutas?
>
> En un país donde el régimen no ha querido «restaurar» la continuidad dinástica, sino «instaurar» un reino nuevo, heredado de la Cruzada, el ocupante del trono puede aparecer como fácilmente intercambiable.
>
> Todo lo que se puede asegurar hoy es que este matrimonio añade un factor de inquietud inútil a un futuro ya precario.»

Los temores se acrecentaron cuando, el mismo día en que nació el primogénito de Alfonso y María del Carmen, 22 de noviembre de 1972, la nieta del caudillo fue creada, por decreto de su abuelo, alteza real. El documento decía exactamente:

> A petición de Su Alteza Real el Príncipe de España, y en atención a las circunstancias que concurren en Su Alteza Real don Alfonso de Borbón y de Dampierre, nieto de Su Majestad el Rey don Alfonso XIII (q.s.g.h.), he tenido a bien concederle la facultad de usar en España el título de duque de Cádiz, con el tratamiento de Alteza Real, cuyo título y tratamiento ostentarán igualmente su cónyuge y descendientes directos.[67]

Leído con atención, este decreto presentaba una serie de puntos oscuros:

Primero, se traspasaba la responsabilidad de la decisión a Juan Carlos, a petición del cual se otorgaba.

Segundo, se reconocía al interesado el tratamiento de alteza real antes de concederle la facultad de utilizar ese dictado unido al título.

Tercero, María del Carmen, como cónyuge, quedaba *ipso facto* elevada al rango de alteza real sin necesidad de otro decreto personal aposta.

Cuarto, el mismo tratamiento de alteza real sería ostentado por todos los descendientes (y la redacción del documento era tan contraria a la lógica que, según su tenor literal, también quedaban todos ellos —en lugar de restringir tal concesión al primogénito según los cánones en derecho nobiliario— investidos del derecho real a titularse, sin excepción, duques o duquesas de Cádiz).

Jaime, que asistió en Madrid al bautizo de su nieto primogénito, no podía reprimir su alborozo. Mandó publicar en París la reseña del acto en estos términos, bien explícitos:

> El mismo día del nacimiento, Su Excelencia el jefe del Estado español ha firmado un decreto afirmando la eminente dignidad de los primogénitos de los Borbones en España, pues ha otorgado al príncipe Alfonso el uso del título de duque de Cádiz, transmisible a su esposa y progenie. Este decreto, HACIENDO TABLA RASA DE TODAS LAS COSTUMBRES DINÁSTICAS ESPAÑOLAS RELATIVAS A LOS MATRIMONIOS DESIGUALES, asegura por el jefe del Estado español al posesor del ducado de Cádiz el tratamiento de Alteza Real.

---

67. *Boletín Oficial del Estado*, 25 de noviembre de 1972,

Jaime reconocía, abiertamente, que por voluntad del dictador la normativa tradicional sobre matrimonios de la Casa de España, quebrantada tanto por él como por su hijo Alfonso, quedaba de este modo marginada.

El botellazo de Carlota

Para la duquesa de Segovia bis, Carlota Tiedemann, el no haber podido asistir a la boda ni al bautizo de El Pardo por el hecho de no ser legalmente en España la mujer de don Jaime, le había puesto a hervir la sangre. Probablemente no cejó hasta que el infante envió una carta a Emanuela prohibiéndole la utilización del título ducal. Su secretariado haría público más tarde un severo comunicado en el que se decía:

> La señora Dampierre, divorciada por su voluntad del duque de Segovia en 1947 y casada en segundas nupcias con Antonio Sozzani, no tiene autoridad moral para usar ninguno de los títulos de su primer marido, a quien no ocasionó más que infortunios por los escándalos públicos que protagonizó. La indecente veleidad de volver a usar el título que había repudiado obliga a recordar que su única «posición» posible es la del olvido.

Don Jaime de Borbón y Battenberg, infante de España, duque de Segovia, príncipe de Asturias por diez días, rindió a Dios su alma de príncipe más infeliz que dichoso el 20 de marzo de 1975, en el hospital cantonal de Saint-Gall.

Sobre su fallecimiento la leyenda levantó tres versiones:

Número uno: Carlota, borracha, le habría propinado al infante un botellazo que le abrió la cabeza. (Testimonio de su abogado M. Aujol.)

Número dos: ambos esposos se habrían embriagado, como tenían por costumbre (según dan a entender varios libros de recuerdos, notablemente el de su íntimo Jean-Pierre Ollivier, a quien don Jaime creara, en un momento de euforia, conde de Villanueva de San Bernardo), y tras agria discusión surgida entre ellos, cayó don Jaime contra una losa, produciéndose una fuerte fractura.

Número tres: la que consignó por escrito Juan Bellveser, el primer autor de las memorias del infante, a su amigo el abogado Luis Zarraluqui. La pareja, que se hallaba en Lausana, mantuvo, en efecto, una tempestuosa disputa y don Jaime se produjo una contusión craneal, pero no hubo hemorragia cerebral. Pese a que el

El príncipe alemán Enrique de Battenberg, nacionalizado inglés con el tratamiento de «alteza real», se casó con la hija menor de la reina Victoria de Gran Bretaña, la princesa Beatriz; fueron padres de doña Victoria Eugenia, futura esposa de Alfonso XIII, rey de España.

La reina Victoria de Gran Bretaña almorzando con sus hijos, los príncipes de Battenberg, y sus nietos. De espaldas, la princesa Ena, futura reina de España.

La suegra y los cuñados de Alfonso XIII: la princesa Beatriz, sus hijos Mauricio, Leopoldo y Alejandro. Los dos primeros, hemofílicos, no alcanzaron la madurez.

Ena de Battenberg antes de su matrimonio. La princesa poseía, por nacimiento, el rango de alteza, y fue elevada a alteza real por su tío Eduardo VII de Inglaterra.

Doña Victoria Eugenia con sus hijos: Alfonso, Juan, Beatriz, Gonzalo, María Cristina y Jaime.

La reina de España en un retrato de 1928, poco más de dos años antes de su exilio.

Según Gerard Noel, el mejor biógrafo de la reina, la duquesa de Lécera, amiga íntima de la soberana, estaba enamorada de Victoria Eugenia. Aquí aparecen ambas en Londres, en 1934.

María Luisa de Parma, esposa de Carlos IV. Adviértase el extraordinario parecido físico de la reina con su nieta en sexta generación la infanta Elena, primogénita de Juan Carlos I. Los genes no mienten.

Manuel Godoy, favorito de Carlos IV y María Luisa. El confesor de la reina llegó a declarar que ésta le había confiado, en el lecho de muerte, que ninguno de sus hijos lo era del rey. Fernando VII mandó silenciar al fraile parlanchín.

Rara fotografía (1864) de Isabel II leyendo (cosa que no solía hacer)...

... y de su marido el rey consorte Francisco de Asís, que entretenía sus ocios leyendo.(Colección del autor.)

La infanta Eulalia tocada con mantilla española. Su sobrino Alfonso XIII afirmaba que era hija de un guardia de corps de Isabel II.

Isabel II con su hijo, el futuro Alfonso XII, de paternidad discutida, en una foto poco conocida de 1869.

Inicio y fin de una apasionada carta de Isabel II a uno de sus amantes, que se transcribe en el texto. (Colección particular.)

Elena Sanz, la famosa cantante de ópera y madre de dos hijos de Alfonso XII.

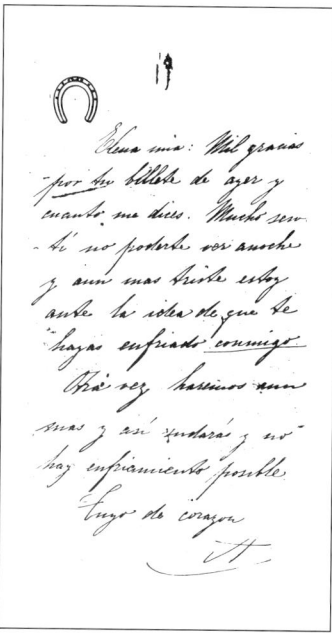

Billete amoroso de Alfonso XII a Elena Sanz, que se transcribe en el texto. (Colección particular.)

Alfonso y Fernando Sanz, los hijos de Alfonso XII y Elena Sanz. Alfonso, el mayor, ha dejado numerosa descendencia. Fernando murió soltero y tenía un parecido asombroso con su real progenitor.

El perfil inconfundiblemente borbónico de Leandro Ruiz Moragas. Una vez dijo en broma el conde de Barcelona: «Me alegro de que Leandro se haya dejado bigote y barbita. De este modo no nos tomarán por gemelos.» Frase que no resulta baladí...

...como puede apreciarse en esta foto de don Juan de Borbón.

Victoria Eugenia y Alfonso XIII en 1907, con su primogénito Alfonso, nacido hemofílico.

Alfonso XIII con el príncipe de Asturias, a quien idolatraba, y al que decidió dar una educación militar, aunque el desdichado necesitaba constantes cuidados.

Padre e hijo en 1908 y en 1930.

La infanta Paz de Borbón, hija de Isabel II, estaba persuadida de que su sobrino Alfonso XIII conocía desde antes de su boda la tara hemofílica de los Battenberg. «Pero no quiso escucharnos», declaró con tristeza.

La reina de España con sus hijos: María Cristina, Alfonso -príncipe de Asturias-, Gonzalo, Juan, Jaime y Beatriz.

Retrato y firma de Alfonso de Borbón y Battenberg, príncipe de Asturias.

La princesa Ileana de Rumanía, cuyo idilio con el príncipe de Asturias se truncó a causa de la pésima reputación de Alfonso XIII. Casada con el archiduque Antonio de Austria, profesó finalmente en un convento ortodoxo.

Don Alfonso, príncipe de Asturias -sentado-, con su mejor amigo, el joven doctor Carlos Elósegui, en 1929.

Foto inédita del príncipe de Asturias, Alfonso de Borbón y Battenberg, en su lecho de enfermo del Palacio Real, retratado por su médico y amigo Carlos Elósegui. (Colección familia Elósegui.)

Boda del ex príncipe de Asturias, Alfonso de Borbón y Battenberg, con Edelmira Sampedro en Ouchy (Suiza), el 21 de junio de 1933. Previamente, el príncipe había tenido que renunciar a sus derechos sucesorios a la Corona de España.

El ex príncipe de Asturias, Alfonso de Borbón y Battenberg, y su primera esposa morganática, Edelmira Sampedro, la cubana que no pudo ser reina. Ambos tomaron el título de condes de Covadonga.

Facsímil de la carta del ex príncipe de Asturias a su hermana la infanta Beatriz que se transcribe en el texto. (Colección particular.)

Edelmira Sampedro -primera por la izquierda-, con su marido, su madre y sus hermanas, durante una estancia de la pareja en Cuba.

Marta Rocafort, segunda esposa del ex príncipe de Asturias, modelo cubana de alta costura residente en Nueva York, muestra su anillo de pedida.

El ex príncipe de Asturias con su segunda esposa, Marta Rocafort.

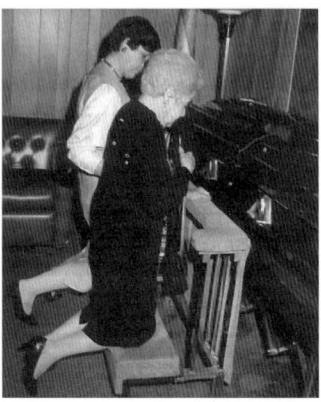

El ex príncipe de Asturias, Alfonso de Borbón y Battenberg, asaltado por la prensa a su llegada a Estados Unidos en 1937, procedente de Cuba. Meses después efectuó una formal contrarrenuncia, *que causó la furia de su padre Alfonso XIII.*

Edelmira Sampedro, condesa de Covadonga, acudió a orar a los pies del féretro del que fuera su esposo antes de que los restos del ex príncipe de Asturias fueran repatriados a España desde Miami.

El sencillísimo nicho, vacío, que ocuparon en Miami los restos del ex príncipe de Asturias hasta su traslado a El Escorial en 1985, con la inscripción en la lápida que se transcribe en el texto.

Don Jaime de Borbón y Battenberg con su prometida, Emanuela Dampierre, pocas semanas antes de su boda, en 1935.

Don Jaime, el segundo hijo de Alfonso XIII, le representaba cuando su hermano mayor, el príncipe de Asturias, se encontraba impedido por su dolencia. En la foto, con el manto de la Orden de Calatrava.

Foto inédita de Alfonso XIII, en enero de 1935, en Roma, con las dos parejas que iban a contraer matrimonio; a la izquierda, el infante Jaime y Emanuela Dampierre; a la derecha, la infanta Beatriz y Alessandro Torlonia.

Don Jaime de Borbón y Battenberg, duque de Segovia, y su esposa, Emanuela Dampierre, el día de su enlace, 4 de marzo de 1935. El matrimonio confirmó la exclusión sucesoria del infante.

Los duques de Segovia parten en tren hacia su luna de miel, en 1935, despedidos por Alfonso XIII.

El infante don Jaime con su segunda esposa, Carlota Tiedemann. El infante luce un escorpión tatuado en su brazo, aun cuando su signo astrológico era cáncer.

☐ S. A. R. il Principe Cirillo di Bulgaria
☒ S. A. R. l'Infante Jaime di Spagna
☐ S. A. R. Mons. Giorgio di Baviera
☐ S. A. R. il Duca di Spoleto
☐ S. A. R. il Principe Saverio di Borbone Parma
☐ S. A. R. il Principe Gaetano di Borbone Parma
☐ S. A. R. il Conte di Torino
☐ S. A. R. il Duca di Genova
☐ S. A. R. il Duca di Pistoia
☐ S. A. il Principe Romano di Russia
☐ S. A. R. il Duca di Bergamo
☐ S. A. R. il Duca di Ancona
☐ S. A. R. il Duca di Wurtemberg
☐ S. A. R. il Principe d'Assia
☐ S. E. il Conte di Bergolo
☐ S. A. S. il Principe Ereditario di Thurn e Taxis
☐ Principessa di Civitella Cesi
☐ S. A. R. la P.ssa Ereditaria di Thurn e Taxis
☐ Contessa Beatrice Lucchesi Palli
☒ S. E. la Duchessa di Segovia

Protocolo oficial de la corte de Italia. Arriba, en segundo lugar, se destaca Su Alteza Real el infante Jaime de España. Abajo, su esposa con el tratamiento de S.E. (Su Excelencia) la duquesa de Segovia.

Fotos propagandísticas de don Jaime de Borbón y su primogénito Alfonso, cuando en 1954 el primero hizo pública su contrarrenuncia, declarándose jefe de la Casa Real española. Su heredero pasaba a ser, por tanto, príncipe de Asturias de su rama.

Don Jaime en París, con su segunda esposa, la cantante prusiana Carlota Tiedemann, que luce el cuerno de la abundancia de brillantes de la reina Victoria Eugenia.

Gonzalo de Borbón Dampierre –segundo hijo de don Jaime–, que más adelante daría tanto que hablar por su modo de vida, era un joven oscuro en la época en que se convirtió en infante para los partidarios de la contrarrenuncia paterna.

Don Jaime y su segunda esposa, Carlota, con la hija de ésta, que a veces se hacía llamar Helga de Borbón. La duquesa luce otro de los broches de la Familia Real española.

ISABELLE II.
Reine d'Espagne.

Isabel II con el collar de la Orden del Toisón de Oro. La primogenitura masculina de la rama carlista decidió a la soberana a convertir la Orden dinástica en estatal, lo que permitió que luego fuese otorgada legalmente por Amadeo de Saboya o incluso el general Serrano, regente del reino con el trono vacío.

JEFATURA DEL ESTADO

REAL DECRETO 1948/1985, por el que se concede el Collar de la Insigne Orden del Toisón de Oro a Su Majestad Margarita II, Reina de Dinamarca.

Queriendo dar un relevante testimonio de mi Real aprecio a Su Majestad Margarita II, Reina de Dinamarca, y en muestra de la tradicional amistad entre Dinamarca y España.

Oído el Consejo de Ministros,

Vengo en concederle el Collar de la Insigne Orden del Toisón de Oro.

Dado en el Palacio de la Zarzuela a ..... de Octubre de 1985

Juan Carlos I, monarca instaurado, otorga el Toisón como jefe del Estado, oído el Consejo de Ministros y con el refrendo del presidente del Gobierno. El Toisón parece, pues, haberse convertido, en una mera condecoración estatal.

Jaime
Par la grâce de Dieu, Chef de la Maison de Bourbon
Infant d'Espagne, Duc de Bourgogne
XIX Chef et Souverain de l'Ordre de la Toison d'Or.

Tenant compte des hautes qualités morales de
S. M. le Roi Pierre II de Yougoslavie
et voulant lui donner une preuve de Notre estime, Nous l'avons élu et dénommé Chevalier Confrère de l'Ordre de la Toison d'Or, lui conférant le Collier, en accord avec Notre Décret du six Juin 1963

En témoignage de quoi, Nous avons signé ces présentes de Notre propre main et fait apposer Notre sceau, dans l'anneau de Notre Souveraineté ducale.

Que Dieu daigne accorder à Notre nouveau Chevalier, Sa sainte protection.

Paris, le six Juin 1963

JUAN DE BORBON Y BATTEMBERG. - Comme Duc de Bourgogne, Chef et Souverain de l'Ordre Insigne de la Toison d'Or, à tous ceux qui ces présentes verront, salut. Comme à raison de la Souveraineté de Notre dit Ordre et à l'imitation des Chefs et Souverains d'icelui Nos prédécesseurs (de tres haute mémoire), notre desir est non seulement de le maintenir en sa splendeur ancienne, mais aussi de l'augmenter de plus en plus en estime et honneur et de pourvoir les places de Chevalier en personnes dignes d'etre pourvues d'icelles; étant particulièrement informé des bonnes qualités et vertus de Notre Cousin SON ALTESSE ROYALE LE PRINCE DON CARLOS DE BORBON-DOS SICILIAS Y BORBON-PARMA, DUQUE DE CALABRIA, Nous l'avons élu et dénommé pour Chevalier confrere du dit Ordre de la Toison d'Or; apres Nous avoir fait entendre, non seulement qu'il à eu a singulier honneur et faveur Notre élection et nomination, mais aussi qu'il en faira une tres particuliere estimation. En vertu de quoi nous Lui avons élu, créé et déclaré pour Chevalier Confrere de Notre dit Ordre de la Toison d'Or, Lui en donnant le Collier et promettant d'avoir et tenir pour ferme, stable et agréable la susdite election et nomination. En témoignage de ce Nous avons signé ces présentes de Notre propre main et fait mettre Notre sceau Royal. - Donné à Estoril (Portugal), le vingt et cinq de Fevrier de mil neuf cent soixante et quatre.

Don Juan y su hermano Jaime de Borbón concedían la Orden alegando cada uno ser jefe de la Familia Real. El general Franco rechazó el Toisón de don Juan y aceptó el de don Jaime, aunque jamás lo ostentó. (Diplomas por los que don Jaime otorga el Toisón a Pedro II de Yugoslavia y don Juan a su sobrino Carlos, duque de Calabria; ambos documentos están redactados en francés, pues los reyes de España concedían la Orden como herederos familiares de los duques de Borgoña.)

Monseigneur Jacques-Henri,
Chef de la Maison Royale de Bourbon,
Duc d'Anjou et de Ségovie,

s'est endormi dans la paix du Seigneur, muni des sacrements de notre Mère la Sainte-Eglise, le 20 Mars 1975 à 4 h 20, en l'hôpital de Saint-Gall (Suisse).

Les obsèques religieuses seront célébrées en l'Eglise du Sacré-Cœur d'Ouchy-Lausanne le Lundi 24 Mars 1975 à 11 h. Vous y êtes invités tout spécialement.

Un service aura lieu ultérieurement à Paris.

Priez Dieu pour lui !

Par ordre de Monseigneur le Duc de Bourbon et de Cadix,
Chef de la Maison Royale de Bourbon,

Le secrétaire général du Conseil,
Patrick Esclafer de La Rode
Château de Nadelin, 16650 Bonnes
Actuellement "Lausanne-Palace" à Lausanne (Suisse).

En 1969 don Jaime, tras la designación de su sobrino Juan Carlos por el general Franco como su sucesor, dejó claro que él había consentido una instauración, *no una* restauración *que, según él, sólo podía haber recaído en su línea dinástica.*

Nota necrológica de don Jaime de Borbón y Battenberg, a quien se titula jefe de la Casa Real de Borbón, *por orden de su hijo mayor Alfonso de Borbón Dampierre, que asumió el mismo título de primogenitura, pasado hoy a su hijo Luis Alfonso de Borbón Martínez-Bordíu.*

Don Alfonso de Borbón Dampierre y su esposa Carmen Martínez-Bordíu Franco, duques de Cádiz.

Carmen Harto.

Mercedes Licer.

Don Gonzalo de Borbón Dampierre y sus tres mujeres sucesivas: Carmen Harto, Mercedes Licer y Emanuela Pratolongo.

Emanuela Pratolongo.

Estefanía, hija secreta –hasta hace poco– de don Gonzalo de Borbón Dampierre y una ciudadana norteamericana. Reconocida por su padre a su nacimiento –1968–, de acuerdo con la Constitución española de 1978 es su sucesora a efectos legales.

Francisco de Borbón, primogénito de los duques de Cádiz, fue sepultado, tras el trágico accidente que le costó la vida, como alteza real, a tenor del decreto de su bisabuelo el general Franco que se cita en el texto.

Luis Alfonso de Borbón, primogénito de la familia Borbón, llamado a ostentar, según la nueva normativa de títulos nobiliarios aceptada por el Tribunal Supremo, el ducado de Franco y el marquesado de Villaverde. En su persona se aunarán las representaciones familiares del rey Alfonso XIII y del dictador artífice de la instauración monárquica española.

Doña Emanuela Dampierre en la actualidad deposita todas sus ilusiones en su nieto Luis Alfonso.

Foto inédita de las infantas Beatriz -a la izquierda- y María Cristina, hijas de Alfonso XIII, en 1930. Posibles portadoras de la hemofilia, ningún príncipe deseaba desposarlas.

Miguel Primo de Rivera, hijo del dictador y hermano de José Antonio, el futuro fundador de Falange Española, fue quizá el gran amor de la infanta Beatriz. El general los apartó, enviando a su hijo a América.

Boda de la infanta Beatriz con Alessandro Torlonia, Roma, enero de 1935. La madre del novio -una norteamericana muy esnob- tuvo la humorada de vestir a las damas de honor de meninas velazqueñas.

Un castizo madrileño -Alfonso XIII- del bracete de una morena y una rubia, sus hijas Beatriz -a la derecha- y Cristina, en el exilio, 1935.

Boda de la infanta María Cristina con Enrico Marone Cinzano, a la que asistieron menos de veinte personas.

La infanta María Cristina guardaba un estrecho parecido con su madre la reina Victoria Eugenia.

El hijo menor de Alfonso XIII, don Gonzalo, en una foto propagandística: de cara a los carlistas, se le retrató encasquetándole la boina colorada.

Entierro del infante don Gonzalo en Austria (agosto de 1934). Presiden sus padres, los reyes en el exilio Alfonso XIII y Victoria Eugenia; detrás, en la misma línea, don Juan, doña Beatriz, doña Cristina y don Jaime.

Alfonso XIII con su hijo don Juan.

Don Juan jura la bandera ante su padre, octubre de 1930. Faltaban seis meses para la proclamación de la República.

Alfonso XIII y su hijo don Juan en Fontainebleau, 1933.

Alfonso XIII en el Grand Hotel de Roma con sus dos hijos, don Juan -situado, como príncipe de Asturias, a su derecha- y el infante don Jaime.

En enero de 1939, menos de cuatro años después de rechazar a don Juan, la princesa María de Saboya se casó con uno de sus principales adversarios, Luis de Borbón-Parma, hermano de don Javier, el regente de la Comunión Tradicionalista.

Doña María de las Mercedes de Borbón y Orleáns, futura condesa de Barcelona, a los tres años de edad, disfrazada de vieja señora. (Archivo de la Familia Borbón.)

Las chicas «Dos Sicilias» en 1930. Detrás, de pie, la infanta doña Luisa con su hijastra Isabel Alfonsa; delante, de derecha a izquierda, las princesas Esperanza, Dolores y María. Don Juan tuvo que elegir entre una de estas tres primas, de origen napolitano pero nacidas en España.

Doña María de las Mercedes de Borbón y Orleáns. Retrato de la novia que se repartió tras el anuncio de su compromiso con don Juan, en 1935.

Don Juan y doña María el día de la presentación de la novia a los españoles que acudieron a Roma para su boda. Ella tenía 25 años, tres más que el novio.

Alfonso XIII da el brazo a la futura princesa de Asturias al entrar en la basílica de Santa María de los Ángeles, a diferencia de lo que hizo con Emanuela de Dampierre, esposa de su hijo el infante Jaime, a la que acompañó al altar su hermano Ricardo, vizconde de Dampierre.

Don Juan y doña María, príncipes de Asturias, durante su viaje de luna de miel alrededor del mundo.

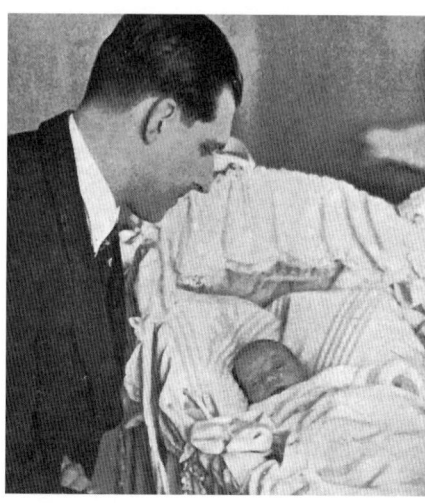

El infante Juan Carlos, hoy rey de España por designación del general Franco, nació en Roma el 5 de enero de 1938.

Los condes de Barcelona con sus cuatro hijos: Pilar, Alfonso, Juan Carlos y Margarita. Tiempo después apareció en el horizonte sentimental de don Juan una bella griega que le hizo casi perder el seso.

Don Juan de Borbón se inclina ante la tumba de su padre el rey Alfonso XIII, muerto en febrero de 1941 y sepultado provisionalmente en la iglesia romana de Montserrat.

Juan Carlos de Borbón con su hermano menor el malogrado infante don Alfonso, muerto de un balazo en 1956, cuando contaba 14 años.

La reina Victoria Eugenia en 1954, luciendo la réplica de la famosa perla Peregrina, *sustraída por los Bonaparte. A partir del año siguiente sería considerada* Reina Viuda, *a efectos del estado español, y recibiría una pensión oficial de aquella Monarquía sin rey ideada por el general Franco.*

En el texto de su último acto como jefe de la Casa Real, 14 de mayo de 1977, don Juan de Borbón y Battenberg hacía expreso hincapié en el carácter instaurado de la Monarquía de su hijo, a la que él, con su renuncia, creía prestar una unción de legitimidad histórica.

La verdad era que, desde la congruencia de la legitimidad dinástica de su rama, el rey Juan Carlos había sido -entre su proclamación en noviembre de 1975 y la renuncia paterna en mayo de 1977- un usurpador.

Al día siguiente de su renuncia don Juan se despidió de sus leales con un almuerzo privado en el hotel Ritz de Madrid, al que acudieron representantes de las variadas ideologías que le habían servido. De izquierda a derecha se distinguen Pedro Sainz Rodríguez, Jesús Obregón, Juan Balansó, Emilio Contreras, Luis María Anson, José María Pemán, el conde de Barcelona y Manuel Halcón. Fuera de la foto estaban presentes el duque del Infantado, el conde de los Gaitanes y otros allegados.

Pilar y Margarita de Borbón fueron creadas *infantas por decreto de su hermano don Juan Carlos I, el monarca instaurado, como si antes, como hijas del jefe de la Casa Real, no lo hubieran sido.*

Desde la boda de la infanta Elena, primogénita de Juan Carlos I, con don Jaime de Marichalar, en 1995, se está muy lejos de los principios por los que quedaron alejados del trono los descendientes del infante don Jaime y doña Emanuela Dampierre.

SOLEMNE FUNERAL
POR EL ALMA
DEL
AUGUSTO SEÑOR
DON JUAN DE BORBON
CONDE DE BARCELONA

Programa repartido a los asistentes a los funerales de don Juan, donde se evitaba cuidadosamente el tratamiento de majestad y el título de rey, sustituyéndolos por un ambiguo augusto señor.

Panteón de Reyes en el monasterio de El Escorial. Las dos únicas urnas que quedan vacías, sobre la puerta de ingreso, están destinadas a los condes de Barcelona. Siguiendo la tradición, los restos de don Juan se hallan ahora en una cámara aneja, llamada pudridero, *donde deberán permanecer unos años antes de proceder a su reducción.*

Croquis de la urna sepulcral donde reposarán los restos de don Juan de Borbón. En otra idéntica, su esposa. Con ellos quedará completo el regio enterramiento. En la inscripción, en latín, no está previsto figure el concreto título del rey.

Don Juan de Borbón en un encuentro con el autor, Juan Balansó.

En 1966, año de esta foto, don Juan Carlos hacía pública ostentación de la famosa placa de los príncipes de Asturias (redonda, bajo la gran cruz de Carlos III). Al cuello, el Toisón de Oro.

Retrato de don Alfonso de Borbón y Battenberg (pintado por Laszlo en 1927), con la famosa placa de los príncipes de Asturias.

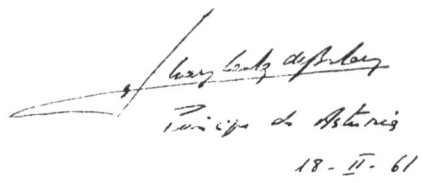

Firma de don Juan Carlos titulándose príncipe de Asturias. (Archivo del autor.)

Los príncipes de Asturias, Juan Carlos y Sofía, rinden acatamiento a su padre, el conde de Barcelona, al término de su boda religiosa en Atenas (mayo de 1962).

El palacete de La Zarzuela (grabado por Louis Meunier). Antiguo pabellón de caza de Felipe IV, permaneció abandonado desde tiempos de Isabel II, hasta el punto de que el político Amador de los Ríos solicitó se convirtiera en manicomio... Reconstruido por el general Franco, fue destinado por el dictador para residencia de su sucesor, don Juan Carlos, que allí sigue habitando.

Enrique III de Castilla, primer príncipe de Asturias en 1388, según la hermosa estatua de su sepulcro en la catedral de Toledo.

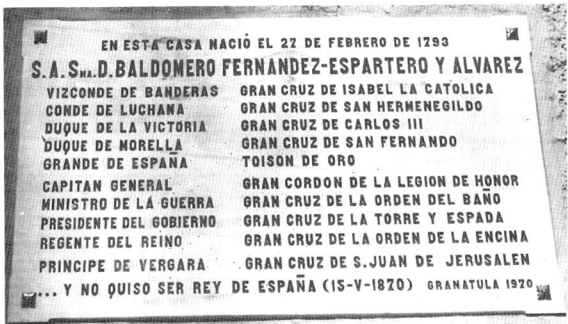

Una curiosidad histórica: el general Espartero, antiguo regente del Reino, fue uno de los dos españoles (junto con Godoy) que ostentó el título de príncipe sin ser heredero de la Corona. Esta «modesta» lápida orna su casa natal en Granátula de Calatrava (Ciudad Real).

La infanta Isabel, la Chata, primogénita de Isabel II, fue reconocida dos veces princesa de Asturias, caso excepcional aunque no único, como consigna el texto.

Carlos Javier de Borbón Parma (primero por la izquierda, con su padre Carlos Hugo y su hermano menor Jaime, en 1995) fue reconocido príncipe de Asturias carlista por sus partidarios en 1975, siete meses antes de la muerte del general Franco, tras la abdicación de su abuelo, don Javier, en Carlos Hugo.

También el pretendiente carlista Carlos VII, que reinó de modo efectivo en el País Vasco-Navarro, hizo jurar dos veces a su hijo don Jaime como príncipe de Asturias: en el exilio y en su corte de Estella.

Don Felipe de Borbón y Grecia es el XXXV príncipe de Asturias oficialmente reconocido, si bien se procedió a su nombramiento de modo harto irregular, antes de la renuncia dinástica de su abuelo don Juan, para evitar titularlo príncipe de España, *denominación que le correspondía como heredero de la Monarquía instaurada por el general Franco.*

médico prescribió reposo, Carlota decidió que marcharían en taxi a Saint-Gall, donde ella tenía que someterse a una cura de desintoxicación alcohólica. Al llegar a su destino, don Jaime, que había sufrido el traqueteo del vehículo, en lugar de la inmovilización ordenada por el doctor de Lausana, tuvo un ataque cerebral. En tales condiciones, la clínica se negó a aceptarlo y recurrió a lo administrativamente más cómodo: telefonear al hospital cantonal. Allí ingresó poco después don Jaime en estado comatoso, del que ya no pudo recuperarse, aunque aún vivió tres semanas.

En cualquier caso, el parte hospitalario fue muy conciso:

«Su Alteza Real el infante don Jaime de Borbón y Battenberg, duque de Segovia, ha muerto hoy, 20 de marzo, de una hemorragia cerebral producida por un accidente ocurrido el 25 de febrero pasado.»

El botellazo, la caída, el golpe —en suma lo que fuese— debía de haber sido mucho más grave de lo que en un principio se supusiera, pues el enfermo tuvo que ser sometido a una operación de craneotomía del temporo-parietal izquierdo, y se le extrajo un hematoma intercerebral, según los precisos términos médicos.

La víspera de la defunción, y en tren proveniente de Ginebra, llegó a Saint-Gall don Juan, conde de Barcelona. La de su hermano y rival sería la última visita que recibiera en vida el infante don Jaime. Pero ya se hallaba en coma y nunca podría enterarse.

Carlota Tiedemann falleció en 1979. Dicen que su organismo estaba completamente minado por el alcohol.

Los restos del duque de Segovia, provisionalmente enterrado en Suiza, fueron trasladados a El Escorial, como los de su hermano mayor Alfonso, en 1985, e inhumados en el panteón de infantes. Sobre su tumba cayó el olvido y se alzó el silencio. Algunos allegados preferían olvidar incluso que había existido. Pero existió. Vivió. Protestó. Y, aunque indefenso, se rebeló.

Alfonso de Borbón Dampierre reafirma su legitimidad histórica

La muerte de don Jaime convirtió a su hijo mayor, Alfonso, en el nuevo «jefe de la Familia». Utilizaba, como su padre, aquel concepto genealógico para seguir considerándose, cuando se terciaba, como un desposeído.

Su lógica se explicaba bajo este punto de vista:

> Acepté la Ley de Sucesión española de 1947 porque era válida, parecía útil al bien común del país, y por ello no soy rey de España. Pero jamás he dejado de tener como nulas las renuncias dinásticas de mi padre.
>
> <div align="right">Duque de Cádiz, <i>Memorias</i></div>

O, en la misma línea:

> Reconozco la «instauración» monárquica del 22 de julio de 1969 y a mi primo Juan Carlos designado entonces sucesor.
>
> <div align="right">López Rodó, <i>Ibíd.</i></div>

Hasta el fin de su vida, don Alfonso de Borbón Dampierre tuvo buen cuidado de no pronunciarse jamás sobre la legitimidad histórica de su primo hermano, ni de su tío Juan. Aquella rama del frondoso árbol borbónico había sido escogida por Franco para servir a sus fines políticos, asignándole la sucesión. Pero el heredero legítimo había sido su padre, don Jaime; ahora lo era él, y después sus hijos.

Cuando Juan Carlos iba a ser elegido por el dictador, Alfonso, apremiado por dos procuradores en cortes amigos suyos, solicitó de su padre, aún vivo, la siguiente declaración firmada en Neuilly el 19 de julio de 1969:

> Yo, Jaime de Borbón y Battenberg, Jefe de todas las Casas Reales de Borbón y de España [sic], deseo dejar constancia, en estos momentos trascendentales para el futuro de mi Patria, de mi recuerdo entrañable para S.E. el Jefe del Estado... Nuestro hijo, el Príncipe Alfonso, nos ha fortalecido y acompañado siempre en nuestros ideales...
>
> (Este documento, como los dos siguientes, en Alderete, *ibíd.*)

Leída en su integridad, esta manifestación no decía realmente nada. Sólo quedaba reafirmado que, se eligiese a quien se eligiese, don Jaime se volvía a declarar jefe de la Casa de España como primogénito de los Borbones. Cualquier designación por parte de las cortes franquistas sería responsabilidad ajena.

Pero, puesto que algunos allegados le comentaron que los términos solicitados por el sinuoso Alfonso podían dar lugar a interpretaciones torcidas, el infante, tres días después, el 22 de julio —es decir, el mismo día de la elección franquista— suscribió un formal manifiesto, aclarando conceptos:

> La designación por el general Franco de mi sobrino Juan Carlos, hijo de mi hermano menor Juan como su sucesor, me obliga a reafir-

mar solemnemente mi posición ante el problema de la sucesión al trono de España.

Mi renuncia a éste la hice cuando era hijo de familia y no cabeza de ella. Estaba soltero, creí deber obedecer a mi Padre. Pero Alfonso XIII, como rey constitucional, carecía de autoridad, sin contar con las Cortes, para incapacitarme, siendo yo el primogénito real. Por lo demás, no estoy incapacitado constitucionalmente.

Mi renuncia carece así de validez constitucional, en cuanto no refrendada por las Cortes.

Aún en el caso de que fuera admitida por las Cortes mi renuncia, LA PRIMOGENITURA REAL PASARÍA AUTOMÁTICAMENTE A MI HIJO ALFONSO.

Efectivamente, la abdicación de Alfonso XIII era su derecho, pero lo que mi Padre no podía hacer era designar sucesor. Si se reconoce al Rey esa facultad, la Monarquía pierde su carácter de hereditaria y se convierte en electiva. Ello no puede hacerse por la voluntad del Rey, que está obligado a respetar las leyes de sucesión.

Las cuestiones dinásticas tienen un estricto cuadro legal. Estas leyes no las modifican ni los príncipes ni los hombres políticos. No es con cartas, ni con decisiones políticas partidistas como se reforman las disposiciones legales sucesorias...

Después de reivindicar mis derechos Y LOS DE MIS HIJOS al trono de mis antepasados, EN EL MARCO DE LA LEGITIMIDAD y de la Ley, afirmo que este proceso de la sucesión al trono no debe de intervenir antes que los españoles todos se hayan pronunciado libre y soberanamente, pues deniego a Franco el derecho de fijar el régimen futuro de España...[68]

Paralelamente, Alfonso de Borbón Dampierre era uno de los pocos familiares del flamante príncipe de España que aceptaba asistir a su aceptación franquista. Estuvieron también presentes su hermano Gonzalo, hijo menor de don Jaime, y el viejo infante Luis de Baviera y Borbón, bisnieto de Isabel II, general del ejército y que pasaba por ser hombre de escasísimas luces.

Pero lo que pudo parecer cariño de primo hermano, no lo era del todo: don Alfonso asistía al acto de sometimiento de su primo, en su calidad de primogénito heredero de la rama mayor y como para dar

---

68. Aquí se centraba la argumentación, nada necia. Ya se sabe que Juan Carlos I es Rey de España no porque los españoles lo hayan votado así, sino porque la forma monárquica de estado, establecida por el general Franco mediante la ley de Sucesión de 1947, fue revalidada, sin previa consulta popular, por quienes redactaron la Constitución consensuada sobre la que los ciudadanos hubieron de pronunciarse en 1978. Jaime venía a advertir de este futuro procedimiento y a reiterar que su rama había sido apartada ilegalmente pero mantenía su derecho de primogenitura para él, sus hijos y sus nietos y descendientes.

fe con su presencia de que la rama mayor, ajena a la instauración, aprobaba lo estipulado por Franco, ya que nada tenía que ver con la legitimidad dinástica, que la rama de don Jaime se reservaba.

«*La seule chose qui soit patente est que le prince Alphonse a reconnu son cousin comme futur roi d'Espagne d'une Monarchie nouvelle instaurée sur de nouvelles bases*», declaraba sin rodeos en París el propio secretario de don Alfonso, el barón Hervé Pinoteau desde las páginas de la revista *l'Intermèdiaire des Chercheurs et curieux*.[69]

Era cierto: la propuesta a favor de Juan Carlos hecha por el dictador a sus complacientes Cortes y aprobada por éstas no se fundamentaba en el derecho dinástico. Y así lo manifestó expresamente el elegido en su primer discurso ante la cámara: «Recibo de su Excelencia el jefe del Estado español y generalísimo Franco la legitimidad política surgida el 18 de julio de 1936», fecha de la sublevación contra la República.

Que Juan Carlos se quedase con la legitimidad del 18 de julio. A Alfonso de Borbón y sus hijos les bastaba con la legitimidad histórica y dinástica de la Casa Real.

En lo referente al Toisón de Oro, Alfonso, ciudadano español, se anduvo con ojo y fue más sutil que su padre, eligiendo la tesis de que su concesión era competencia del jefe del Estado español en funciones. Así argumentaba, siempre dentro de los esquemas de la «instauración»: «Aun estando de acuerdo con mi difunto padre en cuanto a que el Toisón es en su origen una orden exclusivamente familiar, creo también que con el tiempo y por su historia se ha convertido en una orden de estado y que, en este sentido, debe estar unida exclusivamente a quien ostente, de forma personal y de hecho, la titularidad de la Corona.»[70]

Como consecuencia de esta estrategia, Alfonso cesó temporalmente de conceder los toisones de su padre y se dedicó exclusivamente a discernir órdenes francesas, como la del Espíritu Santo, que también otorgaran los pretendientes carlistas, lo que en España ni preocupaba ni tenía la menor repercusión. (Aunque sublevaba, cla-

---

69. «Lo único patente es que el príncipe Alfonso ha reconocido a su primo como futuro rey de España de una Monarquía nueva, instaurada sobre bases nuevas.»

70. Sin embargo, circundando sus armas personales, el duque de Cádiz continuó utilizando hasta su muerte el collar del Toisón de Oro que le otorgara su padre. Detalle heráldico en el que comúnmente la gente no reparaba, pero que para un historiador lo decía todo.

ro está, los ánimos de los monárquicos franceses, partidarios, en su inmensa mayoría, del príncipe Enrique de Orleáns, conde de París.) Era una táctica inteligente: sin renunciar a ninguno de sus supuestos derechos a la sucesión dinástica española, Alfonso de Borbón Dampierre utilizaba su gaseoso título de jefe de la Casa de Borbón en su vertiente francesa, que, siendo el país vecino una república harto consolidada, ni comprometía políticamente ni mermaba sus nunca desmentidas aspiraciones a la legitimidad monárquica de aquende los Pirineos. Así evitaba un enfrentamiento frontal con su primo, que había subido al trono electivo en noviembre de 1975, tras la larga agonía del general Franco.

Algún tiempo antes, el político Landelino Lavilla, luego destacado miembro de UCD, y que era amigo de juventud de Alfonso, había llevado a cabo un dictamen jurídico sobre la legitimidad a la Corona española del nieto mayor de Alfonso XIII, según informó años después el semanario *Tiempo*.[71]

Excepto don Juan Carlos, que se atenía a lo decretado por Franco, su predecesor —¿acaso no había aceptado recibir él mismo del dictador el título de príncipe de España con tratamiento de alteza real?—, el resto de la Familia Real regateaba a Alfonso su rango. El conde de Barcelona, desde Estoril, le escribió en 1972 invitándole a la boda de su hija menor, Margarita, dirigiéndole la participación a nombre de «Su Excelencia».[72] Alfonso, encolerizado, se dirigió a su tío en términos muy duros:

> De nada valen, tío Juan, subterfugios, ni maniobras privadas, ni argucias periodísticas. El título y tratamiento que me son debidos los ostento por derecho de sangre y nacimiento y no me pueden ser arrebatados por persona alguna. Están por encima de tu voluntad y la mía, pues son herencia directa de la sangre de nuestros antepasados y de nuestra historia. Han llegado a mí por mandato imprescriptible

---

71. *Tiempo*, 27 de febrero de 1984.
72. Don Juan se mostraba congruente con su propia legitimidad dinástica, que dimanaba de la renuncia de Jaime, y que había sido confirmada por un matrimonio morganático. En 1962, cuando la boda de Juan Carlos y Sofía, de la que Alfonso fue testigo, ya habían surgido problemas, que contó más tarde en *Época*, el 18 de noviembre de 1985, el duque de Cádiz a la periodista Pilar Urbano: «Mi tío don Juan mandó al embajador de España que en el acta matrimonial no se me diera otro tratamiento que el de "don", ni siquiera el de "Excelentísimo Señor" como a cualquier grande de España.» Gonzalo Fernández de la Mora, en sus memorias, dice que finalmente se le citó como alteza. En el programa de invitados aparece, no obstante, sólo como «don».

de la sangre y debo guardarlos como diligente depositario PARA TRANS-
MITIRLOS A MIS HIJOS.

Y sobre esto no puedo transigir ni guardar silencio ante ti. Los títulos y tratamientos que me corresponden a través de una misma sangre, que es la tuya, tú eres el menos llamado a negarlos. Esto es aún más inexplicable tratándose de los hijos de tu hermano mayor, AL QUE DEBES NO SÓLO TU POSICIÓN SINO UNA HERENCIA POR DEMÁS IMPORTANTE. (Archivo del conde de Barcelona.)

El periodista José Ramón Alonso, desde la revista *Sábado Gráfico*, llegó a apuntar:

> Acaso convenga que en tan delicadas materias dinásticas tengamos la fiesta en paz. Puesto a buscar detalles algo inéditos podría recordarse que entre el príncipe don Alfonso de Borbón y Battenberg y el conde de Barcelona, el infante don Jaime fue efímeramente príncipe de Asturias. Y los hijos de un príncipe de Asturias han sido siempre, por lo menos, infantes de España.

Los paladines de lo que considerábamos la ortodoxia monárquica, encarnada por don Juan de Borbón, tampoco nos mordíamos la lengua. Comprendiendo que la renuncia de 1933 podía ser discutida por personas avisadas, el conde de Barcelona había hecho del matrimonio morganático de su hermano razón de peso para su propia singladura. En este sentido, antes de la boda de su heredero, en mayo de 1962, mandó publicar en el *Boletín* de su Secretaría (es decir, el órgano de prensa oficial de su rama) un editorial donde se remachaba la idea:

> Los usos inveterados y las leyes sucesorias de la Corona eliminan de la transmisión de los derechos dinásticos a quienes han contraído matrimonios morganáticos o desiguales. Las nupcias del príncipe don Juan Carlos serán con una princesa que pertenece a una de las Familias Reales más antiguas de Europa y que, por tanto, cumple plenamente ESTE ESENCIAL REQUISITO DE NUESTRO ORDENAMIENTO JURÍDICO.

José Luis de Villalonga y Alfonso Ussía, entre otros, defendieron aquel argumento[73] y el último incluso lo hizo en verso dedicado a la nieta del Caudillo:

---

73. Por ejemplo, en *Interviú*, 9 de junio de 1982, y *Época*, 25 de noviembre de 1985, respectivamente.

Fuiste el lindo juguete primoroso
de un indigno desmadre,
de un negocio tratado entre tu esposo
y el pobre de tu padre,
que loco en sus inmensas ambiciones
oscuras y prolijas,
no dudó en comerciar los corazones
—aún blancos— de sus hijas.
El resplandor real, que a tantos ciega,
acentuó tu crisis
y te creíste Sonia de Noruega
—la última de las Sissis—;
quizá pensaste que tu buena suerte
de nietecilla vana,
te pudiera ayudar, hasta en hacerte
majestad soberana,
sin pararte a pensar, dulce adorada,
los ridículos fines
de llegar a ser reina coronada
llamándote Martínez.

La mala estrella del duque de Cádiz

El deslumbramiento de la guapísima María del Carmen debía, no obstante, durar poco. Tras el nacimiento de un segundo hijo varón, Luis Alfonso, en 1974, los duques de Cádiz se fueron paulatinamente separando en alma y cuerpo, hasta que ella cayó en brazos de un anticuario francés, Jean-Marie Rossi (de quien ahora también se ha divorciado) con el que contrajo matrimonio en 1984, tras el divorcio y posterior anulación canónica de su unión con Alfonso.

Pensándolo bien, las similitudes entre la mujer del infante don Jaime y la de su hijo son verdaderamente notables.

Emanuela Dampierre, hija de aristócratas, como María del Carmen. La primera casada con un disminuido físico; la segunda con un hombre tarado por complejos y frustraciones —bien o mal fundados— que hizo de su vida una permanente conspiración familiar, como hiciera también su padre. La Dampierre tuvo dos hijos varones; Carmencita otros dos. Se fugó Emanuela con su agente de bolsa

Sozzani, al igual que María del Carmen con su anticuario Rossi... ¿Casualidad o burla del destino?

Después de su sonado divorcio, Alfonso, que había quedado al cuidado de sus pequeños hijos, tuvo la desgracia de matar al mayor, en 1984, en un desdichado accidente de automóvil contra un camión. Adoraba al pequeño Francisco y quedó convertido en un hombre aún más triste y amargado. Se aferraba a su hijo menor, Luis Alfonso, que había sobrevivido de milagro al accidente.

Franco jamás pudo imaginar el divorcio de la nieta que elevara a alteza real y que, una vez dictada la sentencia civil, perdía aquel rango que le había sido concedido como «cónyuge». Según el texto del poco acertado decreto de concesión, que ya hemos examinado, el título de duquesa de Cádiz y el rango real pasarían a corresponder a la futura consorte de Alfonso, si éste contrajera nuevo matrimonio.

Tal eventualidad puso sobre el tapete la delicada cuestión que no podía ser resuelta más que por intervención directa de la Casa Real. En consecuencia, el 6 de noviembre de 1987, otro Real Decreto vino a subsanar, en parte, el entuerto. El texto de la nueva disposición, que no hacía referencia expresa al duque de Cádiz, decía:

> Los miembros de la familia del Rey que en la actualidad tuviesen reconocido el uso de un título de la Casa Real y el tratamiento de Alteza Real podrán conservarlo con carácter vitalicio, pero no sus consortes y descendientes.

Pero este decreto, desgraciadamente, volvía a adolecer de imprecisión. ¿Quedaba o no legalmente investido en nuestro país Luis Alfonso con el tratamiento hecho extensivo por su bisabuelo Franco a todos los descendientes del matrimonio de Alfonso y María del Carmen? Lo que se desprendía de la nueva disposición era que quedaba cerrada la posibilidad de que la merced se transmitiese a futuros consortes y descendientes del duque de Cádiz, no a quienes en el momento de su aprobación, como era el caso, tenían derechos adquiridos sobre la misma. (En la tumba de Francisco, el hijo muerto, se había inscrito sin protesta de la Zarzuela el tratamiento de alteza real.)

Luis Alfonso de Borbón —en el momento que escribo— sigue siendo un ectoplasma. Tras la muerte de su padre, parece que, a tenor del decreto de concesión del ducado de Cádiz, tendría no sólo derecho a utilizarlo, sino también a usar el tratamiento de alteza real. Pero el Ministerio de Justicia no se ha pronunciado, hasta el momento, sobre el caso.

Don Alfonso de Borbón Dampierre, curtido por los sinsabores de la vida, veía largo y el jurista Fernando García-Mercadal ha dado a conocer hace poco unas importantes declaraciones que el duque protocolizó ante notario en 1988, pronunciándose sobre el alcance del Real Decreto de 1987 en el que se restringían los honores de su rama. En ellas señala que como su particular criterio

> pudiera no coincidir con el que en un momento dado tenga la Administración o el organismo competente respecto a la vigencia y extensión del mencionado Decreto de 22 de noviembre de 1972 (el de Franco), solamente por ese hecho improbable, hace el que suscribe, en su nombre, en el de su hijo, Su Alteza Real Luis Alfonso de Borbón y Martínez-Bordíu, y en el de sus descendientes, expresa reserva, como más proceda legalmente, de derechos y fehacientes manifestaciones, que dejen constancia de que si el abajo firmante no ha ejercitado ningún tipo de recurso contra el Real Decreto de 6 de noviembre de 1987 (el del Rey) se debe a que, debidamente asesorado, lo interpreta en el sentido que queda expuesto, por lo que resulta innecesaria cualquier actuación legal impugnándolo. No será, por supuesto, éste el caso, si la Administración o cualquier otro Organismo o Autoridad, ahora o en el futuro, sostenga una interpretación distinta del Real Decreto de 6 de noviembre último, en sentido contrario a la que queda expuesta y concretada en este documento; en cuyo momento el que dice, o su hijo don Luis Alfonso, o cualquier parte legítima, ejercitarán, sin duda, cuantas acciones y derechos la ley les conceda para mantener el referido título y tratamiento.[74]

Un año después de firmar esta nueva protesta de derechos, el 30 de enero de 1989, Alfonso de Borbón Dampierre falleció decapitado por un cable de acero que inoportunamente cruzaba las pistas de Beaver Creek, en Colorado, mientras se hallaba practicando el esquí, su deporte favorito. La nieve se tiñó de sangre. De la sangre de un hijo de príncipe al que la vida mintió cruelmente ofreciéndole lo que no le iba a dar, o lo que le iba prontamente a quitar.

---

74. Copia del acta autorizada a requerimiento de don Alfonso. Notaría de don Javier Gaspar Alfaro, de Madrid, 11 de enero de 1988. Número 19, sin paginar. Citado en *Los títulos y la heráldica de los Reyes de España*, 1995.

El 23 de agosto de 1992, don Luis Alfonso de Borbón, heredero del infante don Jaime y del duque de Cádiz, alcanzada su mayoría de edad, declaró públicamente:
—Asumiré por entero el legado recibido a través de mi padre.
No hacía falta decir más. Ni tampoco menos.

Don Gonzalo de Borbón Dampierre y sus escándalos

Un personaje del que casi no hemos hablado es Gonzalo, el hijo menor del duque de Segovia y Emanuela Dampierre. Una sombra silenciosa a las órdenes de su hermano mayor, hasta que, en los umbrales de la madurez, perdió la cabeza, casándose y descasándose a velocidad de vértigo, con serena y majestuosa impudicia.

Primero fue una relaciones públicas, Carmen Harto, de la que se desprendió a los dos meses; luego una estilizada modelo, Mercedes Licer, que le duró un año, día por día. Finalmente, una mujer de negocios italiana, Emanuela Pratolongo, se ha llevado el gato al agua. Hace ya tres años que siguen casados y parece haber hecho sentar la cabeza al jocundo vivalavirgen.

Contrariamente a su padre y a su hermano Alfonso, don Gonzalo no se mezcló directamente en cuestiones políticas españolas. Era demasiado amigo de la *dolce vita* y el zascandileo para entretenerse en otras cosas que no fuesen los buenos amigos y las malas amigas. Siempre con discreción, eso sí, hasta que las tentadoras ofertas de las exclusivas millonarias, que le ofrecían las revistas del corazón, consiguieron que hiciese pública la vida que hasta entonces había mantenido secreta. No quedó periodista en España que no acusase a Gonzalo de Borbón Dampierre de traficante de su intimidad. En un momento dado, 1984, vendía hasta la camisa. Un día, por ejemplo, dejó patitiesa a la sociedad anunciando a bombo y platillo la existencia de una hija, fruto de sus amores con una norteamericana, Sandra Lee Landry, a la que había reconocido y dado su apellido: Estefanía de Borbón.

Después de su boda con Emanuela Pratolongo, en 1992, don Gonzalo ha desaparecido de la escena pública española. Vive como un pachá entre Génova y Ginebra, residencias de su mujer, que nada en oro. Al contrario que don Alfonso, don Gonzalo, paradójicamente, no recibió de Franco ningún título ni tratamiento especiales. Se consideraba alteza real como hijo de su padre, y santas pascuas.

Poco antes de estabilizarse sentimentalmente, confesó amargamente a una revista: «Me voy de España. Me voy del todo. Dejo mi casa, treinta años de mi vida. Bien pensado lo tengo. Está bien medido el alcance de mi decisión. Y voy a explicar por qué me voy: porque tengo una familia que es como si no existiese. Mi hermano Alfonso ha muerto hace dos años, y desde ese tiempo no he recibido ni una llamada para saber si estoy bien o si me he muerto. Si tuviera que hacer un balance, diría que es tristeza lo que de verdad me llevo. Por razones "equis", que quizá algún día se sabrán, ni a mí ni a mi pobre hermano nos han tratado bien. Y como yo no soy una persona rencorosa, pues me voy. Pero me voy con mucha amargura. Soy español. Por eso digo esto con más rabia. Por eso me voy con amargura.»[75]

Y sobre la gravedad de estas palabras, echaba, con ágil cambio de tercio, un típico bromazo borbónico: «A lo mejor me caso con Emanuela Pratolongo. Es una ejecutiva nata. Una mujer que vale mucho. Nada tonta, no, gracias a Dios. De tontas ya me han tocado bastantes...»

Una anciana dama recuerda...

Emanuela Dampierre vive, octogenaria, en Roma. «Cuando echo la vista atrás y reflexiono sobre mi existencia —escribe— debo decir que aunque resido en Italia, en España se ha quedado un trozo de mi vida. Un día, por azar o por destino, conocí a un hijo de los reyes, don Jaime de Borbón, me convertí en su esposa y le di dos hijos.»

«Me gusta España mucho, aunque tengo malos recuerdos, muy malos. Encuentro que el pueblo español es buenísimo, pero mis vivencias en ese país han sido terribles. Mi vida, llena de ausencias, seguirá aquí, en Roma, donde nací yo y nacieron mis hijos; pero donde esté o vaya siempre habrá un hueco y un recuerdo para España, donde está enterrada una parte de mi existencia y donde se encuentra uno de los seres queridos que aún me quedan: mi nieto Luis Alfonso.»

---

75. Entrevista con José Antonio Olivar, revista *Hola*, agosto de 1992.

CUARTA PARTE

DON JUAN, EL PRÍNCIPE HEREDERO

El primer, y único, hijo varón sano

Pese a todo cuanto se ha escrito, jurado y perjurado; pese a la misma evidencia del furor de Alfonso XIII al conocer los proyectos matrimoniales de su primogénito, don Alfonso, y su atractiva cubana, lo cierto es que el rey debió dar, en el fondo, un suspiro de alivio al quedar apartado de la sucesión su hijo mayor y, diez días después, el segundo. Como lo dieron —y esto es seguro— los monárquicos españoles que todavía confiaban en una restauración de la Monarquía.

De hecho, y prácticamente desde el mismo día del exilio, los partidarios de Alfonso XIII que habían visto desvanecerse el régimen después de unas simples elecciones municipales, por el repudio de la nación hacia el monarca, que faltando a su juramento había dado paso a la dictadura anticonstitucional de Primo de Rivera, y sin la posibilidad de que el rey abdicase en su heredero inmediato, encaminaron sus esfuerzos en popularizar la imagen del primer hijo sano, el infante don Juan; lo que, según comentario general, debería haberse empezado a hacer mucho tiempo antes.

Este modo de ver las cosas era apoyado incluso por los pretendientes carlistas de la rama dinástica adversaria. Cuando, en septiembre de 1931, poco después de comenzar su destierro, Alfonso XIII se entrevistó con su primo Jaime, duque de Madrid, jefe de la rama tradicionalista, a fin de conjuntar fuerzas y ver de llegar a algún acuerdo dinástico, el rey carlista exigió que cualquier principio de reconciliación entre ambas líneas, en litigio desde hacía un siglo, debería tener en cuenta la posibilidad sucesoria del infante don Juan. Es decir: dos años antes de la renuncia de los hijos mayores del soberano español, ya se especulaba políticamente sólo con el tercero, aun como «hipótesis de trabajo». Los monárquicos habían comprendido que con Alfonso y Jaime no se iba a ninguna parte.

Cuando el enlace con Edelmira obligó a poner en práctica la Pragmática de Matrimonios, que también se aplicaría a Emanuela, para reforzar la renuncia de Jaime, Alfonso XIII no tuvo ya excusa para seguir amparando la pura continuidad regular en sus hijos mayores, que automáticamente, por ley dinástica, venía a recaer en Juan, el primer, y único, hijo varón sano.

Juan: Una vocación truncada

Nacido en el segoviano palacio de La Granja de San Ildefonso, una de las residencias estivales de la Familia Real, el 20 de junio de 1913, el infante aún no contaba dieciocho años al proclamarse la II República. Aunque resulta inexcusable que Alfonso XIII, con visión de futuro, no hubiera empezado a preparar a su hijo para la tarea a la que, por el mal estado de salud de sus dos hermanos, parecía llamado.

La infancia de Juan había transcurrido apacible, dentro de un esquema familiar más bien severo. «Mientras duró la Monarquía —confesó más tarde el conde de Barcelona— fue mi padre para mí el rey, antes que nada. Luego, en el exilio, comencé a verle como hombre y, en consecuencia, como padre.»[76]

Por razones de edad, los hijos de Alfonso XIII se dividían en dos grupos: el príncipe de Asturias y don Jaime —a quienes sólo separaba un año— y los menores, Juan y Gonzalo, en idéntica situación. Las dos infantas, Beatriz y Cristina, en medio. Y recuérdese que otro varón, nacido antes que Juan, había llegado muerto.

> Gonzalo y yo éramos uña y carne —recordaba don Juan—; además de mi hermano era mi mejor amigo y primer compañero. Los infantes vivíamos en tres pisos diferentes del palacio de Oriente. En el de abajo, el Príncipe de Asturias y Jaime. En el entresuelo, mis hermanas. Y en el segundo, Gonzalo y yo. El pobre sabía que también él estaba enfermo. Y hasta abusaba a veces de ello. Porque si nos peleábamos tenía la seguridad de que yo, que era muy fuerte, no iba a responderle por miedo a hacerle daño. Fue el hermano que quise más.

La infanta María Cristina, hermana de don Juan, rememora, por su parte, en sus ya citadas memorias:

> Nuestra vida se ordenaba del modo siguiente: Todos los días, de diez a diez y media de la mañana, era la hora de la visita a los padres. Siempre íbamos por parejas, primero a ver a mamá, que nos preguntaba qué íbamos a hacer, si éramos buenos y cosas por el es-

---

76. A partir de este momento, todas las referencias puestas en boca de don Juan de Borbón corresponden a entrevistas que concedió a los periodistas José Salas, Julián Cortés-Cavanillas, María Luisa Luca de Tena y Joaquín Navarro-Valls, corresponsales de *ABC*, mientras no se indique lo contrario.

tilo, y nos mandaba a ver a papá. Allí, a veces, nos juntábamos los seis mientras le afeitaban. Teníamos que estar callados.

Si íbamos de dos en dos, entonces papá nos preguntaba por los estudios, hacía bromas y luego nos despachaba porque tenía que ponerse a lo suyo. Las comidas las hacíamos en el comedor de arriba, con los hermanos.

Lo que apasionaba a papá era ponernos a hacer instrucción. Nos colocaba a todos firmes y nos hacía desfilar, saliendo siempre con el pie izquierdo. El que se equivocaba se ganaba una bronca. Muchas veces mamá subía y decía: «¡Alfonso, por Dios, las chicas desfilando y con fusiles! ¡Una cosa tan poco femenina!» Pero nosotras nos divertíamos como locas.

Al terminar el día, mamá subía a darnos las buenas noches.

A partir de los dieciséis años ya íbamos a la mesa con nuestros padres. A la hora del almuerzo, además de nosotros, estaban las damas de la Reina, el ayudante de papá y el oficial de guardia. Para cenar, entonces sí, nos vestíamos de largo y comían con nosotros el grande de turno, la dama de servicio y el jefe de la parada.

En aquellos tiempos no se hablaba de política con los chicos, pero ya al final nosotros nos dábamos cuenta de que las cosas no iban del todo bien. Cada vez que había un viaje oíamos: «¡Qué suerte, han descubierto una bomba justo antes de pasar el tren!» Y así una vez y otra.

Al final ya no dejaban que papá y mamá fueran a muchos actos públicos por miedo a que pasara algo. Así que Beatriz y yo tuvimos muchísima actividad, porque, como éramos dos niñas, con nosotras no se metía nadie.

Luego, en aquellos tiempos, aunque nos tratábamos con mucha confianza y cariño, había unas reglas que respetábamos siempre... Cuando murió la abuela, la reina doña María Cristina, madre de papá, éste nos impuso un luto que hoy no es imaginable. No salíamos a ningún sitio, y de negro de pies a cabeza, suprimidos hasta los conciertos que nos gustaban tanto. La única distracción era salir a pasear al Campo del Moro y yo, que siempre he tenido mucha energía, tenía que desfogarme de algún modo. Corría y saltaba todas las matas que veía. Está claro que no llevaba la ropa interior negra, y un día papá se enfadó muchísimo. Le dijo a mamá: «Ena, ¿cómo no llevan el luto estas niñas? ¿Cómo no les has puesto los "dessous" negros?» Y mamá le contestó: «¡Alfonso, por Dios, no exageremos!» Durante seis meses en aquel lejano 1929, fuimos todos como tinteros.

Cedemos ahora la palabra —sobran comentarios— a don Juan:

> Durante el tiempo de la Monarquía el régimen en palacio era muy estricto. Las muchas ocupaciones de mi padre hacían que nuestras

relaciones fuesen someras. No es que no nos quisiéramos. Pero no teníamos tiempo para la intimidad. Teníamos profesores militares y un cura. A las siete y media de la mañana ya estábamos en misa. Luego venían las clases hasta la una, con sólo una interrupción a las diez y media, de quince minutos, para ver a los Reyes. Y las tardes eran bastante parecidas aunque, claro está, teníamos también ratos de recreo.

Al igual que a sus dos hermanos mayores, se había asignado al infante don Juan, poco después de cumplir los diez años, un profesorado especial, que, en su caso, y bajo la supervisión de su preceptor, el conde del Grove, estaba compuesto por un capellán, el padre Ángel Urriza; un militar, el entonces teniente coronel de Ingenieros don Juan Vigón; un ayudante, el comandante de Estado Mayor don Roberto Gómez de Salazar, y tres profesores de idiomas: inglés, francés y alemán.

En aquel tiempo, por orden de Alfonso XIII, la formación militar privaba sobre cualquier otra materia en la educación de sus hijos (lo que resultaba delirante si tenemos en cuenta el estado físico del heredero y de don Jaime). A Juan y Gonzalo, sin embargo, como «infantes menores», les fue concedida autorización para que, durante el curso académico 1923-1924, pudieran iniciar sus estudios de bachillerato, compaginándolos con la preparación para la milicia. «Como era el primer miembro de la familia —contó don Juan— que iba a poder prepararme para una carrera civil, no os podéis hacer idea de la sensación tan tremenda de responsabilidad, para dejar bien a la familia, que experimenté a la salida de palacio para examinarme por primera vez delante del público. Y lo mismo le sucedía a Gonzalo.»

A los quince años, don Juan había concluido el bachillerato, en la rama de ciencias, dirigido por profesores particulares en el regio alcázar, obteniendo la máxima clasificación en el madrileño Instituto de San Isidro, donde se trasladaba con su hermano Gonzalo a fin de curso, para efectuar sus exámenes en público.

Pero estaba de Dios que, por el momento, su formación civil quedara aparcada.

> En principio —continúa el conde de Barcelona—, yo estaba destinado a ser militar de Ingenieros. Pero el contacto con los barcos, el ambiente marinero de Santander y San Sebastián, donde pasábamos parte del verano, hicieron nacer en mí la vocación por las cosas de la mar. Se lo dije al Rey, y me aconsejó que me lo pensara dos veces. No porque no le gustase mi inclinación por el botón de ancla,

todo lo contrario, sino porque había que desmontar el viejo proyecto de Ingenieros. Cuando le insistí, accedió gustoso. Y en 1930, después de terminar el bachillerato, entré en la Escuela Naval de San Fernando, cuando sólo tenía dieciséis años.

De este modo, al proclamarse en abril de 1931 la República, el infante don Juan se hallaba apartado de su familia. Hacía poco que había jurado bandera, ante su padre.

Aquello se mascaba; estaba en el aire —explicó don Juan—, pero, en fin, uno siempre piensa que los males no van a llegar tan pronto como vienen. Y vinieron. Estábamos en clase de gimnasia cuando me comunicaron lo que había sucedido en Madrid. Entendí que mi deber no podía ser otro que seguir el destino de mi familia, y así se lo comuniqué al director. Me desembarcaron en Gibraltar, donde el gobernador británico me acogió como huésped. Menos mal, porque yo no llevaba más que el dinerillo de estudiante que en aquel momento tenía encima. Y de ropa, lo puesto; es decir, el uniforme de guardiamarina. No tuve otra hasta que me compré un pantalón gris y un «blazer» con los que llegué a Fontainebleau, donde me reuní con el resto de la familia. Allí, poco después, se decidió mi destino, en cuanto a terminar la carrera que ya no podía seguir en mi propio país. Pero ya había jurado bandera y siempre me consideré un marino español. El Rey Jorge V de Inglaterra, después de acabar mis estudios y hacer las prácticas, me concedió la graduación de teniente de Navío.

En sus singladuras, como alumno en prácticas, Juan recorre mares exóticos. Visita Birmania, Malasia, Indochina, Thailandia. En la primavera de 1933 se encuentra con su padre, Alfonso XIII, de visita turística en la India. El infante, provisto del debido permiso, se reúne con él y asiste a una cacería de tigres que les ofrece un maharajá. El antiguo rey de España conoce ya la pasión volcánica de su primogénito por Edelmira Sampedro. Juan se percata de que su padre ha decidido que sea él príncipe de Asturias. «No me dijo nada concreto, pero comprendí que ésa era su voluntad y que su decisión estaba tomada. Debo decir que no me lo esperaba.»

Se reintegra el infante a su puesto y prosigue sus viajes de instrucción. A fines de junio de 1933 se halla en Bombay, donde recibe un telegrama de su padre: «Por renuncia de tus dos hermanos mayores, quedas tú como mi heredero. Cuento contigo para que cumplas con tu deber.» Anson recoge el momento con una visión muy cercana a lo que verdaderamente debió de pasar por la cabeza del infante: «Se quedó perplejo.»

El infante sabe que aquellas nuevas responsabilidades suponen abandonar su gran vocación: la Marina. «Momento para mí muy grave —escribió el propio don Juan en el texto de una conferencia titulada "Mi vida marinera"—. Dudé durante ocho días. Por fin, por sentido del deber y de disciplina, acepté.»

Tenía veinte años y era el nuevo príncipe de Asturias.

Gonzalo: El infante malogrado

«Mi heredero carece de experiencia. No tiene formación política alguna, pero es un muchacho de buen criterio», confía Alfonso XIII a su amigo Ramón de Franch. El nuevo príncipe de Asturias, de regreso a Europa, recibe meses después en París a los cabecillas monárquicos Calvo Sotelo, Goicoechea, Sainz Rodríguez, Luca de Tena y Yanguas Messía. Les anuncia que tiene la intención de, tras finalizar la carrera de marino, cambiar rápidamente su formación, pasando a ocupar un lugar preferente en ella el derecho y las ciencias políticas, que cursará en la Universidad de Florencia finalmente durante tres meses.

Aquel verano, Juan sufrió el primer gran dolor de su vida.

Apenas pisaron los reyes tierras de exilio, enviaron al infante don Gonzalo, el menor de la familia, a la Universidad de Lovaina, para que continuara allí sus estudios de ingeniero, iniciados en España. En vacaciones se presentó Gonzalo con dieciséis sobresalientes. Tanto amor por la ciencia, bromeaban sus hermanos, no se había visto en la Casa Real por lo menos desde tiempos de Alfonso X el Sabio. Y el infante sonreía, contento, aunque la conciencia de su enfermedad se proyectaba sobre él siempre como una sombra.

En agosto de 1934, la Familia Real —a excepción de doña Victoria y el conde de Covadonga, enemistados, como hemos visto, con el rey— pasaban sus vacaciones junto al lago Pörtschach, en la Carintia austriaca. El 12 de agosto, la infanta Beatriz y don Gonzalo daban un paseo en automóvil, cuando, en una curva, por evitar el atropello de un ciclista, la infanta, que conducía, tuvo que hacer un rápido viraje, yendo a chocar el auto contra un mojón de la carretera. La parte delantera del vehículo se hizo polvo, pero tanto los hermanos como el ciclista resultaron ilesos.

Aparentemente. Porque horas después el infante estaba muerto.

«Era muy inteligente y supo que se moría cuando sufrió aquel accidente de nada —contó don Juan—; Beatriz iba con él y no sufrió ni un rasguño. Gonzalo tampoco. La contracción provocó un derrame interior. Enseguida se dio cuenta de la gravedad de su estado. Falleció a las seis horas, charlando con nosotros después de confesar y comulgar, consciente de que nos dejaba. La hemofilia es así.»

La reina llegó desde Londres y el cadáver de aquel infante de España de diecinueve años de edad, bueno y tranquilo, fue sepultado en el pequeño cementerio de una localidad austriaca a la espera de su eventual traslado a El Escorial.

Beatriz y Cristina: Las estigmatizadas

Durante muchos días, la infanta Beatriz, que conducía el coche donde perdió la vida su hermano, se sintió responsable de su muerte, sumiéndose en una crisis neurótica que preocupó a su padre, quien decidió adelantar la fecha de su boda, concertada con un rico aristócrata romano llamado Alessandro Torlonia.

Al convertirse en exiliadas, las dos hijas de Alfonso XIII se convirtieron también en dos chicas aún más difíciles de casar.

Una morena —Beatriz— y otra rubia —María Cristina—, habían pasado de puntillas por el reinado de su padre. Según el doctor Jürgen Thorwald, especialista en hematología, la amenaza de la hemofilia había turbado la existencia de las dos muchachas.[77] Dice que Alfonso XIII impuso al principio a sus hijas la estricta prohibición de contraer matrimonio, motivada por el temor de que pudiera propagarse la dolencia de su progenie: una idea que obsesionaba —¡a buenas horas!— al monarca.

La infanta Cristina conviene, en efecto, en sus memorias:

> Debo decir que en aquellos tiempos yo era bastante mona y no me faltaron pretendientes; pero siempre había un momento en que me preguntaban por la hemofilia... A mí me parecía una falta de todo y me los quitaba de encima.

Sin embargo, parecía lógico que los príncipes reales europeos no estuvieran dispuestos a jugarse el porvenir de sus respectivas familias, importando el mal de la Casa de España.

---

77. *Sangre de reyes*, 1976. Véase también *Blood Royal*, 1964, de Gerald Hamilton y *Queen Victoria's gene*, 1995, de D. M. Potts.

Ya en el exilio, el problema se agudizó, como era lógico: Beatriz y María Cristina eran los peores partidos de la realeza. La segunda quita hierro ahora explicando que «en 1935, cuando la reina Astrid se mató en accidente, pensaron que podría casarme con su viudo, el rey Leopoldo III de Bélgica. Pero, ¡ni hablar!, yo no quería casarme con un viudo con tres hijos, aunque fuese muy guapo y muy simpático el pobre». (Se trata, naturalmente, de la afirmación tardía de una mujer coqueta, pues cinco años después se casaría con otro viudo también con tres hijos, aristócrata del dinero, ya que no de la sangre. Por otra parte, cuando quedó viudo el rey Leopoldo tenía ya dos varones —Balduino I y Alberto II— y una hija de la reina Astrid y podía permitirse el lujo de, consolidada su descendencia, casarse con la estigmatizada.)

Lo cierto es que ni siquiera los príncipes Álvaro y Ataúlfo de Orleáns, bisnietos de Isabel II y primos, por tanto, de Beatriz y Cristina —que estaban muy enamoradas de ellos— recibieron el visto bueno para tomarlas por esposas.

Otro gran amor juvenil de Beatriz había sido Miguel Primo de Rivera, hijo del dictador y hermano de José Antonio, el futuro fundador de Falange Española, según ella misma ha confirmado. Paseaban juntos a caballo por los pinares alrededor del Puente de los Franceses y el correspondido galán no perdía el tiempo. Pero cuando el general se enteró de aquel idilio, comprendió que no era factible ni conveniente y envió a su hijo a América, poniendo tierra —en este caso agua— de por medio.

Puesto que no deseaba consagrar su virginidad al Altísimo, aceptó Beatriz en comprometerse con el bello Alessandro Torlonia, opulento banquero descendiente de un chamarilero francés que en 1750 empezó a hacer fortuna con objetos usados. Consiguió luego, con argucias y trapicheos sin cuento, fundar una floreciente casa de tráfico y banca, a la que confió un pontífice los caudales de la Santa Sede y su progenie recibiría títulos romanos tan huecos como el de Príncipe de Civitella-Cesi, que en 1935 portaba el novio de la infanta.[78]

Casó doña Beatriz con su mocetón atlético y de aquel matrimonio proviene hoy el llamado conde Lequio, tan conocido en España

---

78. A los lectores que deseen seguir las peripecias de tan «rancia» familia, les recomiendo el libro *Qui t'a fait prince?*, de Jean Anglade, publicado en París en 1992.

por su protagonismo en las revistas del colorín. Menos mal, pues, que antes de la bendición, la desposada hizo expresa renuncia a sus derechos, como sus hermanos Alfonso y Jaime; renuncia que quedó plasmada en sus capitulaciones matrimoniales.

Doña María Cristina, en cambio, eligió a un tipo mucho menos estirado, Enrico Marone, alias *el rey del vermú*, mayor que ella, viudo y con tres hijos (como el rey belga), y cuya fortuna le aseguraba —como Torlonia a Beatriz— una lujosa y regalada existencia. Claro que el título de «rey del aperitivo» (en este caso, el Cinzano), aún no había sido por aquellas fechas admitido en el *Gotha*, lo que preocupó a la dichosa novia que, ni corta ni perezosa, se dirigió resueltamente a la reina de Italia para que le echase una mano. Ella misma lo cuenta:

> Cuando Enrico se me declaró, yo recordé que la reina Elena, tan cariñosa siempre con todos nosotros, me había dicho: «Si alguna vez puedo hacer algo por ti, ven a verme.» Así que fui. Me recibió enseguida y le dije: «Tengo un problema. Enrico Marone me ha pedido casarme con él. A mí me gusta mucho y quisiera decirle que sí, pero no sé cómo presentar el asunto a mis padres. Es incómodo casarme con un señor Marone: yo seguiré siendo infanta y él seguirá siendo un señor particular...» Y la reina, que era encantadora, me respondió: «Nada más fácil de resolver. Marone es una persona muy trabajadora y se le puede dar un título: duque, marqués, lo que te parezca.» Pero yo le dije: «¡No, por Dios! Con conde es bastante...» «Pues muy bien —contestó la reina—: puedes decir a tus padres que te casas con el conde Marone, porque si se manda el decreto enseguida, en un mes ya lo será.»

Alfonso XIII al enterarse de la decisión de su hija, que ya frisaba la treintena, comentó con sorna: «¿El que hace el Cinzano? ¡Hombre, menos mal! Por lo menos no tendré que alimentarle...» Luego se puso serio: «Mira, gorda —le dijo a doña María Cristina—, yo, a esta boda, no voy a invitar a nadie. Comunicaré el enlace, pero ya dándolo como celebrado.» Y volvió a sonreír: «Lo único que te pido es que no tengas un niño antes de los nueve meses, porque entonces dirán que te tuviste que casar.»

La infanta se casó, como su hermana Beatriz, en Roma, pero sin ringorrango, ni monárquicos españoles a su vera. A la boda asistieron diecinueve personas.

Beatriz de Borbón y Battenberg fue, al parecer, una esposa bastante desgraciada, aunque digna y resignada. Viuda, habita en Roma, en el magnífico palacio Torlonia de via Bocca di Leone. Desde hace veinte años se dice de salud precaria, pero probablemente sobrevivirá a todos los miembros de su generación. Tuvo dos hijas y dos hijos. La infanta pudo trasmitir la hemofilia a uno de sus nietos, muerto a la edad de cinco años, según expone el doctor Potts en la obra citada.

María Cristina de Borbón y Battenberg, consorte dichosa, y hoy también viuda, vive en Turín, con ocasionales visitas a Madrid, donde residen las cuatro guapísimas hijas que tuvo del afortunado Marone.

La importancia de ambas infantas para la dinastía española cesó.

Juan y María: Boda real

El noviazgo de don Juan, el nuevo príncipe de Asturias, preocupó seriamente a Alfonso XIII y sus seguidores.

Ante don Juan, príncipe a la postre exiliado, no se abría un abanico demasiado extenso de posibilidades. Entre la reina Elena de Italia —que ya hemos visto era muy casamentera— y Alfonso XIII urdieron una conspiración para casar al heredero español con la princesa María de Saboya, la menor de las hijas de Víctor Manuel III.

El antiguo rey de España apoyaba calurosamente aquella candidatura. La joven era católica, agradable e hija de soberano reinante. Además, aportaría una buena dote.

¿Por qué no se realizó aquel matrimonio preparado con minuciosidad?

Muchos años después don Juan contó a Pedro Sainz Rodríguez, su confidente:

—Papá me dijo que hiciera lo posible porque me gustara, que le parecía bien. Lo que ocurrió es que ella no me hizo mucho caso, ni yo a ella tampoco. Y como no nos gustábamos, ella se fue por su lado y yo por el mío.[79]

Pura vanidad del conde de Barcelona, sospecho.

Porque su esposa, doña María de las Mercedes, confesó francamente en la revista *Hola* el 4 de junio de 1987:

—Lo cierto es que María de Saboya, la hija de los reyes de Italia, le dio a Juan calabazas.

Quedaban las chicas Dos Sicilias. Y Alfonso XIII señaló el camino: «Escoge», sopló a la oreja del príncipe.

«Las Dos Sicilias» eran las tres hijas del infante don Carlos de

---

79. Pedro Sainz Rodríguez, *ibíd.*

Borbón, un príncipe napolitano casado en primeras nupcias con la hermana mayor de Alfonso XIII que, al enviudar, contrajo nuevo matrimonio con la princesa Luisa de Orleáns y fueron padres de un varón, Carlos (caído en nuestra guerra civil combatiendo en el bando nacional) y tres princesas: Dolores, María de las Mercedes —conocida escuetamente como María— y Esperanza. Las tres suplían caudales por juicio, y estaban, además, muy bien educadas. La mayor, Dolores, era, quizá, la menos agraciada; la segunda, María, tenía porte y unos preciosos ojos azules, aunque estaba algo gruesa; la tercera, Esperanza, era simpatiquísima y un bellezón.

De entrada, Juan pareció inclinarse por la menor, que era lo natural. Inmediatamente la muchacha fue sometida a una serie de análisis y observaciones médicas que pusieron en duda su fertilidad. Me lo contó, ante un testigo, que aún vive, la propia doña Esperanza, casada hoy felizmente con don Pedro de Orleáns Braganza, pretendiente al trono de Brasil y que, pese a los augurios de la medicina, ha tenido seis hijos, dos más que su hermana María, por la que al final tuvo entonces que decidirse don Juan de Borbón.

La futura condesa de Barcelona, en una entrevista que le hizo en *Semana* su sobrina Tesa de Baviera en 1984, explicó detalles de aquella boda sonada.

Doña María nació en el palacio que sus padres tenían en el madrileño paseo de la Castellana, 3 (que todavía existe y es una dependencia ministerial), junto a la plaza de Colón, pero se crió en Sevilla, donde su padre ejercía las funciones de capitán general.

«De pequeña era malísima —confesó a Tesa— y me llamaban "Doña María *la Brava*". Fue mi tío el rey Alfonso XIII quien me bautizó así. A mí me hacía gracia y, además, era verdad.»

Aunque fuese una pariente tan allegada a la Familia Real, manifestó doña María que, de jovencita, con quien se había divertido mucho era con Alfonso, Jaime, Beatriz y María Cristina —que eran como hermanos—. «Jugábamos jueves y domingos en el Campo del Moro, los jardines de palacio.» A Juan —dijo otra vez— le había tratado poco «porque era de los pequeños» (María tenía en efecto casi tres años más que él). Después del exilio, que el infante don Carlos de Borbón-Dos Sicilias y su familia dejaron transcurrir en París, María volvió a encontrar a Juan en un baile previo al enlace de la infanta Beatriz con Alessandro Torlonia en Roma, y fue entonces cuando el príncipe de Asturias la empezó a requebrar.

En los años cuarenta se publicó un folleto, de propaganda monárquica titulado *El Rey*, en el que don Juan ofrecía también su versión:

> Me decidí el día del baile por la boda de Beatriz. Me gustó, me enamoré de María y ya cuando, a los pocos días, la acompañé al tren, pues ella regresaba a Francia, le pedí autorización para escribirle. En nuestras conversaciones nos habíamos entendido muy bien y teníamos infinidad de ideas y de gustos comunes.
>
> A las primeras cartas, la cosa se puso en marcha. Pensé que, habiendo acertado en la elección, tenía que apresurar el noviazgo. Empezando por mi padre, todos me decían que debía casarme pronto para sucederle dignamente algún día.
>
> Volví a ver a mi novia en París. Entonces se prepararon los detalles de la boda. En Florencia, donde intensificaba mi formación de hombre civil, me había hecho muy amigo del cardenal, que fue quien nos casó, el día de la Virgen del Pilar, 12 de octubre de 1935.»

Entre la boda de doña Beatriz —en enero de 1935—, donde según estas manifestaciones de los novios volvieron a tratarse, y su enlace, en octubre, transcurrieron únicamente nueve meses.

El enlace del príncipe de Asturias con una princesa real desbordó el alborozo de los monárquicos, que acudieron a Roma en alto número. *ABC* organizó viajes para asistir a la boda. Vistos hoy día, los anuncios resultan curiosísimos: como el horno republicano no estaba para bollos, se decía que el periódico, en colaboración con la agencia de viajes Wagons-Lits Cook, invitaba a acudir a la Ciudad Eterna «para asistir a la ceremonia que allí se celebrará el día 12 de octubre, fiesta de la Raza española y día de la Virgen del Pilar». Sin más. El viaje más caro —ferrocarril de primera clase y hoteles de lujo— costaba 990 pesetas. El más barato —ferrocarril de tercera clase y hoteles de segunda— suponía 370 pesetas.

La invitación oficial rezaba:

> El jefe de la Casa de S. M. el Rey Don Alfonso XIII tiene el honor de invitar en su real nombre a
>
> ....
>
> a asistir al casamiento de su augusto hijo, S.A.R. el Serenísimo Señor Don Juan Carlos de Borbón, Príncipe de Asturias, con S.A.R. la Princesa Doña María de las Mercedes de Borbón, que tendrá lugar en Roma, en la iglesia de Santa María de los Ángeles, a las 11 del día 12 de octubre de 1935.

Cabe observar —nadie se extrañe— que el heredero era denominado «Juan Carlos», pues tal era en realidad su nombre de bautismo, al igual que luego lo fue el de su primer hijo varón. En España, durante la Monarquía, no se le llamó nunca así, pero en aquel momento la política aconsejaba incluir el «Carlos», que podía halagar a los carlistas, la rama enfrentada a la Casa antaño reinante.

Muchos de los monárquicos llegados a Roma consideraban que el papel de Alfonso XIII en la historia había terminado y el rey había de dejar expedito el camino, imponiéndose la abdicación de sus derechos en su hijo don Juan.

El monarca no quería oír hablar de la cuestión. A José María Carretero, *el Caballero Audaz*, el primer periodista que entrevistó al infante en su calidad de príncipe de Asturias, Alfonso XIII le recomendó que hiciera hincapié en la cuestión.

Carretero, no de muy buena gana, pues era partidario de la solución «pro Juan», cumplió su cometido. Con su peculiar estilo que ya conocemos, consignó:

> Le digo al príncipe:
> —La obra de restauración, de resurrección del sentimiento y la veneración de las glorias nacionales es ahora en España más necesaria que nunca. ¡Quién sabe si el destino pondrá algún día a Vuestra Alteza en situación de realizarla!
> Don Juan hace un gesto de sincera extrañeza:
> —No —dice—, a mí no; porque ésa sólo puede ser la obra de un rey de España.
> —Acaso —replicó— ¿no puede serlo algún día próximo Vuestra Alteza?
> Interrumpe don Juan, rápido:
> —¿Próximo? ¡No lo permita Dios! ¡Él dé una vida muy larga y muy dichosa al Rey don Alfonso XIII, mi padre!
> —Pero —vacilo, no arriesgándome a afrontar a fondo el tema capital de mi interviú— nadie piensa, ni mucho menos desea, otra cosa sino que Alfonso XIII viva muchos años. Sin embargo, Vuestra Alteza seguramente no ignora que en España hay quien cree que, aun existiendo Alfonso XIII, pudiera ocupar su trono don Juan III.
> Sinceramente, con gesto y voz de profunda y resuelta convicción, el príncipe asegura:
> —Ni pensarlo. Mientras él viva y quiera, no habrá más Rey de España que Alfonso XIII... Pensar otra cosa sería una insensatez indigna. Yo estoy absolutamente de acuerdo con los pensamientos del Rey.

—Pero —insinúo— pudieran ocurrir tales cosas que cambiaran el rumbo de esas ideas. Si, por ejemplo, un día supiera Vuestra Alteza que España le reclamaba, que de su persona dependía la salvación de la Patria...

Con ademán severo don Juan afirma:

—Mire usted, el mayor anhelo de mi vida es volver a respirar el aire de España; pero si el pisar de nuevo su suelo hubiera de ser a costa de tal pretensión, yo renunciaría para siempre a tal cosa.

—¿Y qué razones, aparte la sentimental, podría oponer Vuestra Alteza a la voz del pueblo?

—Una sola, evidente, indiscutible: que el Rey está antes que yo y debe ser, mientras viva y quiera, el único Rey de España.[80]

—¿Es ésa una resolución firme de Vuestra Alteza?

Me mira fijamente, lealmente —algo sorprendido ante mi insistencia—, y con la voz grave y el decir lento, despacioso como para incrustar en mi retentiva sus palabras, ratifica:

—Es mi actitud definitiva. Diga usted a mis amigos de España que agradezco mucho el que hayan pensado en mi nombre; pero que nunca, ¡nunca!, lo aceptaré mientras exista o no me ordene otra cosa el Rey mi padre.[81]

Corazón que no ve, oídos sordos. En Madrid, el llamado Bloque Nacional hacía propaganda del príncipe con fotos y aun citas evangélicas como aquélla, famosa: «Hubo un hombre enviado de Dios cuyo nombre era Juan», lo que sacaba de quicio a Alfonso XIII.

La infanta Eulalia, vieja reliquia de otros tiempos, con fama —bien ganada— de entrometida, logró soliviantar a su sobrino Alfonso XIII haciéndole creer que todos cuantos habían acudido a la boda del príncipe de Asturias deseaban su abdicación. El rey agarró una pataleta tremenda y lanzó una filípica tan dura a varios miembros del grupo juanista, acusándoles de deslealtad, que uno de ellos, Yanguas Messía, se desmayó.

---

80. Educado en estos principios de absoluta lealtad y obediencia a su padre, no resulta extraño que a don Juan se le hiciera más tarde tan penoso el comportamiento radicalmente opuesto de su hijo.

81. Compárese esta afirmación con la que el hijo de don Juan, el príncipe don Juan Carlos, efectuaría, treinta años después, en enero de 1966, a la revista norteamericana *Time*, casi un calco de las palabras paternas: «No aceptaré jamás, jamás la Corona mientras mi padre esté vivo»... Tres años después, sin embargo, Juan Carlos juraba como sucesor de Franco.

La víspera de su boda, Juan redactó su primer texto político. El grupo denominado Acción Española, defensor de la doctrina tradicional, invitó al príncipe de Asturias a que presidiera una comida en su homenaje, a fin de que diera público testimonio de su adhesión a la doctrina que propugnaban. Juan tenía fiebre y excusó su asistencia, aunque envió su primera manifestación política firmada. Según Luis María Anson, que habló directamente del tema con don Juan, su carta «demuestra ya una notable habilidad en el manejo de la ambigüedad, para no dar a nadie hospedaje definitivo en su pensamiento y en su acción».
Juzgue cada cual:

> Queridos amigos:
> Retenido en mis habitaciones —más que por un leve e inoportuno enfriamiento, por la exagerada prescripción a que da pretexto—, no puedo asistir a vuestra reunión. De cuán viva y honda es mi contrariedad no podríais juzgar, ni aún estimándola por la vuestra, y al deciros ésto pienso no pueda encarecerla mejor. Porque yo tengo hacia Acción Española especiales y personales deudas de gratitud, y era el momento de reconocerlas. Cuando cruzaba los mares del mundo, en las horas que mis deberes militares me dejaban libres, la lectura de vuestra revista y de vuestros libros me traían el aliento de la Patria lejana, de la España hoy dolorida y quebrantada; pero, sobre todo, el aliento y la visión de aquella otra España, que inspira vuestra obra, y surge cada vez con mayor vigor en vuestras páginas. En ellas he hallado siempre un noble estímulo, y hasta he creído hallar un tácito mensaje de afectos: Maeztu, Calvo Sotelo, Pemán, Pradera, Sainz Rodríguez, Javier Reina, Goicoechea, Solana, Ribera, Lozoya, Villada, Giménez Caballero, Montes, y cuantos habéis puesto lo mejor de vuestras actividades bajo el signo de la Cruz de Santiago, y habéis mostrado cómo la sagrada tradición de España se coordina con las más modernas doctrinas; por cuanto habéis contribuido a mi formación intelectual y moral, aceptad mi reconocimiento, llevad mi saludo afectuoso a todos los asociados a nuestra Cruzada, y aseguradles que en el amor a España, en el culto de sus tradiciones, en ideas y sentimientos, se halla siempre entre vosotros,
>
> JUAN.
> 11-10-35

Quedaron los del grupo satisfechos, aunque no faltó quien creyera que la real ausencia respondía a cálculo oportunista. El día anterior, en efecto, a las cuatro de la tarde, había tenido lugar una recepción en el Grand Hotel para presentar a doña María a los españoles. Los novios —él tan campante— recibieron a cuantos acudieron a saludarles, flanqueados por Alfonso XIII y los infantes don Carlos y doña Luisa, padres de María de las Mercedes. La reina Victoria Eugenia, como sucediera en las bodas de Jaime y Beatriz, brilló por su ausencia.

El día de la boda amaneció radiante. Un cordón de carabineros engalanados —deferencia de los reyes de Italia— montaba guardia a la puerta de la iglesia de Santa María de los Ángeles. El académico Eugenio Montes narró los pormenores del acto:

> Avanza el cortejo. La esposa, del brazo de don Alfonso. A Zurbarán le hubiera gustado esa elegante armonía de matices: sobre vestido blanco y plata de la novia, la flor de un ramo de naranjos, traídos en avión desde Sevilla. Y el oro viejo del Toisón, al cuello del padrino, la más preciada condecoración. Luego el esposo, en toda su apostura juvenil, del brazo de la madrina, doña Luisa.»[82]

Ofició el acto religioso el cardenal florentino Dalla Costa, legado pontificio, auxiliado por clérigos españoles. Celebrada la misa, pronunció las frases de ritual:

—Serenísimo Señor don Juan de Borbón, príncipe de Asturias: ¿Quiere a Su Alteza Real la princesa doña María de las Mercedes de Borbón por esposa y legítima mujer, por palabras de presente, como lo manda la Santa, Católica y Apostólica Iglesia Romana...?

Los primeros días de casados los pasaron Juan y María en Tívoli y después se dirigieron a Cannes, para saludar a la octogenaria abuela de la novia, la condesa de Caserta, reina titular de las Dos Sicilias, que por su avanzada edad no había podido desplazarse a Roma. Seguidamente emprendieron un viaje de novios alrededor del mundo que los llevó de Cherburgo a Nueva York, Miami, Toronto, Hollywood, Vancouver, Honolulú, Japón, China, Corea, Manchuria, Thailandia, Malasia, India, Ceilán, Java y Egipto. Seis meses de luna de miel.

—El viaje —explicó don Juan— no debía ser simplemente turístico. Mi padre, particularmente, era el que más interés tenía en darle un sentido que contribuyese a mi formación.

---

82. Ramón M. de la Riva, *Bodas reales*, 1935.

Doña María fue más prosaica:
—Dimos la vuelta al mundo ya que el rey Alfonso XIII nos dijo que convenía hacer ese viaje aprovechando el de novios, porque en la vida nunca se sabe lo que puede pasar luego...

Don Juan y el alzamiento militar

María estaba ya embarazada, a punto de dar a luz, cuando estalló la guerra civil española, el 18 de julio de 1936, nueve meses después de la boda.

Juan llegó a una conclusión que, al paso del tiempo, sería muy debatida: ir a España. Su intención era pasar al frente de Somosierra. El 30 de julio la princesa de Asturias dio a luz una niña, la infanta Pilar. Al día siguiente, a las ocho de la mañana su marido partió para el norte de España, acompañado por un puñado de amigos. Cruzó la frontera por Dancharinea. Y las autoridades del bando nacional, descubierta su identidad en Aranda de Duero, le ordenaron que repasara la raya.

En 1961, el periodista José Luis Castillo-Puche, formuló unas preguntas directas a don Juan sobre aquellos críticos momentos.

—¿Cómo reaccionó su padre al enterarse del levantamiento militar y de los nombres de los hombres que lo dirigían?
—Nunca creyó que iba a ser una guerra tan larga y tan sangrienta. Más bien pensó en el triunfo rápido del alzamiento, que desde luego juzgaba necesario dada la situación caótica de España.
—¿Cuál fue la reacción de Alfonso XIII al enterarse de que Vuestra Alteza había venido a España a luchar al lado de las tropas nacionales?
—Entré en España con su permiso explícito obtenido por teléfono, y me encargó me acordase de él al cruzar la frontera.
—Personalmente, Vuestra Alteza, en aquella ocasión, creía actuar como un español más o pensaba que ésta era la obligación, también de un futuro rey de España.
—Cuando yo intenté luchar en el frente, vivía el Rey Alfonso XIII. Creo que en aquella guerra ningún español sincero, y mucho menos de mi edad, podía mostrarse neutral. Las razones de prudencia y de conveniencia política no parece natural, ni creo sería simpático, que predominasen en el ánimo de un mozo de veintitrés años.[83]

---

83. José Luis Catillo-Puche, *Diario íntimo de Alfonso XIII*, 1961.

Diecisiete años más tarde, en 1978, reinando ya su hijo Juan Carlos, y efectuada su renuncia dinástica, el conde de Barcelona ahondó en el tema con otro excelente periodista, José Salas Guirior:

—¿Veía venir la guerra?
—Vamos por partes. Yo no preparé el movimiento del 18 de julio. Sabía lo que estaba pasando en la España republicana del Frente Popular por las noticias de todos los periódicos del mundo, y hasta en Singapur me llegaron algunos ecos de aquel clima crispado que llegaría a su nivel máximo con el asesinato de Calvo Sotelo. Cuando supe su muerte, me dije: «Ahora se arma. Esto no va a haber quien lo pare.» Tan convencido estaba, que enseguida empecé a prepararme un pasaporte falso con el nombre de Juan López para entrar en España, ya que con el mío no hubiera podido. Y yo quería estar allí. Y correr la suerte de los muchachos de mi generación...

Tres meses después cuando de nuevo intentó Juan servir en el crucero *Baleares*, Franco le contestó con una carta muy hábil en la que argumentaba la negativa a su participación en la contienda pues «el lugar que ocupáis en el orden dinástico, y las obligaciones que de él se derivan, imponen de todos, y exigen de vuestra parte, sacrificar anhelos tan patrióticos, como nobles y sentidos, al propio interés de la Patria».

Continúa Salas Guirior:

—Señor, ha dicho muchas veces que intentó ser un rey pacificador, para todos los españoles. Y así lo confirmó después al establecer contacto con los diversos grupos de la política española, incluyendo a las izquierdas en el exilio. Pero al estallar la guerra tomó partido claramente por uno de los bandos. ¿No hay en ello una cierta contradicción?
—Ninguna en absoluto. Una cosa es, como le he dicho, que yo no organizara el alzamiento, y otra muy distinta el que no lo entendiera. La sublevación no se hizo contra la República. Se llevó a cabo contra el caos. Y aquello era el caos. El Rey y todos nosotros nos fuimos porque Alfonso XIII creyó interpretar la voluntad popular. Pero también por patriotismo; para ver si la República arreglaba las cosas... Y luego vimos que el caos se intensificaba en tales términos que ponía en peligro la integridad misma de España. Ante el panorama se produjo la sublevación de un sector importante del ejército, a la que se adhirieron los monárquicos, desesperados por lo que veían. Entre los que encabezaban la sublevación también había bastantes monárquicos. La opción estaba, por tanto, clara para noso-

tros, puesto que la sublevación se hacía persiguiendo un orden en el cual los monárquicos tenían algo que decir. Eso no significa que propugnáramos un régimen totalitario ni que dejáramos de darnos cuenta de que entre la enorme masa popular que siguió a esos generales había muchas tendencias que no tenían nada de monárquicas. ¿Acaso no hubo vivas a la República después del 18 de julio? ¿No hubo generales republicanos al lado de Franco? La Monarquía vio allí la posibilidad de establecer una solución viable. Yo creo que cumplí con mi deber.

Imposibilitado para actuar, Juan, con su mujer y su primogénita, Pilar, nacida horas antes de su salida hacia el frente, se instaló en Roma, junto a su padre.

Alfonso XIII albergaba la esperanza de que el generalísimo allanaría su regreso al trono. Juan también lo creyó, al principio: «En un primer momento —comentó después— yo pensé que en el ánimo de Franco estaba la restauración de la Monarquía y que ésta debía tener un carácter pacificador, o sea, para todos los españoles, vencedores y vencidos. Me pareció bien. Pero cuando después vine yo a decir lo mismo, hay que ver la que se armó y la campaña que organizaron contra mí.»

Pero nosotros no examinamos la figura política posterior del conde de Barcelona, sino al príncipe de Asturias, aquel joven que a los doce días de iniciada la guerra civil cruzó la frontera y, reconocido, tuvo que abandonar su intento por orden superior, mientras su cuñado, Carlos de Borbón, cayó, como otros Borbones, en el frente.

Al cumplirse el primer aniversario del movimiento, el diario monárquico *ABC* de Sevilla publicó un número extraordinario, encabezado con una entrevista de Juan Ignacio Luca de Tena, su propietario, con Franco, en la que éste, al referirse al ofrecimiento del príncipe para incorporarse a filas, se manifestaba en estos términos:

> Don Juan de Borbón, de cuyo talento, discreción y simpatía tengo el más alto concepto, ya intentó aproximarse al frente a primeros de agosto y hubo que rogarle que saliera de España por razones fácilmente comprensibles. Posteriormente me ha escrito alegando su carrera de marino, comenzada en España y terminada en Inglaterra. Solicitaba de mí un mando en un barco de guerra, acorde con su graduación, y se comprometía, para evitar posibles conflictos, a no de-

sembarcar nunca ni recibir a bordo ninguna visita. Pero yo no puedo acceder a sus deseos. Mi responsabilidad es muy grande y tengo el deber de no poner en peligro su vida, que algún día puede sernos preciosa.[84]

A Alfonso XIII no le debió gustar que en la importante entrevista de Luca de Tena con el jefe de los destinos de España no se hiciera mención de su persona para una posible restauración, centrándola en la figura de su hijo. Eugenio Vegas Latapié, en sus memorias, libro segundo, publica una carta de Franco a su antiguo rey, de fecha 4 de diciembre, redactada en términos muy duros para una persona que, como Alfonso XIII, oyera constantemente adulaciones a su alrededor. Extractamos algunos párrafos de la extensa misiva:

> A Don Alfonso XIII.
> Oportunamente recibí vuestra carta, reflejo del sentimiento que os causó la exteriorización por Luca de Tena de unas frases o palabras mías en relación con el futuro. Su contenido viene a demostrar la falta de información real en que os encontráis sobre la situación de España y que por el bien de ésta es conveniente os aclare...
> Nuestro movimiento se asienta sobre bases firmes económicas y sociales que labrarán la grandeza de España y el bien particular de los españoles. Es por lo tanto de tal amplitud la obra a realizar y tantas las batallas a librar que sería una locura el dificultar la empresa creando entre los españoles divisiones y recelos en los momentos en que es más necesaria la asistencia de todos para la gran lucha que la Patria exige.
> Esto justificará ante vuestros ojos que impongamos no se hable ni discuta sobre puntos y principios que por no ser comunes y poder dividir a los españoles constituiría el tolerarlo un delito de lesa Patria, aparte de que la reacción natural de los patriotas malograría la posibilidad, para el porvenir, de dar a nuestro Estado una continuidad histórica... Se comprenderá, por el tiempo que esta labor exige, que al hablar sobre el futuro se aludiese, por razones de lejanía y MOTIVOS DE DESGASTE, a quien llegado el caso habrá de encontrar más asistencias.
> Esto no puede encerrar la menor crítica ni molestia hacia vuestra persona, sería eso cerrar los ojos a las realidades: treinta años de reinado, seguido de la caída de un régimen, son bastante a gastar al más puro de los monarcas.

---

84. Citado en Ricardo de la Cierva, *Franco y don Juan. Los reyes sin corona*, 1993.

En realidad esta carta, descorazonadora para Alfonso XIII, aún preveía una posibilidad de futuro en el príncipe de Asturias.

Y tal debía de ser la inocente confianza de la Familia Real,[85] que el joven Juan envió a quien consideraba futuro restaurador de su trono esta carta, dada a conocer recientemente por la Fundación Francisco Franco, en la interesante serie de documentos inéditos que sobre el dictador español periódicamente edita. Fechada el 28 de diciembre de 1937 (es decir, a los pocos días de haber recibido Alfonso XIII la severa misiva de Franco), dice así:

> Mi respetado General:
> La prensa inglesa y francesa repetidamente viene ocupándose de la política futura de España y sacan a la luz pública mi nombre en relación con ella, como si yo sostuviera actividades de ese tipo. Como quiero que en modo alguno pueda V.E. tener duda sobre mi actuación, le pongo estas líneas para asegurarle que a ninguna persona, española o extranjera, he autorizado a expresar otras ideas que mi deseo de obedecer las órdenes de V.E., como el mejor medio de servir a España y que nunca he tolerado se hablase en mi presencia de otra cosa. Precisamente por creer que sirvo de la mejor manera posible a España siguiendo fielmente sus consejos, es por lo que, contra mi corazón, no he intentado nuevamente ir a tomar parte con mis compatriotas en la Cruzada de la que V.E. es el glorioso Caudillo.
> Deseándole el mismo acierto que hasta ahora ha tenido para llevar a su fin la campaña y con ello la pacificación de España, quedo suyo afmo.
>
> JUAN DE BORBÓN.

Hay que recordar que la guerra estaba en su apogeo. Aún no había terminado cuando, casi exactamente un año después, el 15 de diciembre de 1938, el gobierno de Franco derogó el acta de las Cortes republicanas por las que se había declarado al ex rey reo de alta traición, confiscándosele sus bienes privados. La Familia Real se veía rehabilitada oficialmente y esto daba pie a nuevas esperanzas.

Entre Franco y don Juan se habían cruzado varios telegramas congratulatorios. El príncipe de Asturias felicitó al caudillo por la

---

85. La tremenda infanta Eulalia dijo a un corresponsal del *Daily Express* londinense que el rey había entregado a Franco dos millones de libras esterlinas [*sic*] para la campaña. «Todos creíamos en Franco —confesó, compungida—; le dimos dinero hasta doler, incluso vendimos nuestras joyas.»

liberación de Bilbao, por la de Santander, por la de Asturias y por «redimir las queridas provincias catalanas». El último, dirigido al final de la contienda, en abril de 1939, decía:

> Generalísimo Francisco Franco. Uno mi voz nuevamente a la de tantos españoles para felicitar, entusiasta y emocionadamente, a Vuestra Excelencia por liberación capital de España. La sangre generosa derramada por su mejor juventud será prenda segura del glorioso porvenir de España, Una, Grande y Libre. ¡Arriba España!
>
> JUAN DE BORBÓN.

La respuesta de Franco al príncipe estaba concebida en los siguientes términos:

> Al recibir vuestro emocionado telegrama por la gran victoria nacional, me es grato recordar que entre esta juventud admirable, tan pródiga en el sacrificio, habéis intentado formar solicitándolo reiteradamente un puesto de soldado. Por ella será realidad la España Una, Grande y Libre que evocais. ¡Arriba España!
>
> GENERALÍSIMO FRANCO.

(Ambos telegramas obran en poder de la citada Fundación.)

Alfonso XIII, marcando pautas de comportamiento, obraba del mismo modo: gestionó ante el gobierno italiano el envío de armamento a Franco, aportó dinero de su peculio personal a la causa y en diversas ocasiones felicitó al caudillo por sus éxitos militares. El 9 de abril, ocho días después de proclamada la victoria nacionalista, ofreció, como remate, al caudillo la Cruz Laureada, máxima distinción militar española. Escribía el monarca: «Creyéndome, mi General, autorizado para ello por haber sido jefe nato de la Real y Militar Orden de San Fernando, permítame le exprese cuán dichoso me consideraría si, recogiendo el común sentir y justificado anhelo del glorioso Ejército de Tierra, Mar y Aire español y de todos los buenos compatriotas, viéramos sobre su pecho esa invicta y heroica condecoración jamás tan bien otorgada al caudillo que tan brillantemente salvó a España y la llevó a la victoria.»[86]

---

86. Reproducción facsímil en Francisco Franco Salgado-Araujo, *Mis conversaciones privadas con Franco*, 1976.

Otros dos acontecimientos deben consignarse: la petición a Alfonso XIII, por parte de varios importantes generales que componían la elite del nuevo estado español, de una pronta abdicación en el príncipe de Asturias, demanda a la que el interesado dio largas, y un intercambio epistolar muy desagradable entre don Juan y el príncipe Javier de Borbón Parma, que había sido nombrado regente de los carlistas a la muerte, sin hijos, del último pretendiente, en 1936.

Juan Carlos de Borbón y Borbón, primer hijo varón de los príncipes de Asturias, había nacido el 5 de enero de 1938 en Roma. Los monárquicos celebraron, en lo posible, la llegada del niño, a quien titulaban «infante de España», que según la tradición ortodoxa es el título que corresponde a los hijos del rey y del príncipe heredero. Los partidarios de la rama carlista, al ver que se consolidaba la familia rival por línea de varón, iniciaron una dura campaña donde se sacaba a relucir la ilegitimidad de los «Puigmoltejos», como llamaban a los descendientes de Isabel II. Su origen era puesto en solfa y Juan escribió al príncipe carlista: «Un sentimiento de propio respeto me veda entrar en el examen de las razones alegadas para negar la legitimidad de origen de mi rama.» Al contestar, Javier dejó en el aire el conflictivo tema: «¿Cómo te podría llegar, pasando por tus abuelos y transmitiéndotela tu padre, una legitimidad de origen que se perdió por haber combatido a los reyes legítimos?» Era salirse cautamente por los cerros de Úbeda...

Pero otro hecho importante atraía la atención de los monárquicos: para solemnizar la victoria, el soberano exiliado acudió a presidir un Te Deum en Roma, organizado por la embajada de España. A su lado se situaba, por primera vez en muchos años, la reina.

La reaparición de Victoria Eugenia

Victoria Eugenia se había mostrado sensible a las críticas que se le prodigaron con motivo de su inasistencia a las bodas de sus hijos Jaime, Beatriz y Juan.

El Caballero Audaz se sacó la espina de su repulida entrevista al príncipe de Asturias y utilizó la separación de los regios cónyuges para dar publicidad a la deseada entronización del hijo.

> El abismo abierto entre las dos personas que compartieron el trono de nuestra Patria —escribió en términos severísimos— se hace

imposible de allanar. Se ha entablado entre ellos un divorcio más profundo que el que pudieran fallar todos los tribunales. Se han separado ante el pueblo...

Y esa separación sancionada, dada por hecha ante la conciencia popular, imposibilita definitivamente la vuelta de don Alfonso al trono que compartió con doña Victoria.

He aquí la razón suprema, fundamental, para los partidarios de la nueva causa monárquica.

He aquí la clave de la cuestión que presenta a don Juan como la única, posible y positiva esperanza de una restauración viable. Porque nadie tiene autoridad moral bastante para medir y resolver ese pleito matrimonial, y porque un pueblo no puede estar pendiente de esas desavenencias conyugales, ni ahondar y enconar esos problemas íntimos. Lo mejor es soslayarlos, cubrirlos de olvido. Y la única solución es no inclinarse por ninguna de las partes litigantes, cada una armada de su razón; ni aceptar el *modus vivendi* de una reconciliación aparente que sería una farsa.

El hijo, don Juan, es la solución clara y justa. Vendría sin responsabilidad del pasado, limpio en su juventud de toda culpa, encendido en el optimismo unánime de la esperanza.

Obstinarse en perpetuar un pasado lleno de espectros, de reproches, de rivalidades y rencores es absurdo.

Victoria Eugenia intentó, pues, acercarse de nuevo a su marido. Pero él la rechazaba. Cuando coincidían en Suiza, o en Roma, en la boda de la infanta Cristina, en casa de alguno de sus hijos, almorzaban juntos, o acudían al cine, eso sí; luego se estrechaban la mano y se iban cada uno por su lado, hasta la siguiente ocasión.

En 1961, ocho años antes de morir, la reina publicó en Inglaterra sus memorias, que resulta extraño no ver siquiera mencionadas en la pormenorizada biografía de su más reciente biógrafo. He aquí algunos pasajes que permiten adentrarse en la psicología de aquella mujer que fue madre de tres príncipes de Asturias y ningún rey:

> Tras veinticinco años de reinado, durante el cual me había creado una segunda personalidad que vivía conmigo, que sonreía y permitía a la reina aparecer impasible en todas las ocasiones, me encontré a mí misma en el exilio.
> Cuando estaba en Madrid, me repetía cada mañana: «Ríe y el mundo reirá contigo; llora y llorarás sola.» En consecuencia, organizaba mi vida de manera que los que me rodeaban pudieran al menos sonreír, ya que reír no resultaba posible.

> Siempre tuve conciencia de que tendría que pagar por el privilegio de haber ocupado un trono, por una ley de compensación que hay que satisfacer en la vida de un modo u otro. Las cargas de la posición en el Estado, la dificultad de vivir con un rey cuyos defectos como hombre eran tan extremados, no fueron nada comparadas con mi dolor al perder dos hijos. Hoy día a veces me veo obligada a cerrar los ojos y a no recordar.

Y el monárquico Eugenio Vegas Latapié en el tomo primero de sus memorias anota escrupulosamente:

> Traté y conocí a la Familia Real con la intensidad suficiente para poder opinar sobre ella y, sin extenderme en interioridades de la vida del regio matrimonio, puedo afirmar, con conocimiento de causa, que el origen de las desavenencias conyugales estuvo siempre en el carácter del rey.

En mayo de 1940, un año largo después del término de la guerra civil, Alfonso XIII seguía en el exilio y nada hacía presagiar el retorno inminente de la Familia Real. Las ilusiones del rey para volver se fueron disipando. Los hechos demostraban que Franco no hacía sino dar largas a la restauración de la Monarquía, diluidas en un cúmulo de reservas de todos los órdenes. Con el paso del tiempo y el peso de las decepciones, el monarca caprichoso y eternamente joven, según el cliché que él mismo se forjara, era presa de una melancolía que ningún estimulante logró vencer.

Corrió la versión oficial de que la pareja se había reconciliado y vivían juntos. Pero lo cierto era que residían en lugares distintos y, cuando el monarca enfermó de gravedad, en febrero de 1941, ella casi había tenido que forzar su entrada al cuarto del Grand Hotel donde el rey se hospedaba durante sus estancias romanas.

Gerard Noel, el biógrafo británico de la reina, que recibió las confidencias del duque de Baena, uno de los más fieles e íntimos amigos de la soberana, se muestra casi cruel cuando escribe: «Alfonso XIII había dado orden de que no la dejaran pasar a su habitación. Ella le había destruido la vida, creía. Además, Alfonso no era hipócrita y no iba a fingir sentimientos que no sentía. Ante sus ojos, era mejor que Victoria Eugenia estuviera alejada, antes que morir con una mentira en los labios, la mentira de que la amaba. De manera que a la reina no le quedó más opción que vigilar desde lejos cómo la vida de su marido se iba apagando. Ella no guardó rencor. Parecía entender. Y, en el momento del fin, estuvo a su lado.»[87]

Afectado por una angina de pecho, Alfonso XIII comprendió que no le quedaba mucho tiempo de vida. Y, aunque había, como hemos visto, redactado, en julio de 1939, su testamento, en el que subrayaba que tenía aceptada la renuncia, por sí y por sus descendientes, del infante don Jaime, y que por tal causa su otro hijo, don Juan, pasaba a ser su heredero dinástico, quiso dejar en vida las cosas aún más claras y habló con el príncipe de Asturias, por primera vez, del tema que siempre se resistiera a considerar.

Su abdicación.

Alfonso XIII: La abdicación real

¿Ha caído alguien en la cuenta de que, a lo largo de dos siglos, TODOS los monarcas españoles, excepto uno, han tenido que abdicar la Corona?

Carlos IV abdicó en Aranjuez, en 1808, en favor de su hijo, el taimado Fernando VII, a quien, el mismo año, Napoleón hizo abdicar de nuevo, en Bayona, en su padre, el cual se apresuró a poner sus derechos a disposición de Bonaparte, quien los traspasó a su hermano José I.

Tras la restauración de la dinastía borbónica, finalizada la guerra de la Independencia, Fernando VII recobró la Corona cedida al emperador francés y reinó hasta su muerte. Su hija, Isabel II, expulsada de España por la Revolución, en 1868, tuvo que abdicar también, en París, en 1870, en favor de su hijo Alfonso XII.

Este último, restaurado en el trono de España, tras el reinado de Amadeo de Saboya (que también renunció) y la I República, fue el único de nuestros modernos Borbones que no abdicó: se lo llevó la tisis a la temprana edad de veintiocho años. (Le faltaban tres días para cumplirlos.)

Alfonso XIII no debía escapar a la regla fatal. Como tampoco don Juan.

Si Carlos IV y Fernando VII habían abdicado de una manera oficial, Isabel lo había hecho en el salón de baile de su Palacio de Castilla, en París, y su nieto Alfonso XIII iba a hacerlo en la quie-

---

87. *Victoria Eugenia, Reina de España*, 1986.

tud de su cuarto del hotel romano, con un simple manifiesto al pueblo español, que lleva la fecha del 15 de enero de 1941.

Reproducimos íntegro el documento publicado, entre otros, por Pedro Sainz Rodríguez:

> Españoles:
> El 14 de abril me dirigí al pueblo español, manifestando mi decisión de apartarme de España, suspendiendo deliberadamente el ejercicio del poder, sin renunciar por ello a ninguno de los derechos sagrados de los que la Historia me había hecho guardián y depositario.
> Cumplí en aquella ocasión un deber de patriotismo, y gracias a ello ninguno podrá afirmar hoy que se vertiera sangre española para defender intereses de un régimen, o de una dinastía, sino que la magnífica epopeya de la liberación de España, el heroísmo de su Ejército y de la juventud española, viene marcado con el sello inconfundible del sacrificio por la Patria, que abre paso a la solidaridad de todos, para crear su unidad, su libertad y su grandeza.
> Asegurada ya la victoria definitiva, sentí con ella el impulso de anticipar esta declaración; contuvo, sin embargo, mi ánimo el deseo de madurarla hasta hoy que, robustecida de consejos leales e informes autorizados, me juzgo en la obligación de dirigirme de nuevo, y por última vez, a los españoles.
> Al reorganizarse políticamente el país es preciso que quede expedito y franco el camino para que, en el momento que se juzgue oportuno, pueda reanudarse la tradición histórica, consustancialmente unida a la Institución monárquica que, durante siglos, ha asegurado la unidad y permanencia de España.
> Durante mi reinado procuré siempre servir el interés de mi Patria, y espero que la posteridad hará justicia a la rectitud de mi intención, y al logro de muchos de mis propósitos durante un período que cuenta entre los más prósperos de nuestra Historia. Pero aún siendo así, sería desconocer la realidad no advertir que la opinión española, la de los que han sufrido y han luchado y han vencido, anhela la constitución de una España nueva en la que se enlace fecundamente el espíritu de las épocas gloriosas del pasado con el afán de dotar a nuestro pueblo de la capacidad necesaria para realizar su misión trascendental en lo futuro.
> A esa exigencia fundamental de la opinión española debe responder la persona que encarne la Institución monárquica, y que pueda ser llamada a asumir la suprema jerarquía del país.
> Por una parte, ha de esforzarse en que desaparezcan los últimos vestigios de las luchas civiles que dividieron a los españoles en el siglo XIX; por otra, ha de encarnar la esperanza de los que desean una

España nueva, libre de los defectos y vicios del pasado, en el que un sentido eficaz y vivo del patriotismo vaya unido a una más adecuada organización de la sociedad y del estado, y a una más equitativa participación de todos en la prosperidad general.

No por mi voluntad, sino por ley inexorable de las circunstancias históricas, podría tal vez mi persona ser un obstáculo, y sobre todo entre quienes convivieron conmigo y tomaron después, de buena fe seguramente, rumbos distintos. Ante algunos, podría aparecer como el retorno a una política que no supo o no pudo evitar nuestra tragedia y las causas que la provocaron; para otros, podría ser motivo de remordimiento o de embarazo. Deber mío es remover esos posibles obstáculos, sacrificando toda consideración personal, para servir la gran causa de España, por la que tan generosamente han ofrendado su sangre millares de españoles.

De manera alguna pesa en mi ánimo la elección de oportunidad o acierto de la mayor o menor resonancia de mis actuales manifestaciones; hubiera rehuido siempre alterar el espíritu público o distraer su atención de otras miras, hacia mí, pues mi propósito y designio consisten en causar un solo efecto: desaparecer en sazón y tiempo para bien de España.

Renuevo especial llamamiento al patriotismo de todos sin distinción, y en particular a los remisos al sacrificio por la unión, a los cuales va muy encarecido con mi ejemplo.

CON ESTE ESPÍRITU Y ESTE PROPÓSITO OFREZCO A MI PATRIA LA RENUNCIA DE MIS DERECHOS, PARA QUE, POR LEY HISTÓRICA DE SUCESIÓN A LA CORONA, QUEDE AUTOMÁTICAMENTE DESIGNADO, SIN DISCUSIÓN POSIBLE EN CUANTO A LA LEGITIMIDAD, MI HIJO EL PRÍNCIPE DON JUAN, QUE ENCARNA EN SU PERSONA LA INSTITUCIÓN MONÁRQUICA, Y QUE SERÁ EL DÍA DE MAÑANA, CUANDO ESPAÑA LO JUZGUE OPORTUNO, EL REY DE TODOS LOS ESPAÑOLES.

ALFONSO XIII, REY.

Mi propio padre me leyó el documento —comentó don Juan a Sainz Rodríguez—; cuando terminó su lectura, claro, a mí se me saltaron las lágrimas: «Pero, papá, si no es necesario...» Me miró, poniéndose las gafas en la punta de la nariz, porque él las usaba para leer, y me dijo: «Como comprenderás, después de este documento ya no me queda más que morir.»[88]

Don Juan aceptó ser depositario de los derechos históricos de la Corona de España mediante este documento:

---

88. Luis María Anson, *Don Juan*, 1994.

Señor:

Con el ánimo embargado por la emoción más profunda, me hago cargo de la notificación solemne en que Vuestra Majestad me comunica haber renunciado a la Corona de España.

Cuando la Historia enjuicie el reinado de Alfonso XIII no podrá menos de reconocer, sin faltar a la justicia, la abnegación y el amor a la Patria que han inspirado todos los actos de Vuestra Majestad, aun aquéllos más discutidos por la pasión política.

No obstante haber luchado con la infecundidad de formas estatales impuestas por los tiempos, pero derivadas de nuestra mejor tradición, aparecerá ese período como uno de los más prósperos de nuestra Historia.

En él se renovó la cultura superior de España, se extendieron a grandes zonas de las clases populares los beneficios de la educación; aumentó la población, el bienestar general y el nivel de vida; nació, puede decirse, en nuestra Patria, la gran industria, y adquirió gran impulso la Marina, coexistiendo con una legislación social más generosa que la de cualquier país europeo contemporáneo, y gracias a la energía, clarividencia política y decidida actitud personal de Vuestra Majestad, luchando contra un falso estado de opinión, se salvó para España la posesión de nuestros territorios de África, que tantas posibilidades ofrecen para el porvenir, organizándose y templándose en su conquista el espíritu combativo y patriótico de un Ejército que, en definitiva, había de salvar a España en el trance tremendo y doloroso de la última guerra civil.

Los sufrimientos padecidos por nuestro pueblo con ocasión de esta gran Cruzada Nacional y la sangre vertida generosamente por tantos mártires gloriosos de Dios y de la Patria, hacen que se agrave el sentimiento de la responsabilidad con que recibo los derechos de la Corona de España, que recae en mi persona, según la ley histórica imprescriptible, cerrándose por designio providencial el ciclo de las disensiones sobre la legitimidad de la sucesión, que fueron, en gran parte, causa de las guerras civiles del pasado siglo.

Ruego a Dios me conceda los dones de acierto, firmeza y perseverancia necesarios para cumplir los fines a que me destina. Cuando sus designios me lleven a ceñir la Corona de España, lo haré con el propósito irrevocable de restaurar el sentido político y social de nuestra Monarquía Tradicional, renovando el aliento cordial y generoso que la dio vida y que, sobre nuestra fe católica y sobre la conciencia de nuestra unidad de destino, cimentó la unidad política y la grandeza de España.

Con este objetivo fundamental, cuando llegue la hora de cumplir mi deber y mi deseo de servir a nuestra Patria, me esforzaré en asegurar su unidad moral y su continuidad histórica; mitigaré con afecto y autoridad de padre recientes dolores, y satisfaré, eficazmente, los anhelos de la gran masa de españoles que aspiran a una vida más justa y mejor.

Réstame, como hijo, pedir a Vuestra Majestad su bendición de padre, para que ella me ayude en todos los momentos a cumplir, en bien de España, los trascendentales deberes que la decisión de Vuestra Majestad me impone.

JUAN, PRÍNCIPE DE ASTURIAS.[89]

Expidió Alfonso XIII para Madrid, sin tardanza, al conde de los Andes, jefe de su Casa, portador de un ejemplar original del acta de abdicación, al efecto de ponerlo en manos de Franco y convenir con él la forma de darle amplia publicidad. La misión fue un fracaso, porque cuando el generalísimo recibió el manifiesto de Alfonso XIII, le echó una ojeada y prometió al conde examinarlo con detenimiento, reservándose el juicio sobre el fondo de la cuestión, así como respecto a la oportunidad de darle el curso que conviniera.

Al final, no sólo quedó prohibida la publicación del real manifiesto, sino cualquier comentario en la radio, ni siquiera el mero anuncio de la noticia, de modo legal. En España corrió la voz de boca en boca, primero, y pronto en hojas clandestinas, «llegándose a imponer multas a quienquiera se le encontrase una copia del mismo» testimonió un contemporáneo.

José María Gil-Robles, en su ya citado diario, recuerda con fecha 13 de febrero (es decir, casi un mes después de efectuada la abdicación regia): «La prensa portuguesa publica el manifiesto de abdicación de Alfonso XIII. El hecho causa impresión.» Y al día siguiente anota: «Telegramas procedentes de Vichy recogen las más absurdas especies sobre la abdicación del rey. Dicen que Franco exigió a don Alfonso que fuera a España para firmar el documento correspondiente, cosa que verificó entrando de incógnito en territorio español y suscribiendo la abdicación en El Escorial... Añaden los telegramas que después de este acto de Alfonso XIII parecía inminente la restauración monárquica en España, pero que se ha tropezado con la oposición de Hitler, quien no admite a don Juan... Al lado de todos estos "bulos" hay la noticia, desgraciadamente cier-

---

89. Pedro Sainz Rodríguez, *ibíd*.

ta, de que el rey ha sufrido en Roma un ataque de apoplejía, aunque parece que está algo mejor.»[90]

Cuando el mundo se enteró, pues, de la noticia, por haber transmitido el texto del manifiesto los corresponsales de las agencias anglo-americanas desde Portugal, Alfonso XIII estaba ya casi en la agonía. Crisis de estenocardia, agravadas por un régimen de vida impropio, provocaron su muerte, el 28 de febrero, en la *suite* 35 del Grand Hotel de Roma. Murió como un buen cristiano. Doña Victoria Eugenia, según el protocolo tradicional de las dinastías europeas, se inclinó ante su hijo Juan, rey titular desde la abdicación de su padre. Luego el infante don Jaime y la infanta Beatriz besaron la mano de su hermano, quien les trazó la señal de la cruz en la frente. (Doña María Cristina se hallaba inmovilizada en Turín, aguardando su inminente primer alumbramiento.)

En España, Franco decretó duelo nacional y solemnes honras fúnebres. El caudillo envió una corona que llevaba en la cinta de los colores nacionales esta dedicatoria, muy bien discurrida para no comprometer nada: «A S.M. el Rey Don Alfonso XIII. Francisco Franco.» Pero si el jefe del Estado español se comportaba en lo oficial de modo cortés, en la realidad fue menos generoso. Se ocultó que un millar de monárquicos solicitaron pasaporte y visas especiales —Europa se hallaba sumida en la Segunda Guerra Mundial— con ánimo de asistir a los funerales regios. Por el testimonio de Vegas Latapié, Satrústegui, Sainz Rodríguez y otros destacados partidarios de la Monarquía, sabemos que se pusieron todo tipo de demoras y dificultades, por lo que sólo llegaron a tiempo un par de docenas de privilegiados para rendir homenaje a la Corona, en la persona del sucesor.

El joven rey, colocado por el protocolo a la derecha de Víctor Manuel III de Italia, a cuya izquierda se situaba el infante don Jaime, presidió el entierro de su padre. El cortejo fúnebre desfiló entre la guardia de honor, que rendía honores reales al cadáver por disposición del monarca italiano, hasta la iglesia española de Montserrat, donde fue inhumado provisionalmente bajo los sepulcros de dos papas españoles de la familia Borgia: Calixto III y Alejandro VI.

En España, la secretaría general cursaba un telegrama a las jefaturas provinciales del Movimiento: «Esta jefatura cuidará muy especialmente reiterar directores periódicos su demarcación orden

---

90. José María Gil-Robles, *ibíd*.

prohibiendo artículos o comentarios con motivo muerte don Alfonso de Borbón. Igualmente queda prohibido dar cuenta en periódicos de ningún acto religioso o civil que se celebre, aparte funerales oficiales acordados por el gobierno o actos Roma de los que informe agencia Efe. Se encarece que esta consigna sea vigilada por esa jefatura para procurar su más exacto cumplimiento.»

Nadie se enteró, por tanto, del acto de homenaje a don Juan rendido el 5 de marzo en Roma por la representación de la Grandeza, ante la que el sucesor de Alfonso XIII declaró que, a efectos prácticos, deseaba ser llamado conde de Barcelona, que es uno de los títulos históricos de soberanía de los reyes de España (como lo eran los de rey de Castilla, rey de Aragón, rey de Navarra o señor de Vizcaya, entre otros).

En su primera alocución pública tras la muerte de su padre, Juan dejó claro que deseaba presentarse ante sus compatriotas como un reconciliador y que quería que su Monarquía estuviera «para todos abierta y por el esfuerzo de todos sostenida».

El príncipe de Asturias había dejado paso al rey, depositario de los derechos históricos de la Corona. Una Corona que aquel hombre de veintisiete años jamás llegaría a ceñir.

Reino sin rey... pero con reina

Seis años después de la muerte de Alfonso XIII, España fue declarada reino de nuevo. Sin embargo, era un reino sin rey, en el que el general Franco monopolizaba todo el poder, actuando a la manera de regente, en nombre de un todavía desconocido rey-títere que se dejase manejar a su antojo.

La ficción de aquel reino tenía que ser alimentada por algún miembro inofensivo, a fin de darle visos de verosimilitud. Tal vez por ello en el *Boletín Oficial del Estado* del 22 de septiembre de 1955 apareció publicada la siguiente disposición que no he visto reproducida nunca:

> Decreto-Ley de 2 de septiembre de 1955. Jefatura del Estado.
> «Rey y Real Familia.» Dotación de la Reina Doña Victoria Eugenia. Fallecido S.M. Don Alfonso XIII en 28 de marzo [*sic*] de 1941, y constituida la nación en Reino por ley de 26 de julio de 1947, que fue aceptada por la nación en solemne y casi unánime referéndum, parece de Justicia restablecer la vigencia de aquellas obligaciones que,

refrendadas por Ley, fueron pactadas libremente por el Gobierno en nombre de la nación.
En su virtud, dispongo:

Artículo 1º. Se establece la vigencia de lo establecido en el artículo 2º de la ley de 23 de marzo de 1906, a partir de la fecha de 28 de marzo [resic] de 1941. La Ley de referencia dice:
«En el caso en que la Princesa Victoria Eugenia, después de celebrado su matrimonio con el Rey, le sobreviva, percibirá del presupuesto general del Estado, mientras no pase a segundas nupcias, la asignación anual de 250.000 pesetas.»
Artículo 2º. Las obligaciones a que el artículo anterior se refiere serán tenidas en cuenta a partir de los próximos presupuestos, en la sección primera de las obligaciones de Estado.
Así lo dispongo por el presente Decreto-Ley, del cual se dará inmediato conocimiento a las Cortes.

Francisco Franco.

Aquella cifra, al correr de los años, fue actualizada y a su muerte la reina recibía 700.000 pesetas. El jefe de la Casa Real española, el conde de Barcelona, no percibía un céntimo del estado, aunque la existencia de una «Familia Real» apareciese consignada en el título del decreto. Al contrario, como cualquier otro español residente en el extranjero, don Juan de Borbón pagaba los impuestos que gravaban sus propiedades en España, heredadas de su padre, algunas de ellas totalmente improductivas como los palacios de La Magdalena en Santander y de Miramar en San Sebastián, que sólo muchos años después se decidió a vender. Miramar había sido levantado con el caudal privado de la reina María Cristina, madre de Alfonso XIII; La Magdalena fue un regalo personal de los montañeses a aquel monarca.

«La Reina era algo manirrota, no tenía sentido del dinero y gastaba a veces más de lo preciso, encontrándose después en situaciones difíciles. Ha habido gente, monárquicos, que la han ayudado económicamente para hacerle más fácil su exilio.» Dejo la responsabilidad de esta afirmación a su amigo Julián Cortés-Cavanillas, corresponsal de *ABC* y fidelísimo a la dinastía. Se publicó en la revista *Tiempo* el 23 de marzo de 1984.

Por testamento, Alfonso XIII había asignado a su viuda una renta anual que le proporcionaba una vida muy decorosa. Entre sobresaltos familiares y nostalgia pasó Victoria Eugenia su exilio:

su nieta Margarita, segunda hija de los condes de Barcelona, nació, en 1939, ciega; el último hijo de don Juan y doña María, el infante don Alfonso, nacido en 1941, murió de un disparo de revólver, accidentalmente, mientras jugaba con su hermano Juan Carlos, en 1956.

Conturbaron también a la señora los rumores de separación de Juan y María que una vez corrieron con insistencia. Hoy se sabe con certeza que don Juan se había prendado de una aristócrata griega y que el idilio había tomado dimensiones insospechadas (Víctor Salmador: «Los secretos de un Rey sin trono», en *Tiempo*, abril de 1993). Según una carta del conde de Barcelona a su anciano tío y confidente don Alfonso de Orleáns (hijo de la infanta Eulalia), descubierta por dicho autor, la dama en cuestión constituía, en palabras de Juan, «el gran amor de su vida» y no pensaba abandonarla o suspender su relación con ella. «En último extremo —precisaba categóricamente el apasionado galán—, si me obligan a elegir, lo tengo elegido: la griega. Y si es absolutamente necesario, me separaré formal y legalmente de María.» Afortunadamente, se impuso el buen sentido y, poco después, los políticos demócrata-cristianos Alberto Martín Artajo y Joaquín Ruiz-Jiménez, podían informar de la resolución del conflicto: «El Rey da la impresión, en su simpática juventud, de hombre despierto y comprensivo. Ciertas noticias que habían llegado sobre irregularidades de su vida privada se pueden contrarrestar con la afirmación de que, después de unos ejercicios espirituales hechos en Cuaresma, mantiene conducta perfectamente correcta, favorecida por las virtudes de su esposa.»[91]

Pero doña María, como veremos, no olvidó.

El 7 de febrero de 1968, la anciana Victoria Eugenia volvió a Madrid por primera vez desde su exilio. Una impresionante multitud, cuyo número resultaba imposible de calcular, abarrotaba el aeropuerto de Barajas para recibirla. Aunque se ha recalcado la espontaneidad de aquel homenaje popular y se ha insistido en que todo se divulgó de boca en boca, sin medio alguno de difusión, me gustaría —ahora que ya ha pasado el tiempo— contar que algunos temerarios nos distribuimos por la capital repartiendo esta octavilla:

---

91. Alfredo Kindelán, *La verdad de mis relaciones con Franco*, 1981.

ANTE LA POSIBILIDAD DE QUE DESPUÉS DE TREINTA Y SIETE AÑOS DE AUSENCIA DE LA PATRIA,

S. M. La Reina Doña Victoria Eugenia,

CON MOTIVO DEL NUEVO ALUMBRAMIENTO DE S. A. R. LA PRINCESA DOÑA SOFÍA, VENGA NUEVAMENTE A MADRID, ACOMPAÑADA DE SUS HIJOS,

SS. AA. RR. Don Juan y Doña María,
Condes de Barcelona,

ESTÁN PREVISTOS DIVERSOS ACTOS, ORGANIZADOS POR UN GRUPO DE JÓVENES MONÁRQUICOS, A LOS CUALES ROGAMOS VUESTRA ASISTENCIA, Y DE CUYA CELEBRACIÓN, FECHA, HORA Y LUGAR, SE INFORMARÁ EN EL TELÉFONO 219 37 92.

Por la Comisión organizadora:
PEDRO DEL PORTILLO YRAVEDRA, JAIME DE SALAZAR ACHA, RAFAEL PARDO ALEGRE, JUAN BALANSÓ AMER, JAVIER TRUEBA GUTIÉRREZ.

La juventud de hoy difícilmente podrá entender nuestra audacia. Pero en aquel tiempo, que ahora parece la prehistoria, en que la propaganda dinástica en favor de don Juan era sistemáticamente vetada, incluso aquella modesta octavilla, en calculada letra inglesa, lo que, decidimos, le confería más inocente apariencia, nos podía costar un disgusto. Pese a ello, decidimos incluir cinco nombres, a fin de que se pudiera verificar la autenticidad de la convocatoria, ya que cabía la posibilidad de que creyesen que ésta era falsa y se debía a elementos perturbadores del propio franquismo. Debimos de quedar automáticamente fichados, si no lo estábamos ya, y pudimos salir trasquilados por «propaganda ilegal» o algo así. Aunque, todo hay que decirlo, el humilde teléfono del que nos valíamos quedó colapsado de llamadas durante días. A la vista del éxito de aquella convocatoria, sigo creyendo que valió la pena.

El punto importante —y que no he visto reflejado en ninguna de las memorias de aquella época— es que los monárquicos de aquel «reino sin rey» contábamos oficialmente con... una reina. Y con una «Familia Real» que no se sabía bien cuál era. A doña Victoria Eugenia se la podía llamar —se la debía llamar, en realidad— «la reina viuda». En cambio, no podíamos referirnos públicamente a ella como la «reina madre»... Se aprovechaba algunas veces aquel híbrido legal. Por ejemplo, en la boda en Atenas de Juan Carlos y Sofía, se procuró que la anciana doña Victoria Eugenia acudiera a cuantos actos fuera factible, pues, de tal modo, era posible interpretar la Marcha Real que, sin su presencia, hubiera resultado ilegal sonar.

Cuando yo conocí a la reina ya era octogenaria. Cuidadísimo peinado, cuidadísimo *tailleur*, cuidadísima compostura. Bellas perlas en la garganta para ocultar seguramente los inevitables estragos del tiempo. Por necesidades del destierro —como hemos apuntado— algunas de sus joyas se habían evaporado. En Madrid, amadrinó al infante Felipe, único hijo varón de los príncipes Juan Carlos y Sofía, y aparente continuador de la dinastía. Un año después, el 15 de abril de 1969, doña Victoria Eugenia de Battenberg falleció en su residencia habitual de los últimos tiempos, Vieille Fontaine, un chalet elegante en la localidad suiza de Lausana. Justo aquel día se cumplían treinta y ocho años exactos de su marcha de España hacia el exilio.

QUINTA PARTE

¿MONARQUÍA RESTAURADA O MONARQUÍA INSTAURADA?

Fue el año 69,
de La Magdalena el día,
el príncipe don Juan Carlos
grata nueva recibía,
que iba a ser el rey de España
y reina doña Sofía
sin esperar la normal
sucesión en la familia.

Don Juan de Borbón, con ello,
triste destino cumplía:
hijo de rey, de rey padre,
sin trono en la Monarquía;
huérfano rey en la Historia
sin la Corona ceñida.

JAIME CAMPMANY:
«Romance del siglo XX»

En 1868, don Ángel Fernández de los Ríos, el ilustre escritor y político, tuvo la idea de publicar un libro de ciencia-ficción cuyo título lo decía todo: *El futuro Madrid: paseos mentales por la capital de España tal cual es y tal cual debe dejarla transformada la revolución*. En un estilo Julio Verne, el castizo don Ángel iba profetizando el destino de los edificios madrileños que a la sazón resultaban de utilidad escasa. Al tratar de La Zarzuela, pronosticaba:

> Entre El Pardo y la Casa de Campo se encuentra La Zarzuela, bello palacete rodeado de agradables jardines, que puede y debe transformarse en manicomio, trasladando a él los dementes que hoy se hallan en Leganés.

Pero con los años se ha comprobado que el palacete no pasaba a convertirse en una casa de orates, sino en la residencia del jefe del Estado, Juan Carlos I, rey de España por designación del general Franco quien, en 1969, ante el pleno de sus Cortes, reunidas para aprobar la investidura del sucesor, rubricó: «Nuestra Monarquía NADA DEBE AL PASADO.»

No tiene, pues, que sorprender, que cuando se anunció esta designación, don Juan de Borbón se apresurase a suscribir la siguiente declaración, que no dejaba dudas sobre su postura:

> Para llevar a cabo esta operación no se ha contado conmigo, ni con la voluntad libremente manifestada del pueblo español. Soy, pues, un espectador de las decisiones que se hayan de tomar en la materia Y NINGUNA RESPONSABILIDAD ME CABE EN ESTA INSTAURACIÓN.[92]

Por consiguiente, para el conde de Barcelona la designación de su hijo como sucesor de Franco «a título de rey», se trataba de una impostura, cuya responsabilidad recaía en Juan Carlos si aceptaba prestarse a ello.

Desde un estricto punto de vista dinástico, la sumisión del príncipe al dictador era grave, pues entrañaba la realización de un acto reprobable: QUE UN HIJO ARREBATARA A SU PADRE LA HERENCIA DE SU ABUELO. Planteado así escuetamente el problema, que cada uno de

---

92. Citado por José María Toquero, *Don Juan de Borbón, el Rey padre*. Conservo copia del original —que la censura no permitió divulgar— en mi archivo. Creo que la postura de don Juan —que ahora complacientes lacayos pretenden distorsionar— estaba clara.

mis lectores lo contemple en su caso particular, desde cualquiera de las tres generaciones en que esté colocado —abuelo, padre o hijo—, y juzgue en conciencia el concepto que semejante acto, realizado en su familia, le merecería.

Y siendo la familia el núcleo y fundamento de la institución monárquica, la desheredación del padre por el hijo, desde el punto de vista dinástico, repito, entrañaba delito y significaba un punto de partida demoledor para el origen de la Corona de tal modo impuesta.

No me he propuesto trazar en este libro un perfil del conde de Barcelona, sino en su papel como príncipe de Asturias. Recientemente su figura ha sido analizada, a mi modo de ver certeramente, por Luis María Anson y José María Toquero,[93] amén del caudal de recuerdos, a veces especiosos, que nos transmite el testimonio directo de Pedro Sainz Rodríguez, consejero áulico del jefe de la Casa Real española, al rememorar su reinado en la sombra.

No falta quien, a estas pinceladas, oponga otras, no con menor brío. Contraste de pareceres saludable que presta luz al personaje desde vertientes diferentes. Tratan estos segundos autores, encabezados por Ricardo de la Cierva y Gonzalo Fernández de la Mora,[94] de presentar a don Juan como un príncipe polícromo que pasó de mostrar, como en su época de heredero de la Corona, adhesión al alzamiento, hasta culminar su trayectoria política en un antifranquismo acusatorio.

Naturalmente.

Las relaciones entre don Juan y Franco estuvieron sujetas —el aparato documental que se conoce lo prueba—, como cualquier conducta humana, a encontrados juicios de valor, a los vaivenes de la política internacional y, sobre todo, creo yo, al desencuentro entre la pretensión franquista de instaurar una monarquía de nueva planta y la restauración dinástica que el conde de Barcelona patrocinaba.

Muerto Alfonso XIII, el generalísimo pudo creer que se entendería con alguien que había intentado incorporarse al bando nacional durante la guerra civil, y que al término de la misma le había felicitado calurosamente. Así trató de sondear el talante del nuevo rey titular. No obstante, desde el primer momento, el conde de Bar-

---

[93]. Luis María Anson, *Don Juan*, 1994. José María Toquero: *Don Juan de Borbón, el Rey padre*, 1992.

[94]. Ricardo de la Cierva, *Franco y don Juan. Los reyes sin corona*, 1992. Gonzalo Fernández de la Mora: *Río arriba*, 1995.

celona rechazó cortésmente la instauración que Franco ofrecía y planteó la vuelta a la Monarquía como una restauración, llegando a sugerir al caudillo la instauración de una regencia que asegurase la vuelta al régimen tradicional de la Corona. Juan de Borbón no daba pues carta blanca al general, sino que le proponía otras reglas de juego. Comenzaba de este modo un diálogo de sordos, con sus lógicos altibajos, que acabaría en ruptura.

A quienes, por razones de edad, nos hallábamos situados junto al conde de Barcelona no en razón de alta estrategia ni cálculo intrigante, sino porque considerábamos, con entusiasmo juvenil y reflexión antitotalitaria, que aquel hombre, depositario de un poder histórico, representaba un punto de convergencia para las esperanzas de muchos españoles de las más variadas ideologías, las tesis de Estoril, basadas en la idea de un rey garante de la reconciliación nacional, se contraponían a las de La Zarzuela, ajustadas al posibilismo de la transición.

Cuando Juan Carlos I subió, en 1975, al trono, su padre, abandonado por tantos; abrumado por una esposa que no había tenido reparo en declarar: «Decidle a Juanito que estoy muy contenta de que haya aceptado la sucesión, y que sepa que ya me ocupo yo de que aquí en Estoril no se haga ninguna tontería»;[95] neutralizado don Juan, en suma, por la idea de que su único hijo varón era su adversario en la titularidad de la Corona (¡cómo hubiera cambiado tal vez la historia si el infante don Alfonso, su hijo menor, no hubiera muerto alcanzado por el disparo fatal!), recibió a su vez el tiro de gracia cuando, en enero de 1977, el monarca instaurado promulgó un decreto por el que proclamaba a su hijo, el infante Felipe, de nueve años, príncipe de Asturias de la «nueva monarquía».

Al actuar de igual modo que en 1870 Amadeo I de Saboya —el rey elegido tras la revolución que expulsó a los Borbones de España— obrase con su primogénito, Manuel Filiberto, don Juan Carlos recalcaba sin consideración su postura de monarca de nuevo cuño, ajeno a la legitimidad dinástica (según la cual el titular del principado asturiano era él mismo, y no don Felipe).

---

95. Víctor Salmador, en su ya mencionado artículo, opina: «Cuando llegó la hora crucial, doña María no quiso estar al lado de su marido. Entre don Juan y su hijo, prefirió a éste. Ella había sido preterida en el asunto de la aristócrata griega. Ahora le tocaba a ella preterir. Así lo hizo. Lo mismo que en cualquier telenovela, solamente que en muy altos niveles y estando en juego los intereses de España y de la dinastía.»

Puesto en el disparadero, el conde de Barcelona sólo podía confiar su legado dinástico en quien recayese ya de forma inequívoca y, sobre todo, jurídica, la aprobación del pueblo español. ¿Se había llegado realmente a tal situación? No es un secreto para nadie que nuestra democrática Constitución vigente, que entonces se estaba planteando, se redactó y aprobó siguiendo el procedimiento de reforma establecido en las Leyes Fundamentales franquistas, por lo que deriva de la «legalidad» ideada por el dictador. Causa de desazón era, por ejemplo, en aquellos momentos cruciales, el hecho de que don Juan Carlos había sido, como «príncipe de España», el número dos en la jerarquía del franquismo desde 1969 hasta 1975; es decir, en los postreros años en que la dictadura no cejó en la represión de las libertades, sometimiento de las nacionalidades y aniquilamiento del adversario a través del control totalitario del aparato policial, judicial y militar. ¿Es necesario recordar que los albores del cambio de régimen, bienio 1974-1975, se cimentaban sobre el «ajusticiamiento» de Puig Antich y los fusilamientos de Hoyo de Manzanares, pese a las súplicas, incluso, del Papa?

En cualquier caso, el 14 de mayo de 1977, en aquel palacete madrileño que Fernández de los Ríos soñase como manicomio, el buen deseo, el cariño generoso, el cansancio por una dolorosa cadena de dudas y presiones, llevaron a don Juan de Borbón y Battenberg a abdicar en una reducida ceremonia a la que los inquilinos de la regia morada consintieron en despojar de toda solemnidad.

En el texto de su renuncia, sin embargo, el conde de Barcelona hacía expreso hincapié sobre el carácter instaurador de la Monarquía de su hijo:

> INSTAURADA —subrayaba— y consolidada la Monarquía en la persona de mi hijo y heredero don Juan Carlos, que en las primeras singladuras de su reinado ha encontrado la aquiescencia popular claramente manifestada y que en el orden internacional abre nuevos caminos para la Patria, creo llegado el momento de entregarle el legado histórico que heredé y, en consecuencia, ofrezco a mi Patria la renuncia de los derechos históricos de la Monarquía española, sus títulos, privilegios y la jefatura de la Familia y Casa Real de España, que recibí de mi padre, el Rey Alfonso XIII, deseando conservar para mí, y usar como hasta ahora, el título de conde de Barcelona. En virtud de esta mi renuncia, sucede en la plenitud de los derechos dinásticos como Rey de España a mi padre el Rey Alfonso XIII, mi hijo y heredero el Rey don Juan Carlos I.

¿Monarquía restaurada o Monarquía instaurada?

De este texto se deduce que don Juan reconocía que no se había verificado una «restauración», sino una «instauración» que el conde de Barcelona se proponía legitimar con la renuncia no a la Corona, que no poseía, sino a unos derechos históricos para él indudables, pero que, si se despreciaba la tradición de su rama, podrían esgrimir otros, como su sobrino Alfonso de Borbón Dampierre o el pretendiente carlista Carlos Hugo de Borbón Parma.

La Monarquía de Juan Carlos I, devaluada por su pecado original, recibió, pues, el barniz de legitimidad de su rama aquel 14 de mayo de 1977. Al día siguiente se desarrolló en el comedor privado del hotel Ritz, de Madrid, un almuerzo que no ha sido recogido por la crónica, dado su carácter íntimo, y puede ser ya interesante reseñar: catorce personas se reunieron en torno a quien habían servido, desde distintas ópticas, con lealtad. La emoción era muy grande y no recuerdo a todos los asistentes: a la derecha de don Juan, se situaban José María Pemán y Luis María Anson; a su izquierda, el académico Manuel Halcón y el conde de los Gaitanes; enfrente, el duque del Infantado, presidente y representante allí de la Grandeza de España, Pedro Sainz Rodríguez, Jesús Obregón, Luis García de la Rasilla, Joaquín Satrústegui, creo, y dos jóvenes: Emilio Contreras y yo. La condesa de Barcelona, doña María, no asistió.

Me acuerdo muy bien, en cambio, de lo que durante aquella reunión de despedida se habló. La renuncia perseguía situar la figura de don Juan al margen del proceso de solidificación monárquica en el país. El conde de Barcelona, en este sentido, no deseaba que alguien pudiera culparle un día de haber influido personal y directamente, mediante su pasividad expectante, en la suerte de la dinastía.

La verdad era que, desde la congruencia de la legitimidad dinástica, el rey Juan Carlos había sido —entre su coronación en noviembre de 1975 y la renuncia paterna en mayo de 1977— un usurpador. El acto de La Zarzuela permitió que pudiese incorporarse al proyecto de Constitución en curso un artículo por el que se proclamaba que Juan Carlos I era el «legítimo heredero de la dinastía histórica». Lo que venía a paliar el peculiar origen de su Monarquía.

Pero comentando este punto con Pedro Sainz Rodríguez en las conversaciones grabadas que mantuvieron para el libro *Un reinado en la sombra*, don Juan se expresó a sus anchas:

—La Monarquía tradicional, según ellos (los que rodeaban a Juan Carlos), era el hecho de ser nieto de Alfonso XIII... Parecía no tener padre.
—Sí —respondía don Pedro—, esa frasecita que hay en la Constitución de que el Rey es representante de la tradición monárquica. Pura literatura...

Convencido, no cabe duda, de este último extremo, Juan Carlos, no sólo procedió a crear *ex novo* a sus dos hermanas, Pilar y Margarita, infantas de España, como si antes no lo hubieran sido, sino que regateó a su padre el rango honorífico de Majestad que, a tenor del expediente 35/73 del Ministerio de Justicia estuvo a punto de otorgársele, y —contrariamente a lo que se cree— tampoco el hijo concedió a su progenitor aquel tratamiento a título póstumo. Se limitó a decretar el entierro de sus restos mortales en el Panteón de Reyes del monasterio de El Escorial, pero omitiendo toda referencia a la dignidad de rey, al tratamiento y a un ordinal concreto dentro de la dinastía. En el programa del funeral no pasaba de titulársele «Augusto Señor».

El abogado Jaime Miralles, fundador de un grupo monárquico que durante el franquismo había propugnado con gran riesgo la implantación de una Monarquía democrática, redobló esfuerzos durante la larga enfermedad de don Juan para que le fuera reconocido el tratamiento de majestad, llegando incluso a redactar al efecto un proyecto donde expresaba:

> Vigorosas razones de justicia distributiva imponen la necesidad de conferir a don Juan III el tratamiento de Majestad que en puridad le corresponde, como así lo prueba la aceptación de don Juan Carlos de su renuncia. Volviendo la mirada a la Historia veremos enseguida que Carlos I, después de abdicar en Felipe II, siguió recibiendo el tratamiento de Majestad, hasta su muerte en Yuste; Felipe V siguió recibiendo el tratamiento de Majestad durante la corta etapa que medió entre su abdicación en su hijo Luis I y la muerte de éste; Carlos IV, después de haber abdicado en favor de su hijo Fernando VII, siguió recibiendo el tratamiento de Majestad y siendo designado como Rey padre hasta su muerte; Isabel II, después de abdicar en su hijo Alfonso XII, siguió recibiendo el tratamiento de Majestad hasta su muerte, y Alfonso XIII siguió recibiendo el tratamiento de Majestad hasta su muerte en el exilio, después de haber abdicado en su hijo don Juan que, al sucederle en la dinastía, y aun-

que no llegó a reinar, pasó a ser don Juan III.[96] Si alguien pudiera dudarlo bastará para despejar todo género de dudas contemplar los precedentes que pueden ilustrar al respecto, recordando, por ejemplo, que al morir Luis XVI, su hijo y heredero, también llamado Luis, que entonces vivía y que, si hubiera reinado se habría llamado Luis XVII, murió sin reinar, y cuando al cabo de veintiún años subió al trono de Francia el hermano de Luis XVI, se llamó Luis XVIII, exactamente igual que si Luis XVII hubiera reinado. Este ejemplo, entre otros, es claro exponente del uso dinástico observado en casos análogos al contemplado aquí.

Para hacerlo realidad positiva bastará la promulgación de un real decreto, por el que se disponga que don Juan de Borbón y Battenberg, que conservará vitaliciamente el título de conde de Barcelona, será designado de ahora en adelante como Su Majestad el Rey padre don Juan III, según le corresponde por haber precedido a su hijo don Juan Carlos I en la dinastía histórica, de la que éste es legítimo heredero, como así lo proclama el artículo 57.1 de la Constitución española.[97]

La Zarzuela hizo oídos sordos. Los honores —restringidos, como he señalado— sólo fluyeron a título póstumo.

La infanta María Cristina, hermana de don Juan, por su parte, resumió frívolamente en sus memorias:

> Siempre se ha dicho: «El Rey ha muerto... ¡Viva el Rey!», porque no puede haber dos reyes. Ese invento de algunos de querer llamar a Juan «el rey padre» me parece grotesco.

Navegábamos entonces —y seguimos navegando— en la pura incoherencia dinástica. Para buena parte de nuestros constitucionalistas, la Monarquía histórica española tradicional cayó en 1931 y la nueva ha sido instaurada y no restaurada. Pero ¿es eso cierto? Quienes comprenden que el día de mañana será más útil para don Felipe —si llega al trono— basar su legitimidad en un trasfondo secular y no ser sólo el tercer monarca de la dinastía instaurada (tras Franco y su padre), argumentan lo contrario.

---

96. Se podría citar un caso aún más sugerente: cuando el pretendiente carlista Carlos VII fue proclamado rey en el Norte y reinó, de hecho, en parte del territorio nacional, otorgó a su padre, el infante don Juan, que nunca había reinado de hecho, el rango y título de rey. En pura doctrina dinástica, esto era lo consecuente.

97. *ABC*, 18 de noviembre de 1992.

Sea como sea, desde la boda, en 1995, de la hija mayor del rey, la infanta Elena, con el señor Marichalar, se está muy lejos de los principios por los que quedaron apartados del trono los descendientes de don Jaime y doña Emanuela Dampierre, cuyo nieto, el joven Luis Alfonso de Borbón, es hoy no solamente el primogénito de su familia, sino también bisnieto del general Franco.

El matrimonio morganático de doña Elena «se ha ceñido a la Constitución», informa el Gabinete de Prensa de La Zarzuela. A mi entender, habría que tentarse mucho la ropa antes de seguir por ese camino que ignora cualquier atisbo de regulación dinástica de la familia impuesta en el trono por Franco. Pues, deshilvanando la madeja constitucional —que deriva de la designación franquista— se podría llegar a supuestos tan rocambolescos —pero, Constitución en mano, posibles— como éste, que no ha faltado quien haya puesto ya de relieve: «Puesto que la Constitución vigente no diferencia a los hijos, hayan nacido o no fuera del matrimonio, si Su Majestad el Rey reconociese hoy públicamente (o pudiera demostrarse) su paternidad de algún varón mayor que el actual príncipe de Asturias, se cuestionaría el carácter de heredero de éste.»

La apuesta resulta, pues, muy arriesgada para esa dinastía instaurada que pasa por alto sus raíces con el pasado. Porque si la rama reinante está dispuesta a aparcar el tabú de la normativa tradicional de matrimonios (merced a la cual recayó en la línea del conde de Barcelona la «legitimidad histórica» que se enuncia en el artículo 57 de la Carta Magna), debe estar preparada también para revisar otras cuestiones que mantienen a nuestra Monarquía en un pasado que la sociedad ha superado con creces. Como, por ejemplo, la preeminencia de los varones en el orden de sucesión al trono, carente de sentido en un estado donde se proclama la igualdad de derechos entre hombres y mujeres.

* * *

El 19 de enero de 1980, don Juan de Borbón inició el cumplimiento de una promesa que se hiciera a sí mismo: dar tierra a los suyos en suelo de España. Aquel día el conde de Barcelona entregó al prior de El Escorial los restos de su padre, repatriados desde Roma con los máximos honores.

Cinco años después, el 26 de abril de 1985, llegaba el féretro de la reina Victoria Eugenia, desde Lausana, con sus hijos Jaime y Gonzalo (que había sido trasladado allí tiempo atrás desde Carintia). La noche anterior, proveniente de Miami, habían sido ya depositados en la cripta los restos del desdichado conde de Covadonga.

Con el cáncer enroscado en la garganta, aún quiso tener el conde de Barcelona, casi en estado terminal, un gesto de rey: el 15 de octubre de 1992, cinco meses antes de su muerte, acompañado por su médico, insistió en presidir el traslado de los restos de su segundo hijo varón, don Alfonso, desde Estoril al monasterio escurialense.

Juan no deseaba ser inhumado, como sus hermanos mayores, en el panteón de Infantes. Quería dejar bien claro, más allá de la muerte, que él no había sido un simple infante más, sino el depositario de la legitimidad real.

Primero se dijo que había pedido que sus restos fueran esparcidos en la mar, su gran pasión. Luego se habló de Poblet. Era una buena idea porque el monasterio tarraconense sirvió antaño de enterramiento a los condes soberanos de Barcelona. De hecho, se prepararon dos tumbas contiguas, en el suelo de una capilla, para don Juan y doña María.

En marzo de 1989 acudí a Viena como enviado especial del diario *ABC* para cubrir la información del entierro de la emperatriz Zita de Austria. A la ceremonia, que revistió en aquella república galante casi un carácter oficial, asistía, en representación de la Familia Real española, don Juan de Borbón. Dos días antes de tomar el avión, Alfonso Ussía me pilló en un aparte por la redacción. «¿Por qué no le haces una visita a don Juan? —me dijo—; seguro que le encantará: se hospeda en el palacio del príncipe Schwarzenberg.» «Me da apuro —le contesté— porque ya casi no puede hablar y no estará para entrevistas.» Alfonso me animó: «Hazme caso; además está Rocío y te facilitará los problemas que puedan surgir.» Rocío Ussía, hija del conde de los Gaitanes y hermana de Alfonso, es una persona maravillosa, que cuidó a nuestro viejo rey en los últimos años de su vida con verdadera abnegación. Más que una hija.

En Viena me presenté, pues, al señor, después de solicitar una audiencia improvisada a través de Rocío. Fue la última vez que pude charlar a solas con él; su voz, rota, era ya casi inaudible. Me recibió su ayudante y me pasó al cuarto que ocupaba don Juan. Hablamos de asuntos que no vienen al caso y, de repente, me sorprendió con esta escueta pregunta: «¿Qué opinas de Poblet?» Era evidente que daba por sentado el que yo le cazaría al vuelo; además a él no le gustaba nada hablar de la muerte. Así que contesté, rápido: «Como catalán, Majestad, me parecería perfecto; pero hay el inconveniente de Carlos VIII.» Don Juan esbozó una sonrisa: «Claro. Es lo que yo decía. Estás en todo.»

Aclaro el enigma: en la década de los cincuenta, Franco había tenido la humorada de permitir que se enterrase allí, con pompa verdaderamente regia, a uno de los nietos del rey carlista Carlos VII que, enfrentado a los Borbón Parma, se había proclamado «Carlos VIII», añadiendo una gota a la ceremonia de la confusión monárquica alentada por personalidades del Movimiento. Quedaba claro, al menos para mí, que al conde de Barcelona no le hacía ninguna gracia que lo sepultasen a la vera de alguien que él consideraría un pretendiente de tres al cuarto.

Ignoro si semejante criterio fue la causa por la que los enterramientos de Poblet, ya preparados, hayan permanecido vacíos. Antonio de Senillosa, un miembro del círculo íntimo de don Juan, explicó en televisión que se había tomado la decisión de no inhumar allí a los padres del rey, por si un día no lejano la nación catalana quedase disgregada del resto del estado actual.

El hecho fue que, cuando el 1 de abril de 1993 don Juan falleció en la Clínica Universitaria de Pamplona, se anunció que su hijo había finalmente accedido a que fuera enterrado en el Panteón de Reyes de El Escorial. Pensé, en un primer momento, que la petición de Miralles, que asimismo habían defendido con calor Satrústegui, Anson y otros fieles amigos del difunto, también se aceptaría y el conde de Barcelona, eslabón indispensable en la larga cadena dinástica de los reyes de España, sería inhumado con el tratamiento póstumo de majestad. No fue así, y su cuerpo fue provisionalmente depositado en la cámara llamada *pudridero* donde deberá pasar algún tiempo antes de ser sepultado en la urna de mármol pardo que le ha sido destinada, sobre otra, idéntica, preparada para su mujer.

El Panteón de Reyes de El Escorial habrá quedado entonces completo.

EPÍLOGO

LOS PRÍNCIPES DE ASTURIAS

Don Felipe, príncipe de Asturias de una Monarquía instaurada

El viernes 21 de enero de 1977, a propuesta del presidente del gobierno, previo acuerdo del Consejo de Ministros, el rey Juan Carlos I dispuso que su hijo Felipe, heredero de la Corona, ostentase el título y denominación de príncipe de Asturias. Y se añadía a este Real Decreto, la siguiente coletilla: «También le corresponderán los otros títulos y denominaciones usados tradicionalmente por el heredero de la Corona.»

La decisión de Su Majestad pilló por sorpresa. Nadie ignoraba en ambientes monárquicos que varios componedores oficiosos cercanos a La Zarzuela se derretían por convertir el vino en agua, asegurando que las relaciones don Juan-don Juan Carlos pasaban por el mejor momento y que el primero estaba dispuesto a renunciar, casi de tapadillo, a sus derechos históricos, avalando de este modo la designación en su hijo dispuesta por Franco.

Pues, si las cosas eran así, ¿por qué tuvo la instaurada Corona que abofetear públicamente al conde de Barcelona con aquella decisión tomada *de facto* antes de que el jefe de la Casa Real renunciara a sus derechos dinásticos? ¿Qué sentido tenía hablar en el contexto de la nueva monarquía de «títulos tradicionales»? Los únicos títulos tradicionales de los que podía hacer uso el rey de la Monarquía instaurada eran, en todo caso, el de jefe nacional del movimiento o el de capitán general de los ejércitos, que le fue atribuido por decreto. Franco podía, por razones personales, usar otros: el de generalísimo y el de caudillo de España, pero, aunque con fundamentos legales, no parecían transmisibles por herencia ni adjudicables por ley a su sucesor. En cuanto al príncipe Felipe, sucesor del sucesor, estaba claro que, de aspirar a algún título tradicional franquista, éste debía ser el de «príncipe de España», utilizado por su padre como delfín del dictador, y no otro.

El conde de los Gaitanes, en cuya casa de Madrid se hospedaba el conde de Barcelona durante sus estancias en la capital desde la entronización de su hijo, y que era el jefe del Gabinete de Información de don Juan de Borbón, hizo inmediatamente unas declaraciones muy duras en las que vino a decir que la decisión de recrear el Principado de Asturias había sido precipitada. En su opinión, el nombramiento debería haber seguido a la renuncia de don Juan y no al revés.

Gaitanes dijo exactamente: «Yo no tengo instrucciones y, por lo tanto, no quiero hacer declaración alguna como presidente del Gabinete. Ahora bien, yo puedo dar mi opinión personal, que es ésta: evidentemente el nombramiento se puede hacer SI SE TIENE EN CUENTA QUE AQUÍ NO SE HA PRODUCIDO UNA RESTAURACIÓN. Franco, con su poder omnímodo, hizo una instauración designando a la persona que él quería designar. Por tanto, pueden hacer lo que quieran. El título de príncipe de Asturias es de la Casa Real, y hay una Casa Real con su jefe, que todavía no ha hecho renuncia de su jefatura. Éste es un asunto que se está tratando, y la solución tendría que haber llegado antes que el nombramiento. PERO SI SE PIENSA EN LA LEGALIDAD VIGENTE, HASTA LA RENUNCIA NO TIENE INTERÉS.»[98]

Así hablaba de claro aquel ejemplo de monárquico consecuente, don Luis de Ussía, conde de los Gaitanes.

Existía, dicho está, el precedente del hijo mayor de don Amadeo de Saboya, elegido por las Cortes del general Prim hacía un siglo rey de España. Su primogénito, Manuel Filiberto, fue condecorado formalmente con las insignias y el título de príncipe de Asturias en 1871. Pero ¿podía seriamente apelarse a tal ejemplo? ¿O se pretendía con el nombramiento extorsionar a don Juan para que apresurase su renuncia? Por más bonitos cuentos de hadas que hoy nos relate el memorialista de turno, me inclino a creer en lo segundo.

Y así fue como, menos de cuatro meses después del nombramiento de don Felipe como príncipe de Asturias de una monarquía instaurada; es decir, de equiparar al sucesor del heredero legítimo al intruso infante saboyano, la penosa disposición legal quedó legitimada dinásticamente por la renuncia de un abuelo desolado, solo y sin pizca de rencor en su gran corazón.

Príncipes e infantes

Treinta y cinco han sido los infantes herederos que, a lo largo de nuestra historia, fueron investidos oficialmente con la denominación del principado asturiano.

98. *El País*, 22 de enero de 1977.

La palabra príncipe es de origen latino. Procede de *princeps*, que a su vez viene de *primum caput*; es decir, el principal, el primero. Durante la época medieval, y en razón del origen del vocablo, se llamó príncipe al soberano de un territorio autónomo, cualquiera que fuese la condición de éste: reino, ducado, condado, etcétera. Hoy restan en Europa tres naciones que reciben la nomenclatura específica de principados: Andorra, Liechtenstein y Mónaco. Y un Gran Ducado: Luxemburgo. Todos ellos son estados soberanos. En España, durante la Edad Media, el apelativo fue utilizado por algunos magnates, *Principes terrae*. Al organizarse la Cataluña de entonces, el conde de Barcelona fue el primero que asumió el nombre expreso de príncipe, y de ello deriva el que en la terminología política se haya atribuido a Cataluña la categoría de principado.

*Infan*s, o niño, es la voz con que el antiguo romano, y después el godo ibérico, llamaron al adolescente menor de siete años. Hasta el siglo XII se dio tal nombre a los vástagos de noble linaje, añadiendo al vocablo la cita del solar familiar (infantes de Salas, de Lara, de Carrión), pero desde la centuria siguiente el apelativo de infante sólo se aplicó para designar a los hijos de los reyes, según expresa instrucción del Código de las Partidas. Al primogénito se le llamaba «Infante primero heredero». Se trataba de distinguir de alguna manera al presunto sucesor, respondiendo a la jerarquía cronológica que naturalmente se establece en la monarquía hereditaria, donde si la primera dignidad es la del soberano, le sigue en grado, por su importancia, la del heredero de la Corona.

En el año 1388, Juan I de Castilla instituyó el principado de Asturias en favor de su hijo, el futuro Enrique III, a fin de solemnizar la terminación de los enfrentamientos entre los herederos de Pedro I el Cruel y Enrique II de Trastámara, hermanos rivales en el trono.

Don Pedro había tenido tres hijas de su matrimonio con María de Padilla: las infantas Beatriz, Constanza e Isabel. En 1363, las Cortes las habían reconocido como herederas, sucesivamente. Seis años después Pedro el Cruel pereció en combate cuerpo a cuerpo contra su hermano bastardo Enrique de Trastámara, que ocupó entonces el trono como Enrique II. Las hijas del monarca difunto se refugiaron en Inglaterra, donde Constanza se casó con Juan de Gante, duque de Lancaster, cuarto hijo varón del rey Eduardo III.

Muerta la primogénita de don Pedro, la infanta Beatriz —religiosa clarisa fallecida muy joven—, Juan y Constanza comenzaron a titularse legítimos reyes de Castilla, y como tales eran tenidos en la corte inglesa y otras europeas, opuestas al de Trastámara.

El 1386, el duque de Lancaster desembarcó en La Coruña, al frente de una numerosa tropa, con Catalina —hija suya y de doña Constanza— para luchar por los derechos de ambas al trono castellano. Las primeras escaramuzas les fueron favorables, pero pronto la peste diezmó sus fuerzas. Terminó firmando con el rey Juan I, hijo y sucesor del usurpador Enrique II de Trastámara, la paz de Bayona. El tratado estipulaba, entre otras cosas, que el infante don Enrique —heredero de Juan I, rey efectivo— se casaría con Catalina de Lancaster —la heredera de derecho—, confiriéndoseles el título común de príncipes de Asturias, a semejanza del principado de Gales, propio de los herederos de Inglaterra.

Aquella boda liquidaba el pleito dinástico entre la rama real y la de Trastámara, pues Enrique y Catalina eran, respectivamente, los nietos mayores de Enrique II y Pedro I, los monarcas antaño en discordia.

Desde entonces pasó a llamarse príncipe de Asturias el inmediato sucesor de la Corona de Castilla, tomando su nombre en honor de la región que había visto nacer la Reconquista, y que fue dotada de sustanciosas rentas.

El erudito profesor Luis Suárez Fernández sostiene con meticulosidad que no es cierto que desde un principio los herederos del trono castellano entrasen sin más en posesión del principado por el mero hecho de serlo. Al menos, dice, no ocurrió así durante los siglos XIV y XV. Sólo después del reinado de los Reyes Católicos la norma se aplicará automáticamente. Pero ya entonces el significado del título habrá pasado a ser exclusivamente honorífico, pues la profunda reorganización estatal realizada por Isabel y Fernando incluyó la incorporación de los señoríos a la Corona.

En cualquier caso, el señorío jurisdiccional y territorial instituido por Juan I se vino a transformar en un patrimonio inalienable, inseparable de la casa real.

Los demás títulos tradicionales

Esta costumbre de reservar un título específico a los herederos presuntivos se introdujo también en los restantes estados de la Península aproximadamente por las mismas fechas. En 1351, Pedro IV de Aragón había ya designado duque de Girona a su hijo, el futuro Juan I. En 1414, otro monarca, Fernando I, elevó dicho ducado a la categoría de principado para su primogénito Alfonso V el Magnánimo.

Cabe llamar la atención sobre otros títulos de los monarcas catalanoaragoneses, considerados tradicionales del heredero:

El ducado de Montblanc fue concedido por Juan I, en 1387, a su hermano el infante don Martín, que luego reinó con el nombre de Martín I el Humano, y lo asoció a la Corona.

El condado de Cervera fue creado en 1353 por Pedro IV para su hijo Juan I y vinculado también a la persona del primogénito real.

Finalmente, el señorío de Balaguer —antigua capital del condado de Urgell— fue distinguido por Fernando I para los segundogénitos; lo heredó, por tanto, Fernando el Católico, con quien se incorporó a la Corona como propio del heredero, cuando éste subió al trono.

En Navarra, el principado de Viana fue instituido en 1423 por Carlos III el Noble para su nieto del mismo nombre, de infausto destino, y con él quedaron designados los sucesores del viejo reino.

Al limitarse el título principesco a los herederos, la denominación de infante quedó reservada para los demás hijos e hijas de los soberanos y de los príncipes de los distintos estados peninsulares.

Juan Carlos: De príncipe de Asturias a príncipe de España

Entronizados en España los monarcas de la Casa de Austria, «dueños del Universo», no faltó el pelota de turno que titulase a los herederos «príncipes de las Españas» y aun «del Nuevo Mundo». La dificultad de ser jurados con el dictado que privaba en cada estado, llevó, por otra parte, a que unos pocos Austrias fueran proclamados con el título simplificado de «príncipes de estos Reinos», sin que en ningún caso dejara de entenderse nunca cuál era la verdadera y tradicional denominación. Y así, en el ritual de la jura del malogrado príncipe Baltasar Carlos, hijo de Felipe IV, se especifica claramente: «Refiramos ahora qué personas prestan pleito homenaje a los príncipes de Asturias, que éste es el nombre de los primogénitos de estos Reynos de Castilla y León, si bien en las otras Coronas del Rey Nuestro Señor se nombran variadamente.»

Desde un estricto punto de vista oficial, el título de príncipe de Viana había dejado de emplearse cuando Fernando el Católico anexionó a Castilla por la fuerza de las armas el reino pirenaico. En cuanto al principado de Girona, había quedado en suspenso en el siglo XVIII, cuando Felipe V suprimió los fueros de los países de la Corona de Aragón, por el apoyo de sus pueblos a la causa de su rival, el archiduque Carlos de Austria, en la llamada guerra de Sucesión, estableciendo en ellos la legislación castellana.

Pero la tradición seguía enraizada en lo popular, y ya el ayuntamiento de Girona, en 1771, elevó súplica al rey Carlos III para que hiciera revivir oficialmente el título. La misma petición fue enviada a Isabel II, en 1860, y a don Amadeo de Saboya, en 1871, sin conseguirse nunca un resultado práctico, a causa del concepto centralista que enseñoreaba los ánimos de Madrid.

En cambio, el conde de Barcelona, don Juan de Borbón, como jefe de la Casa Real en el exilio, decidió que su hijo Juan Carlos pasara a utilizar la histórica denominación en su pasaporte, y en ocasión del compromiso matrimonial de Juan Carlos y Sofía, en 1961, se hizo público un comunicado por el que el novio aparecía nombrado con los tres principados históricos de la dinastía: Asturias, Girona y Viana, más el ducado de Montblanc.

Con las muy tardías salvedades de Manuel Godoy, favorito de Carlos IV, y el general Baldomero Espartero, regente del reino, a quienes les fue legalmente otorgada la dignidad nobiliaria de príncipes —de la Paz y de Vergara, respectivamente—, que se extinguió con sus personas, un solo título principesco ha sido discernido de modo oficial en España: a don Juan Carlos de Borbón y Borbón, en 1969, nombrado príncipe de España en su calidad de sucesor de Franco. Título circunstancial que ideó nada menos que doña Sofía, tras horas de darle vueltas la real pareja al asunto.

Juan Carlos, en efecto, habíase denominado —y firmado en multitud de ocasiones— «príncipe de Asturias», como heredero de su padre. Pero una vez aceptada la sucesión del régimen franquista tenía forzosamente que abandonar el título tradicional, porque titularse príncipe de Asturias presuponía la existencia de un rey. Y el único «rey» posible de la España de Franco era el propio generalísimo.

De ahí el origen espurio del título de príncipe de España con el que el joven Borbón se corresponsabilizó, desde 1969 hasta su entronización, en 1975, de los avatares del caudillismo. No en vano, durante dos enfermedades de su padre putativo, Juan Carlos tuvo que hacerse incluso cargo de la jefatura del Estado.

En 1977, como hemos consignado, el nuevo rey instaurado decidió conferir a su hijo el título tradicional de los herederos. No existía todavía ninguna constitución democrática, por lo que tuvo que prevalerse de la Ley Orgánica del Estado desde la que se estaba llevando a cabo la denominada «transición». Y surgió el problema: la izquierda no quiso aceptar la legalidad de la proclamación del príncipe heredero cuando todavía estaba por definirse si España sería una Monarquía o una República. (Aunque estaba claro que el ejército no iba a permitir libremente más elección que la que había hecho Franco.) Pero ese factor formaría parte de las transacciones «consensuadas» que iban a darse por uno y otro lado, y que no nos concierne examinar aquí. Si lo menciono es para explicar que la investidura del príncipe Felipe, que debía de tener lugar solemnemente en Covadonga, y no en el Palacio Real de Madrid, por expreso deseo de su padre, no pudo realizarse y se quedó en mero «acto de homenaje», ante la oposición que la ceremonia de acatamiento al heredero del sucesor franquista había despertado en la izquierda. Hasta el punto que, aun habiéndose rebajado su significación política, los representantes asturianos del Partido Socialista y del Comunista no acudieron a la celebración.

Anecdotario principesco

Se pueden contar con los dedos de una mano los soberanos españoles que ocuparon el trono de Madrid sin haber sido proclamados antes príncipes de Asturias.

Felipe V, el primer Borbón español, nunca ostentó el principado, pues vino a reinar, no sólo por derecho de sangre, sino por haberlo así dispuesto el testamento de su tío abuelo el rey Carlos II el Hechizado, que hasta el último momento tuvo la esperanza de engendrar un hijo propio.

Lo mismo puede decirse en el caso de Carlos III que era rey de Nápoles y de Sicilia cuando tuvo que sustituir a su hermano Fernando VI en el trono español, por haber fallecido éste sin sucesión directa.

La tercera salvedad la constituyó Alfonso XIII, nacido póstumo, varios meses después de la muerte de su padre Alfonso XII, por lo que fue rey desde el mismo momento de su venida al mundo.

Dos princesas de Asturias hicieron doblete, como dirían los castizos: Isabel, primogénita de los Reyes Católicos, que fue jurada princesa de Asturias al nacer. Poco después, el primogénito varón, su hermano Juan, la sustituiría en la titularidad del principado. Pero a don Juan, muerto sin hijos, volvería a sucederle Isabel como heredera presunta hasta su temprano fallecimiento.

Otra Isabel, la popularísima *Chata*, hija mayor de Isabel II, fue igualmente titular dos veces del principado asturiano. La primera, a su nacimiento. Luego cedió el paso a su hermano varón, el futuro Alfonso XII. Cuando éste subió al trono, en 1874, estaba aún soltero, por lo que la Chata retomó la titularidad del principado, en la que cesó en 1880 por nacimiento de la primogénita de su hermano, doña María de las Mercedes, quien continuó en la dignidad al nacer su hermano el rey Alfonso XIII.

Otros infantes, en excepcionales ocasiones, ostentaron de hecho la dignidad de herederos, pero sin ser declarados oficialmente príncipes de Asturias, en espera de la sucesión del rey. Por ejemplo, doña Isabel Clara Eugenia, la hija predilecta de Felipe II; doña Luisa Fernanda, duquesa de Montpensier, hermana menor de Isabel II, y don Alfonso de Borbón-Dos Sicilias, sobrino de Alfonso XIII, que, como hijo de la fallecida princesa de Asturias doña María de las Mercedes —ya citada—, hermana mayor del monarca, fue «infante heredero» desde la muerte de su madre, en 1904, hasta el nacimiento del primogénito real don Alfonso de Borbón y Battenberg, en 1907. Este último infante, al paso de los años, asumiría el título napolitano de duque de Calabria —rama de la que era primogénito por parte de padre— y fue el progenitor del actual infante don Carlos de Borbón-Dos Sicilias, primo hermano de Juan Carlos I.

Dos príncipes herederos de la familia rival —la dinastía proscrita de los reyes carlistas— fueron también reconocidos por sus partidarios en ceremonia especial:

Don Carlos, hijo de Carlos V, jurado en la improvisada corte de Oñate en 1835, y más tarde conocido como Carlos VI. Y don Jaime, hijo de Carlos VII, jurado a su nacimiento, por una representación del principado, en Vevey (Suiza), en 1870. Cuatro años más tarde, reinando de modo efectivo Carlos VII en las provincias del norte de España, confirmó la jura en el exilio de su hijo con este Real Decreto expedido en Estella el 11 de febrero de 1874 y que vale la pena reproducir:

Por tradición ininterrumpida de cinco siglos, los herederos de la Corona son investidos Príncipes de Asturias, habiendo así sido jurado mi muy amado hijo don Jaime. Pero QUERIENDO RESTAURAR LOS DERECHOS Y LA PERSONALIDAD HISTÓRICA DE TODOS LOS REINOS QUE HOY REÚNE LA CORONA DE ESPAÑA, Y QUE SON LOS DE LAS ANTIGUAS CORONAS DE CASTILLA, ARAGÓN Y NAVARRA, dispongo que a partir de la publicación de éste mi Real Decreto, el heredero de la Corona de España sea proclamado no sólo príncipe de Asturias, sino también y acto seguido príncipe de Gerona y príncipe de Viana, y así sea reconocido y jurado por los diputados de dichos reinos.

Un matiz importante cabe apreciar en este Real Decreto: Carlos VII —pretendiente carlista pero también rey en ejercicio, reinante en el País Vasco-Navarro— no dispone que el heredero de la Corona sea «príncipe de Asturias, Girona y Viana», como un solo y nuevo principado español, sino que reúna los tres principados distintos y ya legalmente existentes en España y de ese modo sea príncipe de Asturias, príncipe de Girona y príncipe de Viana con la personalidad, tradición y representación históricas de cada uno, y no de un nuevo principado, aunque se formase con los tres existentes, pues esto equivaldría a crear una institución que no existía y que el rey no podía instituir sino con la aprobación de las Cortes y no por Real Decreto.

En aquellos tiempos las cosas se hacían bien, no precipitadamente y casi con alevosía, como se obrara muchos años después...

En la rama reinante de la Casa Real, la última persona jurada y reconocida por las Cortes en una solemne ceremonia que tenía lugar a tal efecto había sido la futura Isabel II, en 1833. Por Real Decreto de la misma soberana, de fecha 20 de mayo de 1850, el ritual de la jura fue suprimido, sustituyéndose por la imposición de una placa con la Cruz de la Victoria (emblema que recuerda la enseña tremolada por el legendario Pelayo, iniciador de la Reconquista en Covadonga) a los herederos recién nacidos, efectuada por una delegación de las autoridades del principado asturiano acudidos al madrileño Palacio de Oriente con tal ocasión. En la misma ceremonia se ofrecía al príncipe o princesa un llamado «tributo para Mantillas», que consistía en una cantidad variable entre dos o tres mil duros en oro y plata. La placa del principado era la primera venera que se imponía al heredero, junto al Toisón de Oro y la Orden de Carlos III. A don Felipe de Borbón y Grecia, cuando acudió por su pie a Covadonga, pues ya tenía diez años, se le entregó simbólicamente una bolsa de cuero que contenía cien monedas de cinco pesetas.

Todo se devalúa...

A continuación, el presidente de la Diputación Provincial de Oviedo prendió en la solapa de don Felipe la venera de la Cruz de la Victoria en esmalte azul, oro y brillantes.

Algo que no se entiende, en razón de lo siguiente:

Alfonso XIII, tras la renuncia de su hijo mayor, le pidió la placa que la comisión asturiana le entregase a su nacimiento. El conde de Covadonga se la devolvió y el monarca, habiendo renunciado don Jaime, la entregó a don Juan, de quien pasó en 1941 a su hijo Juan Carlos, que la lució el día de su boda y en varios retratos que se hizo hasta 1969, año en que, al jurar el príncipe como sucesor de Franco, su padre, el conde de Barcelona, le solicitó:

—¡Venga la placa!

Tras su renuncia dinástica, en mayo de 1977, don Juan de Borbón se la ofreció finalmente a su nieto Felipe. Gesto inútil pues, como hemos observado, cinco meses y medio después, el 1 de noviembre, en Covadonga, las autoridades del principado le prendieron otra.

¿Cuál de las dos placas relucía más: la proveniente de la sucesión del general Franco o la heredada del linaje de los Borbones?

En cualquier caso, don Felipe de Borbón y Grecia se había convertido oficialmente en el XXXV príncipe de Asturias.

Los 35 infantes declarados oficialmente príncipes de Asturias

Trastámaras

1. Don Enrique, hijo de Juan I de Castilla. Se creó el título para él en 1388. Reinó como Enrique III.
2. Doña María, hija de Enrique III. Jurada en 1402.
3. Don Juan, hijo de Enrique III. Jurado en 1405. Reinó como Juan II.
4. Doña Catalina, hija de Juan II. Jurada en 1422.
5. Doña Leonor, hija de Juan II. Jurada en 1424.
6. Don Enrique, hijo de Juan II. Jurado en 1425. Reinó como Enrique IV.

7. Doña Juana la Beltraneja, hija de Enrique IV. Jurada en 1462.
8. Don Alfonso, hijo de Juan II. Jurado en 1464.
9. Doña Isabel la Católica, hija de Juan II. Jurada en 1468. Reinó como Isabel I.
10. Doña Isabel, primogénita de los Reyes Católicos. Jurada en 1476 y por segunda vez en 1498.
11. Don Juan, hijo de los Reyes Católicos. Jurado en 1480.
12. Don Miguel, hijo de Manuel de Portugal e Isabel de Castilla, la ex princesa de Asturias. Jurado en 1499.
13. Doña Juana la Loca, hija de los Reyes Católicos. Jurada en 1502. Reinó como Juana I.

Austrias

14. Don Carlos, hijo de Juana I y Felipe de Austria. Jurado en 1506. Reinó como Carlos I de España y V de Alemania.
15. Don Felipe, hijo de Carlos I. Jurado en 1528. Reinó como Felipe II.
16. Don Carlos, hijo de Felipe II. Jurado en 1560.
17. Don Fernando, hijo de Felipe II. Jurado en 1573.
18. Don Diego, hijo de Felipe II. Jurado en 1580.
19. Don Felipe, hijo de Felipe II. Jurado en 1584. Reinó como Felipe III.
20. Don Felipe, hijo de Felipe III. Jurado en 1608. Reinó como Felipe IV.
21. Don Baltasar Carlos, hijo de Felipe IV. Jurado en 1632.
22. Doña María Teresa, hija de Felipe IV. Jurada en 1655.
23. Don Felipe Próspero, hijo de Felipe IV. Jurado en 1658.
24. Don Carlos, hijo de Felipe IV. Jurado en 1662. Reinó como Carlos II el Hechizado.

Borbones

25. Don Luis, primogénito de Felipe V, nieto de la ex princesa de Asturias doña María Teresa, casada con Luis XIV de Francia. Jurado en 1709. Reinó como Luis I.
26. Don Fernando, hijo de Felipe V. Jurado en 1724. Reinó como Fernando VI.

27. Don Carlos, sobrino del anterior, hijo de Carlos III. Jurado en 1760. Reinó como Carlos IV.
28. Don Fernando, hijo de Carlos IV. Jurado en 1789. Reinó como Fernando VII.
29. Doña Isabel II, hija de Fernando VII. Jurada en 1833. Reinó como Isabel II.
30. Doña María Isabel Francisca, *la Chata*, hija de Isabel II. Proclamada en 1851 y por segunda vez en 1875
31. Don Alfonso, hijo de Isabel II. Proclamado en 1857. Reinó como Alfonso XII.

Saboya

32. Don Manuel Filiberto, hijo del rey electo Amadeo I. Proclamado en 1871.

Borbones

33. Doña María de las Mercedes, primogénita de Alfonso XII. Proclamada en 1881.
34. Don Alfonso, hijo de Alfonso XIII. Proclamado en 1907.
35. Don Felipe, hijo del rey instaurado Juan Carlos I. Proclamado en 1977.

Nota: La Comisión organizadora de los actos conmemorativos del VI Centenario de la institución del título de príncipe de Asturias, elaboró en 1988, en conjunción con el Museo de Bellas Artes de Asturias y el Ministerio español de Cultura, un catálogo, con prólogo del presidente del principado, donde se exponía una relación de los titulares históricos de la dignidad. Dicho catálogo, como nuestra relación, sólo ha tenido en cuenta a los herederos declarados oficialmente como tales. Es decir, no incluyen ni a don Juan de Borbón, ni a don Juan Carlos, que hicieron pública ostentación, ambos, del principado asturiano, pero sin recibir sanción legal. En el mismo caso se encuentran los príncipes carlistas proscritos por la rama reinante, hasta el heredero de don Javier de Borbón Parma, don Carlos Hugo, y el hijo de éste, don Carlos Javier, reconocidos como príncipes de Asturias en su momento por sus partidarios.

GENEALOGÍAS

I - REYES BORBONES DE ESPAÑA POR DERECHO DE SANGRE

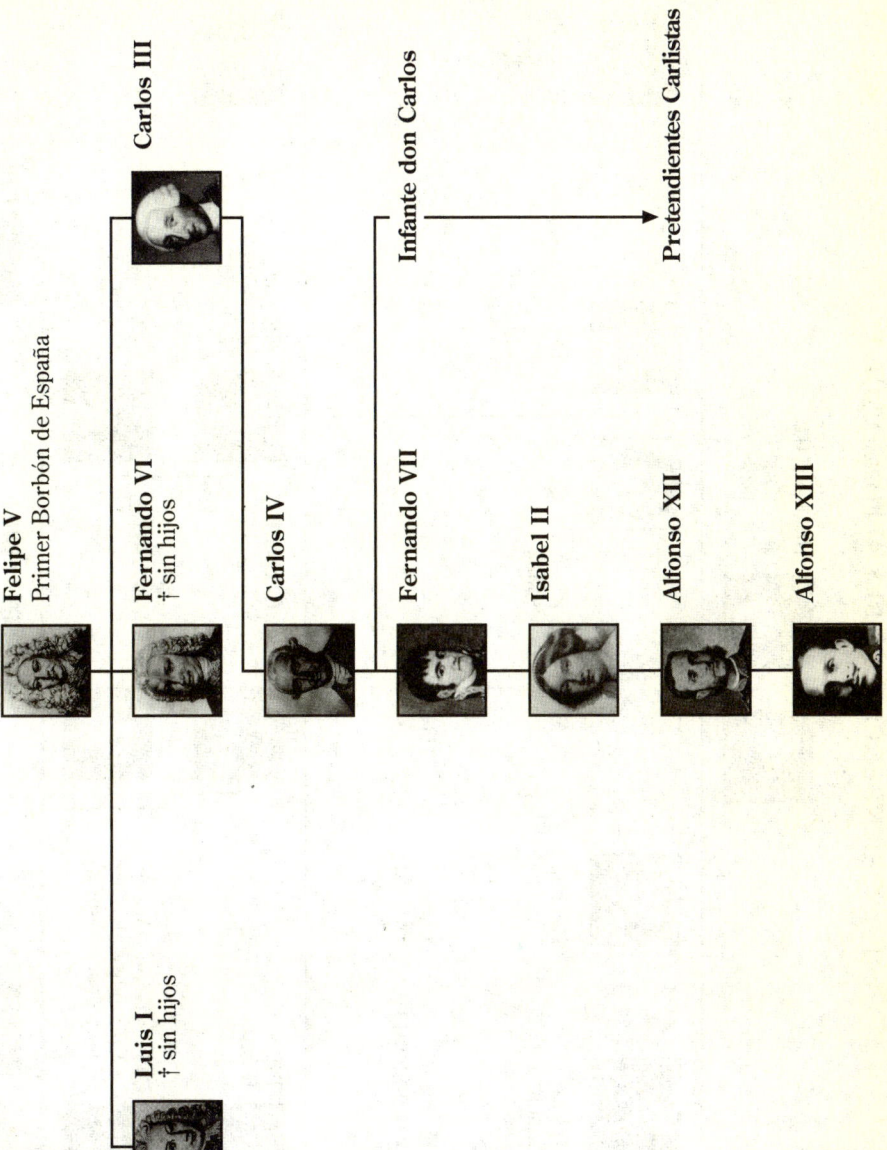

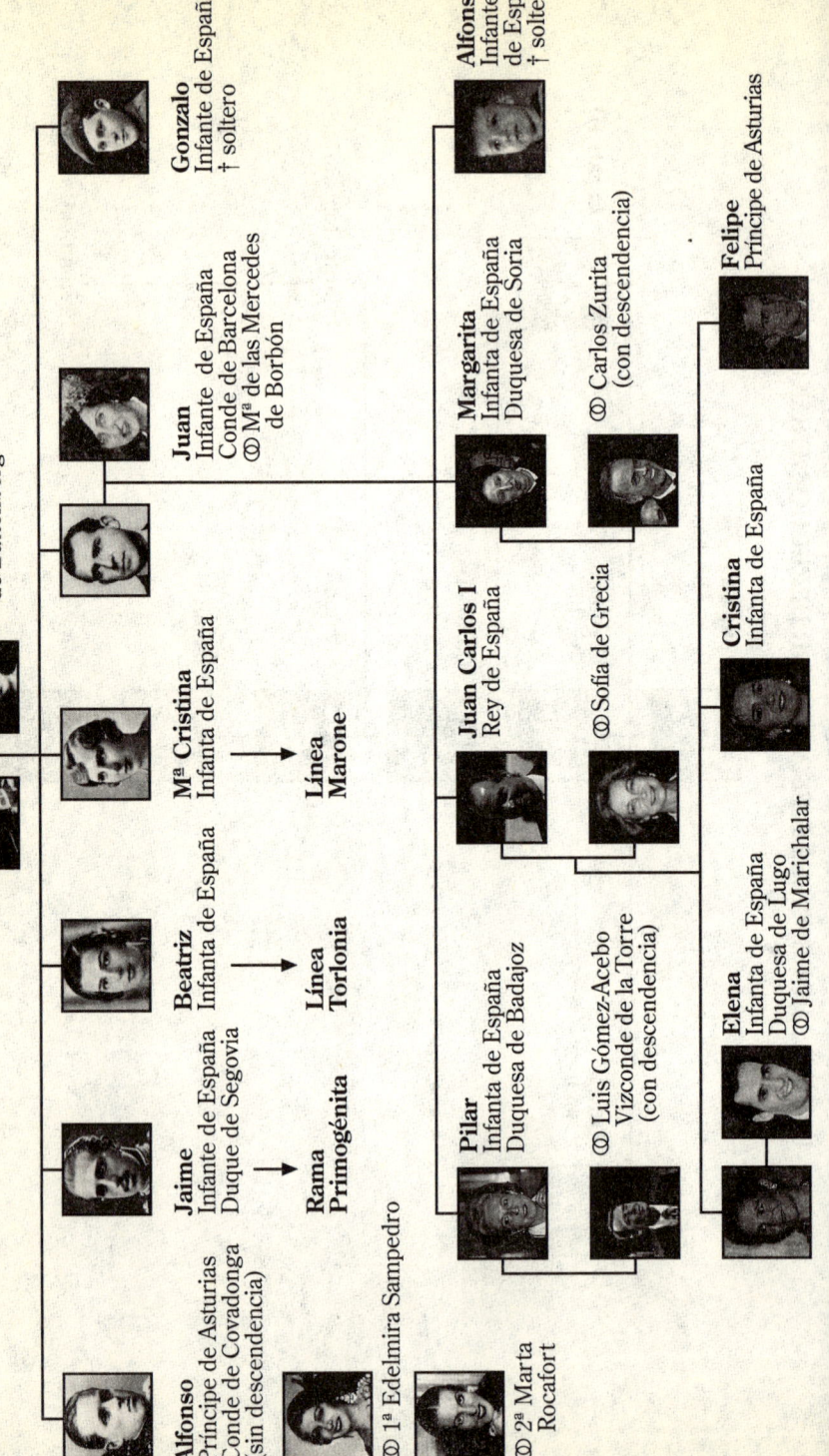

III - RAMA PRIMOGÉNITA DE LA FAMILIA BORBÓN

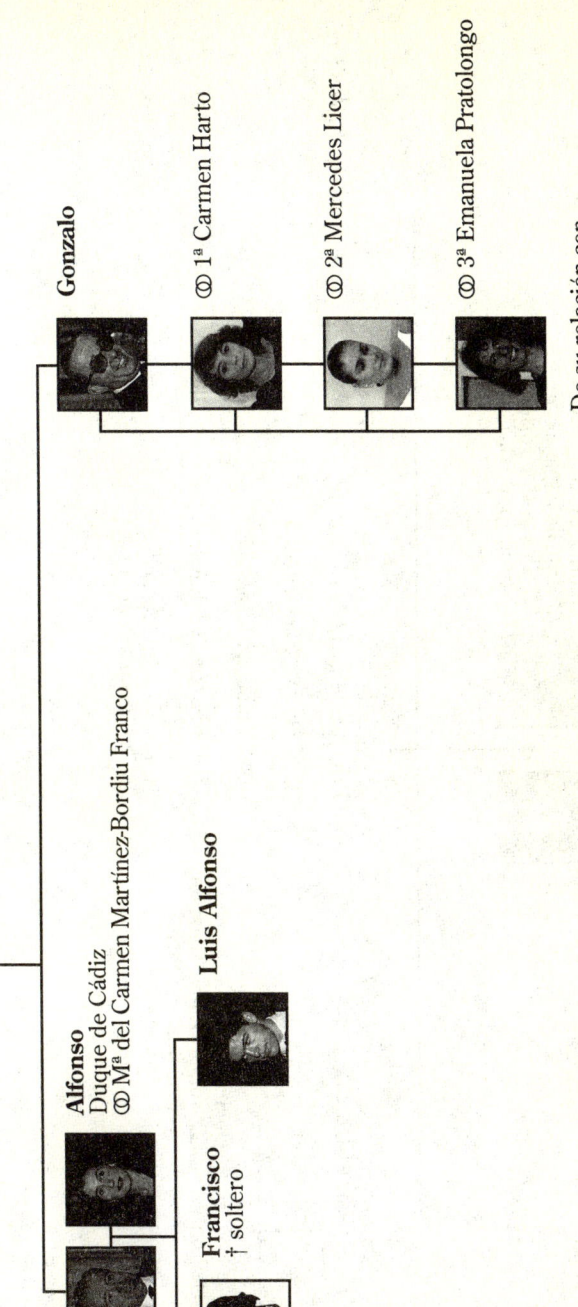

IV - DESCENDENCIA TORLONIA-BORBÓN

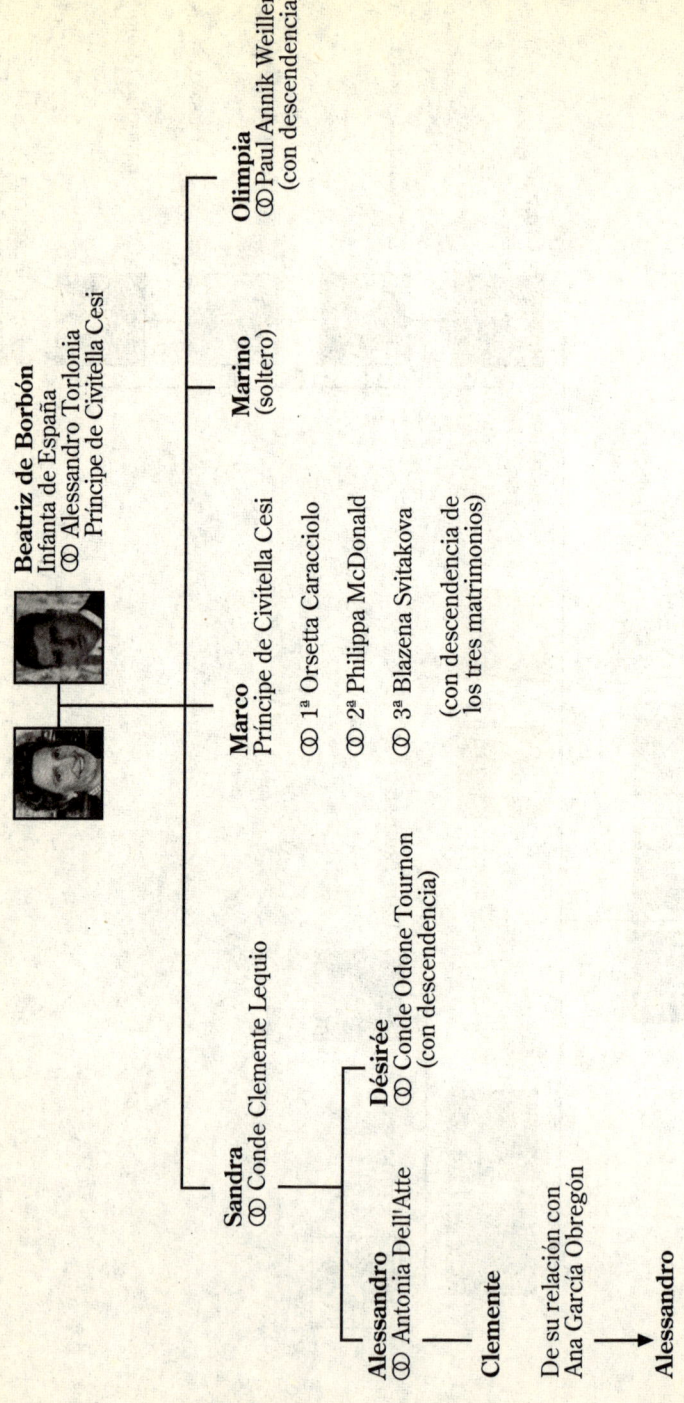

Beatriz de Borbón
Infanta de España
∞ Alessandro Torlonia
Príncipe de Civitella Cesi

Sandra
∞ Conde Clemente Lequio

Désirée
∞ Conde Odone Tournon
(con descendencia)

Alessandro
∞ Antonia Dell'Atte

Clemente

De su relación con
Ana García Obregón
→ **Alessandro**

Marco
Príncipe de Civitella Cesi
∞ 1ª Orsetta Caracciolo
∞ 2ª Philippa McDonald
∞ 3ª Blazena Svitakova
(con descendencia de
los tres matrimonios)

Marino
(soltero)

Olimpia
∞ Paul Annik Weiller
(con descendencia)

V - DESCENDENCIA MARONE-BORBÓN

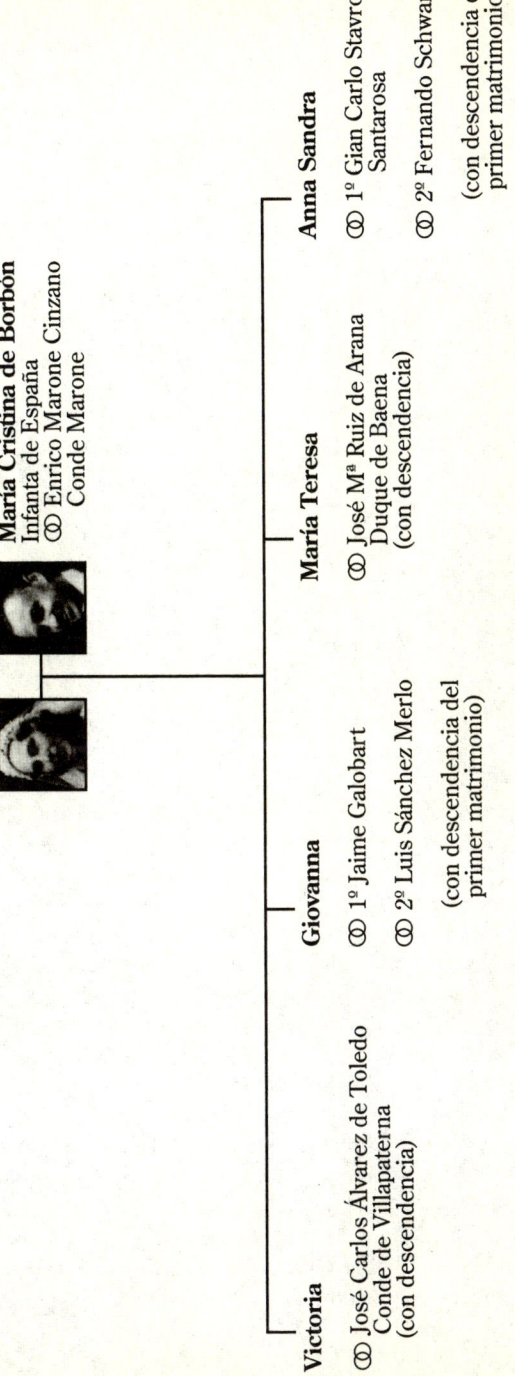

María Cristina de Borbón
Infanta de España
⚭ Enrico Marone Cinzano
Conde Marone

Victoria
⚭ José Carlos Álvarez de Toledo
Conde de Villapaterna
(con descendencia)

Giovanna
⚭ 1º Jaime Galobart
⚭ 2º Luis Sánchez Merlo
(con descendencia del primer matrimonio)

María Teresa
⚭ José Mª Ruiz de Arana
Duque de Baena
(con descendencia)

Anna Sandra
⚭ 1º Gian Carlo Stavro Santarosa
⚭ 2º Fernando Schwartz
(con descendencia del primer matrimonio)

APÉNDICES

1. Manifiesto de don Alfonso XIII antes de abandonar España el 14 de abril de 1931, camino del exilio

Al País

Las elecciones celebradas el domingo me revelan claramente que no tengo hoy el amor de mi pueblo. Mi conciencia me dice que ese desvío no será definitivo, porque procuré siempre servir a España, puesto el único afán en el interés hasta en las más críticas coyunturas.

Un rey puede equivocarse, y sin duda erré yo alguna vez; pero sé bien que nuestra Patria se mostró en todo momento generosa ante las culpas sin malicia.

Soy el rey de todos los españoles y también un español. Hallaría medios sobrados para mantener mis regias prerrogativas, en eficaz forcejeo con quienes las combaten. Pero resueltamente quiero apartarme de cuanto sea lanzar a un compatriota contra otro en fratricida guerra civil. No renuncio a ninguno de mis derechos, porque más que míos son depósito acumulado por la Historia, de cuya custodia ha de pedirme un día cuentas rigurosas.

Espero a conocer la auténtica y adecuada expresión de la conciencia colectiva, y mientras habla la nación suspendo deliberadamente el ejercicio del Poder Real y me aparto de España, reconociéndola así como única señora de sus destinos.

También ahora creo cumplir el deber que me dicta mi amor a la Patria. Pido a Dios que tan hondo como yo lo sientan y lo cumplan los demás españoles. — ALFONSO XIII.

(*ABC*, Madrid, 17 de abril de 1931.)

2. Testamento de don Alfonso XIII, otorgado el 8 de julio de mil novecientos treinta y nueve

N° 212. Ante Henri-Samuel Bergier, notario en Lausanne, por el distrito de Lausanne (Cantón de Vaud, Confederación Suiza).

Su Majestad el Rey Alfonso XIII (León-Fernando-María-Juan-Isidoro-Pascual-Antonio de Borbón y Austria) hijo de Sus Majestades el Rey Alfonso XII y la Reina María Cristina de Austria, fallecidos, de nacionalidad española, domiciliado actualmente en Lausanne.

El cual, sano de espíritu y actuando bajo el dominio de su única voluntad, ha requerido el ministerio del notario para recibir su testamento que ha expresado en español y después en francés de la manera siguiente, especificando que en caso de divergencia de interpretación entre los dos textos, tendrá prioridad el texto español:

«Alfonso XIII de Borbón y Austria, mayor de edad, de nacionalidad española, en posesión de plena capacidad jurídica y en perfecto uso de mis facultades mentales, procedo al dictado de mi testamento conforme a las declaraciones y disposiciones siguientes, sometiéndome a las leyes de España, las cuales deberán regir mi sucesión como han regido mi vida.

1. *Primero*. Declaro que, conforme a las enseñanzas de mis antepasados y a las tradiciones y sentimientos de la Nación española, profeso la Religión Católica, Apostólica y Romana, en el seno de la cual, por propia convicción, atestiguo que he vivido y que deseo morir.

2. *Segundo*. Declaro igualmente que estoy casado con su Majestad la Reina Doña Victoria Eugenia de Battenberg. De este matrimonio han nacido y viven actualmente mis cuatro hijos e hijas: Sus Altezas Reales don Jaime, doña Beatriz, doña María Cristina y don Juan.

3. *Tercero*. Dejo a la voluntad de mis herederos el entierro, la clase y el lugar del amortajamiento, los funerales y las oraciones por la salud de mi alma; ordeno únicamente que mi cuerpo será recubierto en el ataúd por la bandera española que ondeaba sobre el navío que me transportó de Cartagena a Marsella en abril de 1931. Pido, por otro lado, que en caso de que, inmediatamente después de mi fallecimiento, no pueda ser sepultado en el Panteón de El Escorial junto a mis predecesores en el trono, que se lleve a cabo en cuanto sea posible.

4. *Cuarto*. Por las razones indicadas en mi manifiesto a los españoles, fechado el catorce de abril de mil novecientos treinta y uno, he dejado el trono de España sin en ningún caso abdicar de mis derechos, que transmito a mi descendencia con el fin de que ella lo ejerza cuando convenga al bien de España, lo que ha sido mi esperanza constante y más ferviente. Perdono de todo corazón a aquellos que injustamente me han combatido y denigrado.

5. *Quinto.* Confirmo que he aprobado la renuncia de mi hijo don Jaime, en su nombre y para su descendencia en lo referente al derecho de sucesión a la corona y que, en virtud de esta renuncia, el heredero inmediato de la corona es mi hijo don Juan, por cuya razón ha adquirido el título de Príncipe de Asturias.

En consecuencia, invito encarecidamente a los miembros de la familia a reconocer en don Juan la autoridad que —desde que la monarquía ha existido— pertenece al Rey sobre sus familiares conforme a las leyes nacionales. Exhorto a mi dicho hijo a considerarse, en consecuencia, como investido del deber de ayudarles en la medida de sus posibilidades y conforme a lo que le dicte la conciencia.

Corroboro igualmente los derechos sucesorios eventuales a la corona de España de mi hija doña Beatriz, que ha sido objeto de una renuncia de su parte, con mi aprobación, a partir de la estipulación de su contrato matrimonial con el príncipe Civitella-Cesi.

6. *Sexto.* Dispongo lo que sigue: las sumas que he proporcionado a mis hijos e hijas en vida, sea cuales sean los motivos, la donación de joyas, muebles y bienes de toda especie que les he ofrecido, no deben ser devueltos.

7. *Séptimo.* Recomiendo muy especialmente a mi hijo don Juan a los sirvientes que estén a mi servicio en el momento de mi muerte y a los que no estando ya en ese momento, se hayan señalado por su lealtad y buenos servicios hacia mi persona.

8. *Octavo.* Lego el usufructo que el Código Civil da a la viuda a mi esposa, Su Majestad la Reina Doña Victoria Eugenia de Battenberg.

La dote que aportó al matrimonio, al igual que la donación dotal que le hice entonces, la serán restituidas conforme a derecho. Si con estos medios y las otras rentas provenientes de los bienes que le serán atribuidos en el momento de mi muerte, no llega a reunir una renta anual de 6000 libras esterlinas que pongo a su disposición actualmente, mi voluntad es que el capital que se estime necesario para completar esta renta le sea concedido en usufructo siendo deducido del tercio disponible de mi herencia.

9. *Noveno.* Lego a Su Alteza Real, mi hijo don Juan, Príncipe de Asturias, el sobrante del tercio disponible de mi herencia en usufructo, con dispensa de fianza y facultad de vender los bienes a condición de que los reemplace por otros del mismo valor. A su muerte dicho tercio pasará en plena propiedad a aquél de mis descendientes a quien pertenezca en ese momento la sucesión del trono de España.

Si por el efecto de las renuncias apuntadas en la cláusula quinta, no quedara nadie entre estos descendientes que estuviera capacitado en derecho para tomar la sucesión al trono, los bienes en cuestión serían distribuidos por partes iguales entre mis hijos e hijas personalmente o representados por sus descendientes respectivos. Lo que se ordena en este párrafo será igualmente observado en el caso de que mi hijo, Su Alteza Real don Juan, falleciera antes que yo.

10. *Décimo.* Instituyo herederos del resto de mis bienes a mis hijos e hijas don Jaime, doña Beatriz, doña María Cristina y don Juan, para ellos personalmente o los descendientes que los representen.

11. *Undécimo.* Declaro que, desde la muerte de don Luis Moreno y Gil de Borja, el patrimonio de la Corona, durante mi reinado, así como los bienes de mi fortuna personal y los de la fortuna conyugal, antes y después de haber dejado el trono, han sido administrados con el mayor celo y la mayor honestidad por don Miguel González de Castejón y Elío, y que don José Quiñones de León y don Francisco Moreno y Zulueta han intervenido con el mismo celo y honestidad en algunos negocios que les he confiado. Correspondiendo a tan leal conducta, ordeno que no se les pida ninguna rendición de cuentas y que se atengan a lo que ellos declaren en cuanto a la existencia de saldos a favor o en contra de mi sucesión.

12. *Doceavo.* Nombro ejecutores testamentarios a don Francisco Moreno y Zulueta, don José Quiñones de León y de Francisco Martín, don Manuel González Hontoria y Ladreda y don Miguel González de Castejón y Elío con los poderes solidarios que asumirán la representación y la personalidad entera de la sucesión, derecho de vender los bienes de todas clases amistosamente o en subastas públicas extrajudiciales, recuperar los créditos, cancelar las hipotecas y ejercer todos los derechos de administración y de propiedad que sean necesarios o útiles para pagar lo que se deba y los legados, sin perjuicio de otras atribuciones que la ley les confiera. Prorrogo a dos años el término legal de sus poderes.

Les designo también albaceas para hacer el inventario, estimación, liquidación y repartición de mi sucesión con los mismos poderes que los que la ley española acuerda al testador y les concedo el plazo de tres años para desempeñar su misión, relevándoles de la obligación de convocar a las personas indicadas en el artículo 1057 del Código Civil español, incluso si los menores u otras personas bajo tutela estuvieran interesadas. En calidad de albaceas deben ser considerados como nombrados colectivamente, debiéndose ejecutar lo que sea decidido por la mayoría.

En el caso de que alguno de los señores, Moreno, González Hontoria, o González de Castejón que acaban de ser nombrados ejecutores y albaceas, fallecieran antes de la apertura de mi sucesión, será reemplazado por las personas enumeradas a continuación, el señor Moreno por don Pedro Martínez de Irujo y Caro, el señor González Hontoria por don Eduardo Cobián y Fernández de Córdoba y el señor González de Castejón por don Joaquín González de Castejón y Chacón.

13. *Treceavo*. Prohíbo toda intervención judicial en el proceso testamentario, con excepción de las que sean obligatorias conforme a las leyes en vigor del lugar donde las operaciones de participaciones deban efectuarse.

Si uno de mis herederos formulara una reclamación contra cualquiera de las disposiciones contenidas en este testamento o contra lo que los ejecutores y albaceas dispusieran, perderá, por el solo hecho de su reclamación e independientemente de los resultados, todo lo que exceda a sus derechos legítimos.

14. *Catorceavo*. Revoco todas las disposiciones testamentarias anteriores a las presentes. Siendo estas últimas las únicas valederas.

15. *Quinceavo*. Todos los términos de este testamento serán interpretados en el sentido que les confiere la legislación española y todas las cláusulas se ajustarán a esta ley.

16. *Dieciseisavo*. El texto español del testamento debe dar fe.

17. *Diecisieteavo*. Se precisa lo que sigue: la expresión «el sobrante» del artículo noveno comprende el capital gravado de usufructo para completar la renta de Su Majestad la Reina, de lo que conforme al artículo octavo.

El compareciente declara que los textos españoles y francés que preceden han sido leídos por él y que son la expresión de su voluntad. Lo hace en presencia del notario y de los testigos el doctor Robert Feissly, de Anet, médico, y de Gustave Monnard, de Dailleus, subdirector de Banca, los dos domiciliados en Lausanne, ciudadanos mayores de edad y en posesión de sus derechos civiles y cívicos.

Leído y confirmado en Lausanne, el ocho de julio de mil novecientos treinta y nueve, a las diecinueve horas veinte minutos.

Han firmado:

Alfonso XIII de Borbón; H. S. Bergier, notario.

Inmediatamente después,

Los testigos certifican que el testador declaró que ha leído el testamento y que este acto es la expresión de su voluntad. Asimismo certifican que el testador les ha parecido capaz de disponer «causa mortis».

ACTA pronunciada en el estudio de Lausanne, calle del Grand Chêne, número ocho, el ocho de julio de mil novecientos treinta y nueve, a las diecinueve horas veinticinco minutos.

El protocolo está firmado.

Dr. Feissly; Monnard; H. S. Bergier, notario.

(Ramón de Alderete, ...*y estos Borbones nos quieren gobernar. Recuerdos de veinte años al servicio de S.A.R. Don Jaime de Borbón*, págs. 135-137, Asnières, 1974.)

3. Renuncia de don Juan a los derechos históricos de la Monarquía española, sus títulos, privilegios y la jefatura de la Familia y Casa Real de España

«Mi padre, Su Majestad el Rey Alfonso XIII, el 14 de abril de 1931, en su mensaje de despedida al pueblo español, suspendió deliberadamente el ejercicio del Poder, manifestando de forma terminante que deseaba apartarse de cuanto fuese lanzar un compatriota contra otro en fratricida guerra, pero sin renunciar a ninguno de sus derechos, que no consideraba suyos, sino, como dijo, "un depósito acumulado por la Historia, de cuya custodia ha de pedirme cuentas rigurosas". Esta actitud de padre, que revela un amor acendrado a España, que todos le han reconocido, ha sido una constante de mi vida, pues desde joven me consagré a su servicio.

»Por circunstancias especiales de todos conocidas recayó sobre mí este depósito sagrado, y el Rey Alfonso XIII, el 15 de enero de 1941, en su manifiesto de abdicación, decía: "Ofrezco a mi Patria la renuncia de mis derechos, para que, por Ley histórica de sucesión a la Corona, quede automáticamente designado, sin discusión posible en cuanto a la legitimidad, mi hijo el Príncipe Don Juan, que encarna en su persona la Institución monárquica, y que será el día de mañana, cuando España lo juzgue oportuno, el Rey de todos los españoles."»

«En su testamento recomendó a su familia que me reconociesen como Jefe de la Familia Real, como siempre le había correspondido al Rey en la Monarquía española.

»Cuando llegó la hora de su muerte, con plena conciencia de sus actos, invocando el santo nombre de Dios, pidiendo perdón y perdonando a todos, me dio, estando de rodillas junto a su lecho, el último mandato: "Majestad: sobre todo, España."

»El 28 de febrero de 1941 yo tenía veintisiete años. No se habrían cumplido todavía dos desde la terminación de nuestra guerra civil y el mundo se sumergía en la mayor conflagración que ha reconocido la Historia. Allí, en Roma, asumí el legado histórico de la Monarquía española, que recibía de mi padre.

»El amor inmenso a España, que caracterizaba fundamentalmente al Rey Alfonso XIII, me lo inculcó desde niño, y creo no sólo haberlo conservado, sino quizás aumentado en tantos años de esperanza ilusionada. El espíritu de servicio a nuestro pueblo, la custodia de los derechos de la dinastía, el amor a nuestra bandera, la unidad de la Patria, admitiendo su enriquecimiento con las peculiaridades regionales, han sido constantes que, grabadas en mi alma, me han acompañado siempre.»

«El respeto a la voluntad popular, la defensa de los derechos personales, la custodia de la tradición, el deseo del mayor bienestar posible promoviendo los avances sociales justos, han sido y serán preocupación constante de nuestra familia, que nunca regateó esfuerzo y admitió todos los sacrificios, por duros que fuesen, si se trataba de servir a España. En suma, el Rey tiene que serlo de todos los españoles.

»Fiel a estos principios, durante treinta y seis años he venido sosteniendo invariablemente que la institución monárquica ha de adecuarse a las realidades sociales que los tiempos demandan: que el Rey tenía que ejercer un poder arbitral por encima de los partidos políticos y clases sociales sin distinciones; que la Monarquía tenía que ser un Estado de derecho, en el que gobernantes y gobernados han de estar sometidos a las leyes dictadas por los organismos legislativos constituidos por una auténtica representación popular; que aun siendo la religión católica la profesada por la mayoría del pueblo español, había que respetar el ejercicio y la práctica de las otras religiones dentro de un régimen de libertad de cultos, como estableció el Concilio Vaticano II; y, finalmente, que España, por su historia y por su presente, tiene derecho a participar destacadamente en el concierto de las naciones del mundo civilizado.»

«No siempre este mi pensamiento político llegó exactamente a conocimiento de los españoles, a pesar de haber estado en todo momento presidido por el mejor deseo de servir a España. También sobre mi persona y sobre la Monarquía se vertieron toda clase de juicios adversos, pero hoy veo con satisfacción que el tiempo los está rectificando.

»Por todo ello, instaurada y consolidada la Monarquía en la persona de mi hijo y heredero Don Juan Carlos, que en las primeras singladuras de su reinado ha encontrado la aquiescencia popular claramente manifestada y que en el orden internacional abre nuevos caminos para la Patria, creo llegado el momento de entregarle el legado histórico que heredé y, en consecuencia, ofrezco a mi Patria la renuncia de los derechos históricos de la Monarquía española, sus títulos, privilegios y la jefatura de la Familia y Casa Real de España, que recibí de mi padre, el Rey Alfonso XIII, deseando conservar para mí, y usar como hasta ahora, el título de Conde de Barcelona.

»En virtud de esta mi renuncia, sucede en la plenitud de los derechos dinásticos como Rey de España a mi padre el Rey Alfonso XIII, mi hijo y heredero el Rey Don Juan Carlos I.

»Majestad: por España, todo por España. ¡Viva el Rey! ¡Viva España!

»Madrid, 14 de mayo de 1977.»

(*ABC*, «Don Juan: una vida al servicio de España»,
págs. XXVIII-XXIX, Madrid, 2 de abril de 1993.)

BIBLIOGRAFÍA

ALBERCH I FUGUERAS, Ramon, *El príncep de Girona*, 1982.
ALDERETE, Ramón de, *Les Bourbons que j'ai connus*, 1972.
—, *...y estos Borbones nos quieren gobernar*, 1974.
ALMAGRO SAN MARTÍN, Melchor, *La pequeña historia*, 1954.
—, *Ocaso y fin de un reinado*, 1947.
ANSON, Luis María, *Don Juan*, 1994.
—, *La Monarquía, hoy*, 1957.
ARONSON, Theo, *Princess Alice, countess of Athlone*, 1981.
—, *Grandmama of Europe*, 1973.
—, *Venganza real*, 1968.

BALANSÓ, Juan, *La Casa Real de España*, 1976.
—, *La Familia Real y la familia irreal*, 1992.
—, *La familia rival*, 1995.
—, *Los reales primos de Europa*, 1992.
BARDAVÍO, Joaquín, *La rama trágica de los Borbones*, 1989.
BAVIERA, Pilar, princesa de, *Alfonso XIII*, 1945.
BERGAMINI, John, *The Spanish Bourbons*, 1974.
BLASCO IBÁÑEZ, Vicente, *Alphonse XIII démasqué*, 1924.
BONMATÍ DE CODECIDO, Francisco, *El Príncipe don Juan de España*, 1938.
BORBÓN, Eulalia de, *Court life from withim*, 1915.
—, *Memorias*, 1967.
BORBÓN, Juan de, *Mi vida marinera*, 1978.
BORBÓN, María Cristina de, *Memorias*, 1992.
BORBÓN, Paz de, *Memorias*, 1935.
BORBÓN DAMPIERRE, Alfonso de, *Memorias*, 1990.

CABALLERO AUDAZ, EL, *¿Alfonso XIII fue un buen rey?*, 1934.
—, *Almanaque monárquico para 1936*, 1935.
—, *Don Juan de España, heredero de Alfonso XIII*, 1934.
—, *Una española se casa en Roma*, 1935.
CÁDIZ, duque de, *Memorias*, 1982.
CARDELL, Carlos, *La Casa de Borbón en España*, 1954.
CÁRDENAS, marqués de, *El Toisón de Oro*, 1960.
CASARIEGO, José Evaristo, *El Principado de Asturias*, 1976.
CASTILLO PUCHE, José Luis, *Diario íntimo de Alfonso XIII*, recogido por, 1961.

CIERVA, Ricardo de la, *Franco y don Juan. Los reyes sin corona*, 1993.
—, *La otra vida de Alfonso XII*, 1994.
—, *Victoria Eugenia, el veneno en la sangre*, 1992.
CORTÉS CAVANILLAS, Julián, *Alfonso XIII en el destierro*, 1933.
—, *Alfonso XIII. Vida, confesiones y muerte*, 1959.
CURLEY, Walter, *Monarchs in waiting*, 1973.
CHAFFANJON, Arnaud, *Les grandes Ordres de Chevalerie*, 1969.
CHAIROFF, Patrice, *Faux chevaliers, vrais gogos*, 1985.
CHARRIAUT, Henri, *Alphonse XIII intime*, 1909.

DAMPIERRE, Emanuela, duquesa de Segovia, *Memorias*, 1991.
DUFF, David, *Hessian tapestry*, 1967.
—, *The shy princess*, 1958.
DUQUE DE ANJOU, Consejo del, *Ètat présent de la Maison de Bourbon*, 1975.

ERNST, Otto, *Kings in exile*, 1937.

FABIÉ, Antonio María, *El Principado de Asturias*, 1880.
FERNÁNDEZ, Cristóbal, *El confesor de Isabel II y sus actividades en Madrid*, 1964.
FERNÁNDEZ DE BÉTHENCOURT, Francisco, *Príncipes y caballeros*, 1913.
FERNÁNDEZ DE LARA, Carmen, *Lo que vi en Fontainebleau*, 1933.
FERNÁNDEZ DE LA MORA, Gonzalo, *Río arriba*, 1995.
FERNÁNDEZ DE LOS RÍOS, Ángel, *El futuro Madrid*, 1868.
FERNÁNDEZ-MIRANDA, Pilar y Alfonso, *Lo que el Rey me ha pedido*, 1995.
FERRANDO, Juan, *Teoría de la restauración monárquica en España*, 1975.
FRANCO SALGADO-ARAUJO, teniente general Francisco, *Mis conversaciones privadas con Franco*, 1976.
FRANCH, Ramón de, *Genio y figura de Alfonso XIII*, 1947.

GARCÍA-MERCADAL, Fernando, *Los títulos y la heráldica de los Reyes de España*, 1995.
GIL-ROBLES, José María, *La Monarquía por la que yo luché*, 1976.
GIRARD DE CHARBONNIÈRES, Guy de, *Les derniers rois*, 1986.
GIRONELLA, José María, *Conversaciones con don Juan de Borbón*, 1968.

GONZÁLEZ-DORIA, Fernando, *Don Juan de España*, 1968.
GORTÁZAR, Guillermo, *Alfonso XIII, hombre de negocios*, 1986.
GRACIA, Fernando, *La madre del Rey*, 1994.
GRAHAM, Evelyn, *The Queen of Spain*, 1928.
GUANARTEME, duque de, *¿A dónde vamos?*, 1966.
GUTIÉRREZ RAVÉ, José, *El conde de Barcelona*, 1962.

HAMILTON, Gerald, *Blood Royal*, 1964.
HERRERA LUQUE, Francisco, *La huella perenne*, 1973.

IZQUIERDO HERNÁNDEZ, Manuel, *Historia clínica de la Restauración*, 1946.

JIMÉNEZ DE ASÚA, Luis, *Responsabilidad de un rey*, 1936.
JUNCEDA, Enrique, *Ginecología y vida íntima de las reinas de España. La Casa de Borbón*, 1992.

KINDELÁN, Alfredo, *La verdad de mis relaciones con Franco*, 1981.
KOLLER, Fortuné, *Au service de la Toison d'Or*, 1971.

LAOT, Françoise, *Juan Carlos y Sofía*, 1987.
LE HETE, Thierry, *Les Capétiens. Le livre du millénaire*, 1987.
LETTENHOVE, Kervyn de, *La Toison d'Or*, 1907.
LÓPEZ RODÓ, Laureano, *La larga marcha hacia la Monarquía*, 1977.
—, *Memorias, I-IV*, 1990-1993.
LOUDA, Jiri, *Lines of succession*, 1981.

MARTÍNEZ DE LA RIVA, R., *Bodas reales*, 1935.
MOLA, Emilio, *Memorias*, 1977.
MONTERO, Eugenia, *Los secretos del palacio real*, 1986.
MONTERO ALONSO, José, *Amores y amoríos en Madrid*, 1984.
—, *Sucedió en Palacio*, 1974.
MORÁN, Gregorio, *El precio de la transición*, 1991.

NOEL, Gerard, *Victoria Eugenia, reina de España*, 1986.
NOUGÉS, Julián, *Los hijos de Elena Sanz y la Familia Real*, 1908.

OLLIVIER, Jean-Pierre, *La Folie des Grandeurs*, 1981.
ORLANDO, Guido, *Memorias*, 1970.

Palacio Atard, Vicente, *Juan Carlos I y el advenimiento de la democracia*, 1988.
Pakula, Anna, *The last romantic*, 1984.
Pérez de Guzmán, Juan, *El Principado de Asturias*, 1880.
Petrie, sir Charles, *Alfonso XIII y su tiempo*, 1967.
Pinoteau, Hervé, *Héraldique Capétienne*, 1954-1956.
Postius, Juan, *Juicio crítico sobre las relaciones familiares y políticas entre Isabel II y el rey consorte*, 1927.
Potts, D. M., *Queen Victoria's gene: haemophilia and the Royal Family*, 1995.
Prosser, Ronald, *The order of the Golden Fleece*, 1981.
—, *The royal prerrogative*, 1981.
Prothero, Rowland, *H.R.H. Prince Henry of Battenberg*, 1897.

Quintanar, marqués de, *La muerte de Alfonso XIII*, 1955.

Rojas, Carlos, *Alfonso de Borbón habla con el demonio*, 1995.
Rumanía, Ileana, princesa de, *Memorias*, 1955.

Sainz Rodríguez, Pedro, *Testimonio y recuerdos*, 1978.
—, *Un reinado en la sombra*, 1981.
Salmador, Víctor, *Don Juan de Borbón. Grandeza y servidumbre del deber*, 1976.
Salway, Lance, *Queen Victoria's grand-children*, 1991.
Sánchez Albornoz, Claudio, *Anecdotario político*, 1974.
Sanz, Alfonso y Fernando, *La Familia Real de España y los hijos de Elena Sanz*, 1912.
Sara, M. E., *The life and times of H.R.H. Princess Beatrice*, 1945.
Sauerwein, Jules, *Monarcas de ayer y de mañana*, 1953.
Schipa, Michelangelo, *La diseredazione di un Principe Reale*, 1899.
Seco Serrano, Carlos, *Alfonso XIII y la crisis de la Restauración*, 1969.
Sencourt, Robert, *Alphonse XIII*, 1946.
Sierra, Ramón, *Don Juan de Borbón*, 1965.
Soriano, Manuel, *Sabino Fernández Campo, la sombra del Rey*, 1995.

Thorwald, Jürgen, *Sangre de reyes*, 1976.
Tiedemann, Carlota, duquesa de Segovia, *Memorias*, 1950.
Toquero, José María, *Franco y don Juan: la oposición monárquica al franquismo*, 1989.

—, *Don Juan de Borbón, el Rey padre*, 1992.
TUSELL, Xavier, *La oposición democrática al franquismo*, 1977.

VALDEIGLESIAS, marqués de, *70 años de periodismo*, 1952.
VALYNSEELE, Joseph, *Les prétendants aux trones d'Europe*, 1967.
VALLAS, Bruno, *L'instauration de la Monarchie en Espagne dans les lois fondamentales*, 1976.
VALLOTTON, Henry, *Alfonso XIII*, 1958.
VARELA, Benigno, *En defensa del Rey*, 1931.
VÁZQUEZ AZPIRI, Héctor, *De Alfonso XIII al Príncipe de España*, 1973.
VEGAS LATAPIÉ, Eugenio, *Los caminos del desengaño*, 1987.
—, *La frustración en la victoria*, 1995.
—, *Memorias políticas: el suicidio de la Monarquía y la segunda República*, 1983.
VICTORIA EUGENIA, reina, *Memorias*, 1961.
VIDA, Fernando, *El Principado de Asturias*, 1880.
VILA-SAN-JUAN, José Luis, *Alfonso XIII, un rey, una época*, 1993.
VILALLONGA, José Luis de, *El Rey*, 1993.
VILMORIN, Geneviève de, *The chronicles of the first part of the century*.
VILLAVIEJA, marqués de, *Life has been good*, 1938.
VIVIAN, Herbert, *Kings in waiting*, 1933.

WILLIAMSON, David, *Burke's Royal Families of the World*, 1977.

ÍNDICE ONOMÁSTICO

Los números en cursiva remiten
a las páginas de ilustraciones.

Ágreda de Silva, Rosario 36, *2*
Alberto II, Rey de Bélgica 150
Albiol, Enrique 12
Albiol, Teresa 12
Alderete Granados, Ramón de 62, 88, 115, 130, 214
Alegre, la (*véase* Gaydon, Mildred)
Alejandro VI Borgia 173
Alexis, zarevitch de Rusia 41, 44
Alfaro, Javier Gaspar 137
Alfonsito (*véase* Borbón y Battenberg, Alfonso de)
Alfonso V el Magnánimo 197
Alfonso X el Sabio 148
Alfonso XII de España 13, 27, 29, 30, 31-33, 168, 186, 200, 204, 209, *4, 5*
Alfonso XIII de España 13, 17-20, 29, 33-38, 41-51, 52, 53, 55, 56, 58, 59, 61-68, 70, 71, 77-84, 87-89, 91-94, 96-98, 103, 104, 106, 108-111, 113, 115, 117, 119-122, 127, 131, 133, 143, 144-149, 151-156, 158-175, 182, 184, 186, 199, 202, 204, 209, 210, 214-216, *1, 4, 7, 8, 13, 14, 19-22, 24, 25*
Alfonso XIV (*véase* Borbón Dampierre, Alfonso de)
«Alfonso Carlos I» (*véase* Borbón y Austria-Este, Alfonso Carlos de)
Almagro San Martín, Melchor de 62, 63
Almaraz, Juan de 22-24
Alonso, José Ramón 134
Amadeo I de España 123, 125, 168, 183, 194, 198, 204, *16*
Anders, William 126
Andes, conde de los 36, 172
Anglade, Jean 150
Anjou, duque de (*véase* Borbón y Battenberg, Jaime de)

Anson, Luis María 82, 147, 157, 170, 182, 185, 190, *26*
Apulia, duque de (*véase* Borbón y Sajonia, Felipe de)
Aronson, Theo 29
Arzobispo de Nápoles 123
Asís de Borbón y Borbón, Francisco de 27, 29, *3*
Astrid, Reina de Bélgica 150
Athlone, condesa de (*véase* Coburgo, Alicia de)
Atkins 73
Aujol 128
Austria, Antonio de 47, *8*
Austria, Baltasar Carlos de 197, 204
Austria, Carlos de 203
Austria, Diego de 203
Austria, Felipe Próspero de 204
Austria, Fernando de 203
Austria, María Cristina de, Reina y Regente de España 19,˙31-33, 42, 145, 175, 209
Austria, María Teresa de 204
Aybar, conde de 118

Baena, duque de (*véase* Ruiz de Arana, José)
Balaguer, señor de (*véase* Fernando II)
Balansó Amer, Juan 177, *26, 29*
Balduino de Bélgica 123, 150
Baños, duque de (*véase* Ramos de Meneses, Antonio)
Barcelona, conde de (*véase* Borbón y Battenberg, Juan de)
Barcelona, condesa de (*véase* Borbón y Orleáns, María de las Mercedes de)
Batista, Fulgencio 73
Battenberg, Alejandro de 17, *1*

Battenberg, Enrique de 17, *1*
Battenberg, Leopoldo de 17, 44, *1*
Battenberg, Mauricio de 17, 44, *1*
Battenberg, Victoria Eugenia de, Reina de España 13, 17-20, 29, 36-38, 41-45, 47-49, 58, 63-67, 70-72, 78, 92, 93, 100, 107, 118, 145, 148, 149, 158, 165-168, 173-178, 188, 210, 213, 219, *1, 2, 7, 8, 21, 25*
Baviera, Fernando de 105
Baviera, Tesa de 153
Baviera, príncipe de 43
Baviera y Borbón, Luis de 131
Belmonte, Juan 34
Bellsever, Juan 88, 128
Beltrán de Heredia, Pablo 48
Benavente, Jacinto 34
Bergier, Henri-Samuel 209, 214
Berry, duque de 95
Bonaparte, Julia 111
Bonaparte, Napoleón 22, 168
Borbón, Carlos de 152, 158
Borbón, Carlos Luis de 27
Borbón, Carlota Joaquina de 87
Borbón, Estefanía de 138, *18*
Borbón, Eulalia de 20, 29, 33, 45, 48, 63, 83, 156, 163, 176, *4*
«Borbón», Helga Carlota de 119, *15*
Borbón, Jaime de 96, *32*
Borbón, María Isabel Francisca de (llamada *la Chata*) 29, 200, 204, *31*
Borbón, María Teresa de 204
Borbón, Paz de 29, 33, 43, *8*
Borbón, Pilar de 29
Borbón-Austria, María de las Mercedes de 200, 204
Borbón de Austria-Este, Carlos María de los Dolores de 187, 200, 201, *32*
Borbón y Battenberg, Alfonso de 13, 36, 37, 41-73, 82, 83, 87, 93, 98, 105, 129, 134, 143, 144, 148, 150, 153, 200, 202, *2, 7-12, 29*
Borbón y Battenberg, Beatriz de 44, 58, 63, 64, 67, 101, 105, 144, 145, 148-151, 153, 154, 158, 165, 173, 210-212, *2, 8, 10, 13, 20, 21*
Borbón y Battenberg, Gonzalo de 37, 44-46, 58, 63, 65, 67, 87, 144, 146, 148, 149, 188, *2, 8, 21*
Borbón y Battenberg, Jaime de 13, 37, 44, 47, 58, 64, 67, 70, 77-139, 143, 144, 146, 150, 153, 158, 165, 168, 173, 188, 202, 210, 212, *2, 8, 13-17, 21, 22, 24, 27*
Borbón y Battenberg, Juan de 13, 34, 44, 48, 50, 58, 67, 72, 73, 79, 81-83, 87, 88, 91, 93, 97-109, 111, 112, 115-118, 120, 122-126, 129, 130, 133, 134, 141-178, 179, 181-190, 194, 198, 202, 205, 210-212, 214-216, *2, 6, 8, 16, 21-30, 32*
Borbón y Battenberg, María Cristina de 44, 45, 58, 63, 73, 97, 101, 105, 145, 149-151, 153, 166, 173, 187, 210, 212, *2, 8, 20, 21*
Borbón y Borbón, Alfonso de 115, 116, 176, 183, 189, *25*
Borbón y Borbón, Juan Carlos de (*véase* Juan Carlos I de España)
Borbón y Borbón, Margarita de 133, 176, 186, *25, 27*
Borbón y Borbón, Pilar de 159, 161, 186, *25, 27*
Borbón y Borbón-Parma, Carlos María Isidro de 123, 200
Borbón y Braganza, Carlos Luis de 200
Borbón y Braganza, Juan Carlos de 187
Borbón Dampierre, Alfonso de 84, 92, 93, 99-103, 105, 106, 109, 110, 115, 116-122, 126-139, 185, *15, 17*

Índice onomástico

Borbón Dampierre, Gonzalo de 92, 99-106, 110, 118, 119, 131, 138, 139, *15, 18*
Borbón-Dos Sicilias, Alfonso de 105, 200, *16*
Borbón-Dos Sicilias, Carlos de 64, 125, 153, 200
Borbón y Austria-Este, Alfonso Carlos de 96, 97
Borbón y Grecia, Elena de 188, 193, *3, 27*
Borbón y Grecia, Felipe de 178, 183, 193, 194, 199, 201, 202, 204, *32*
Borbón y León, Blanca de 78
Borbón y Martínez-Bordíu, Francisco de 122, 136, *19*
Borbón y Martínez-Bordíu, Luis Alfonso de 135-139, 188, *17, 19*
Borbón y Orleáns, Carlos de 153, 161
Borbón y Orleáns, Dolores de 153, *23*
Borbón y Orleáns, Esperanza de 153, *23*
Borbón y Orleáns, Isabel Alfonsa de *23*
Borbón y Orleáns, María de las Mercedes de 34, 103, 152-154, 158, 159, 161, 176, 177, 183, 185, 189, *23-25*
Borbón y Sajonia, Felipe de 84-87
Borbón Parma, Carlos Hugo de 185, 204, *32*
Borbón Parma, Carlos Javier de 204, *32*
Borbón Parma, Jaime de *32*
Borbón Parma, Javier de 96, 165, 204, *23, 32*
Borbón Parma, Luis de *23*
Borbón Parma, Roberto de 125
Borbón-Segovia, Alfonso de (*véase* Borbón Dampierre, Alfonso de)
Borbón-Segovia, Gonzalo de (*véase* Borbón Dampierre, Gonzalo de)
Borghi, Adelina 32

Borgoña, duque de 123, *16*
Borgs, Bruce 33
Borgs, Robert 33
Borgs, Warren 33
Borman, Frank 126
Braganza, Bárbara de 21
Braganza, Isabel de 26

Caballero Audaz, el (*véase* Carretero, José María)
Caballero, Rodolfo 73
Cádiz, duque de (*véase* Borbón Dampierre, Alfonso de)
Cádiz, duquesa de (*véase* Martínez-Bordíu, María del Carmen)
Calabria, duque de (*véase* Borbón y Sajonia, Felipe de)
Calabria, duque de (*véase* Borbón-Dos Sicilias, Alfonso de)
Calixto III Borgia 173
Calomarde, Francisco Tadeo 24, 25
Calvo Sotelo, José 80, 81, 82, 148, 157, 160
Campmany, Jaime 179
Carlos I de España y V de Alemania 186, 203
Carlos II de España (llamado *el Hechizado*) 199, 204
Carlos III de España 13, 21, 85-87, 99, 198, 199, 204
Carlos IV de España 21, 22, 85, 87, 168, 186, 198, 204, *3*
«Carlos V» (*véase* Borbón y Borbón-Parma, Carlos María Isidro de)
«Carlos VI» (*véase* Borbón y Braganza, Carlos Luis de)
«Carlos VII» (*véase* Borbón de Austria-Este, Carlos María de los Dolores de)
«Carlos VIII» (*véase* Habsburgo y Borbón, Carlos de)
Carlos III de Navarra (llamado *el Noble*) 197

Carlos de Viana 197
Carrero Blanco, Luis 126
Carretero, José María 52, 56, 58, 59, 61-63, 78, 90, 91, 155, 165
Caserta, condesa de, Reina titular de las Dos Sicilias 158
Castelar, Emilio 30
Castilla, Alfonso de 203
Castilla, Beatriz de 195, 196
Castilla, Catalina de 203
Castilla, Constanza de 195, 196
Castilla, Isabel de (hija de Pedro I *el Cruel*) 195
Castilla, Isabel de (hija de los Reyes Católicos) 200, 203
Castilla, Juan de 203
Castilla, Juana de (llamada *la Beltraneja*) 203
Castilla, Leonor de 203
Castilla, María de 203
Castillo-Puche, José Luis 159
Cebrián, José Luis 120
Cervera, conde de (*véase* Juan I de Castilla)
Chambord, conde de 94, 96
Charriaut, Henri 41
Cierva, Ricardo de la 29-32, 162, 182
Civitella Cesi, príncipe de (*véase* Torlonia, Alessandro)
Cobián y Fernández de Córdoba, Eduardo 213
Coburgo, Alicia de 29
Connaught, Margarita de 66
Constantino II de Grecia 126
Contreras, Emilio 185, *26*
Contreras y López de Ayala, Juan 157
Corcho 107
Cortes-Cavanillas, Julián 101, 144, 175
Covadonga, conde de (*véase* Borbón y Battenberg, Alfonso de)
Covadonga, condesa de (*véase* Sampedro Robato, Edelmira)

Dalla Costa, cardenal 158
Dampierre, Beatriz de 101
Dampierre, Ricardo de *24*
Dampierre, Roger de 89, 90
Dampierre, Victoria Emanuela 88-92, 98, 99, 104, 106, 110, 112, 118, 122, 128, 135, 138, 139, 188, *13, 14, 19, 24, 27*
Dampierre, vizconde de (*véase* Dampierre, Ricardo de)
Danavas, Mario 79
Daranas, Mariano 93
Desio, marqués de (*véase* Sangróniz Castro, José Antonio)
Díaz, Porfirio 33
Díaz de Mendoza, Fernando 34
Dos Sicilias, Gabriel de las 101
Dos Sicilias, María Cristina de las 26
Duff, David 42

Edimburgo, María de 66
Eduardo III de Inglaterra 195
Eduardo VII de Inglaterra 18, 65, *1*
Eduardo VIII de Inglaterra 50
Elena, Reina de Italia 151, 152
Elósegui, Carlos 45, 46, 48, 49, 51, *9*
Ena (*véase* Battenberg, Victoria Eugenia de)
Enrique II de Castilla 195, 196
Enrique III de Castilla 195, 203, *31*
Enrique IV de Castilla 203
España, príncipe de (*véase* Juan Carlos I de España)
Espartero, Baldomero 198, *31*

Fabrequer, conde de (*véase* Muñoz Maldonado, José)
Farnesio, Isabel de 21
Feissly, Robert 213, 214
Felipe II de España 186, 200, 203

Felipe III de España 203, 204
Felipe IV de España 13, 197, 204, *30*
Felipe V de España 13, 20, 21, 87, 94, 95, 186, 198, 199, 204
Fernández de la Mora, Gonzalo 133, 182
Fernández de los Ríos, Ángel 181, 184
Fernando I de Aragón 197
Fernando II de Aragón (llamado el *Católico*) 196, 198, 203
Fernando VI de España 13, 21, 85, 87, 199, 204
Fernando VII de España 20, 22-24, 26, 87, 168, 186, 204, *3*
Fernando IV de Nápoles y III de Sicilia 85
Fernando I de Rumanía 47, 66
Figueroa, Álvaro de 42
Figueroa, Luis de 78
Fleming, Jack 70
Fontanar, marqués de (*véase* Díaz de Mendoza, Fernando)
Fonte, Pedro José 24
Franch, Ramón de 35, 148
Franco Bahamonde, Francisco 13, 71, 89, 100-102, 106, 107, 109-111, 114-116, 119-127, 130-134, 136, 138, 156, 160-164, 167, 172-175, 181-183, 188, 190, 193, 194, 198, 199, 202, *16, 17, 19, 24, 25, 30, 32*
Franco Salgado-Araujo, Francisco 125, 164

Gaitanes, conde de los (*véase*, Ussía, Luis de)
Gala, Antonio 28
Gallo, el 34
Gante, Juan de 195, 196
Gaona, Rodolfo 34
García-Mercadal, Fernando 137

García Prieto, Manuel 19
García de la Rasilla, Luis 185
Gaydon, Mildred 71
Gerzábal, Luis 23
Gil-Robles, José María 102, 106, 107, 172, 173
Giménez-Caballero, Ernesto 157
Girona, duque de (*véase* Juan I de Castilla)
Godoy, Manuel 22, 198, *3, 31*
Goicoechea, Antonio de 148, 157
Gómez Mena, José 69
Gómez de Salazar, Roberto 146
Gómez de la Serna, Francisco Javier 19
Gómez Ulla, Mariano 101
González de Castejón y Chacón, Joaquín 213
González de Castejón y Elío, Miguel 212, 213
González Hontoria y Ladreda, Manuel 212, 213
González de Vega, Javier 97
Gortázar, Guillermo 66, 67
Graham, Evelyn 44
Grasset, Mercedes 46
Grecia, Sofía de, Reina de España, 34, 116, 133, 134, 178, 179, 198, *30*
Grey, sir Edward 65
Grove, conde del 146
Guanarterme, duque de (*véase* Mínguez, Ceferino)
Guerrero, María 34
Guillemé-Brulon, Jacques 120

Habsburgo y Borbón, Carlos de 190
Halcón, Manuel 185, *26*
Hamilton, Gerald 149
Harto Montealegre, Carmen 138, *18*
Hauke, Julia 17
Herrera Luque, Francisco 87, 102
Herrera Oria, Ángel 100, 101

Hesse, Alejandro de 17
Hitler, Adolf 172

Infantado, duque del 185, *26*
Inglaterra, Beatriz de 17, 42, *1*
Irakly Bagration de Mukhrani de Georgia 126
Isabel I de Castilla (llamada *la Católica*) 196, 203
Isabel II de España 20, 26-30, 43, 87, 123, 131, 150, 165, 168, 186, 198, 200, 201, 204, *3, 4, 8, 16, 30, 31*
Isabel Clara Eugenia 200

«Jaime I» (*véase* Borbón, Jaime de)
Jiménez de Asúa, Luis 32
Jorge (amante de Isabel II de España) 28, 29
Jorge V de Inglaterra 147
José I de España 168
Joselito 34
Juan, don (*véase* Borbón y Battenberg, Juan de)
Juan I de Castilla 195-197, 203
Juan II de Castilla 203
Juan III (*véase* Borbón y Battenberg, Juan de)
«Juan III» (*véase* Borbón y Braganza, Juan Carlos de) 187
Juana I (llamada *la Loca*) 203
Juan Carlos I de España 13, 105, 111, 115-117, 119, 122, 124-127, 130-134, 156, 160, 165, 176-179, 181, 183-187, 193, 197-200, 202, 204, 205, 216, *3, 16, 17, 24-27, 29, 30*

«Kiki» (*véase* Borbón y Battenberg, Gonzalo de)
Kindelán, Alfredo 176
Kutzschenbach, Rolf von 92

Lalaing, conde de (*véase* Díaz de Mendoza, Fernando)
Lancaster, Catalina de 196
Lancaster, duque de (*véase* Gante, Juan de)
Landry, Sandra 138
Laszlo de Lombos, Fülöp Elek *29*
Lavilla, Landelino 133
Lécera, duquesa de (*véase* Ágreda de Silva, Rosario)
Leopoldo III de Bélgica 150
Lequio, Alessandro 150
Lequio, conde (*véase* Lequio, Alessandro)
Licer García, Mercedes 138, *18*
Longa, Francisco 23
«López, Juan» (*véase* Borbón y Battenberg, Juan de)
López, Zoila 88
López Oliván, Julio 107
López Rodó, Laureano 91, 97, 122, 125, 130
Lovell, Jim 126
Lozoya, marqués de (*véase* Contreras y López de Ayala, Juan)
Luca de Tena, Juan Ignacio 148, 161, 162
Luca de Tena, María Luisa 144
Luis I de España 13, 21, 186, 187, 204
Luis XIV de Francia 95, 97, 201
Luis XVI de Francia 187
Luis XVII de Francia 187
Luis XVIII de Francia 187
Lymantur Mariscal, Guadalupe 32, 33

Maeztu, Ramiro de 157
María, Reina de Rumanía 47
María I de Portugal 87
Marichalar, Jaime de 188, *27*
Marmaggi, cardenal 101
Martí, José 69

Índice onomástico

Martín I de Aragón (llamado *el Humano*) 197
Martín Artajo, Alberto 102, 176
Martín, Francisco 212
Martínez, padre 50
Martínez-Bordíu, Cristóbal 121, 135
Martínez-Bordíu Franco, María del Carmen 121, 122, 125-127, 134-136, *17*
Martínez de Arrizala y Luna, Josefa 31
Martínez de Irujo y Caro, Pedro 213
Martínez de la Rosa, Francisco 25
Marone, conde (*véase* Marone-Cinzano, Enrico)
Marone-Cinzano, Enrico 101, 151, *21*
Medina, Tico 120
Meunier, Louis *30*
Miani de Angoris, conde 101
Míguez, Ceferino 29
Milán y Quiñones de León, Juana Alfonsa 35, 36
Miralles, Jaime 186, 190
Miranda, Luis 80, 81, 92, 124
Mola, Emilio 45
Monnard, Gustave 213, 214
Montblanc, duque de (*véase* Martín I)
Montero, Eugenia 36
Montes, Eugenio 157, 158
Montizón, conde de (*véase* Borbón y Braganza, Juan Carlos de)
Montpensier, Luisa Fernanda, duquesa de 200
Moreno y Gil de Borja, Luis 212
Moreno y Zulueta, Francisco 212, 213
Morral, Mateo 19
Muñoz Maldonado, José 25
Nápoles, María Antonia de 26
Navarro, Maruya 88
Navarro-Valls, Joaquín 144

Nicolás II de Rusia 41, 44
Noel, Gerard 36, 167, *2*
Noon, Beatrice 35
Nourry, Philippe 126
Núñez, Fernán 21, 24

Obregón, Jesús 185, *26*
Oliván, José Antonio 74, 139
Ollivier, Jean-Pierre 128
Oriol 100
Orlando, Guido 113, 114
Orleáns, Alfonso de 48, 105, 176
Orleáns, Álvaro de 150
Orleáns, Ataúlfo de 150
Orleáns, Enrique de 133
Orleáns, Luisa Isabel de 21, 152, 158, *23*
Orleáns, María de las Mercedes de 31
Orleáns-Braganza, Pedro de 153

Pablo VI 184
Pablo I de Grecia 126
Padilla, María de 195
Pardo Alegre, Rafael 177
París, conde de (*véase* Orleáns, Enrique de)
Parma, duque de (*véase* Borbón, Carlos Luis de)
Parma, María Luisa de 21, 22, 24, *3*
Pedro I *el Cruel* 195, 196
Pedro II de Yugoslavia 126, *16*
Pedro IV de Aragón 196, 197
Pelayo, don 201
Pemán, José María 157, 185, *26*
Pepa *la Malagueña* 26
Pérez de Guzmán 22
Pérez Navarro, José 23, 25
«Pichona» (*véase* Dos Sicilias, María Cristina de las)
Pinoteau, Hervé 132

239

Pinoteau, barón de (*véase* Pinoteau, Hervé)
Pío XII 103
Pittaluga, Gustavo 46
Pla y Deniel, Enrique 103
Polo de Franco, Carmen 121
Polo y Martínez-Valdés, María del Carmen 121
Portillo Yravedra, Pedro del 177
Portugal y Castilla, Miguel de 203
Potts, M. 149-151
Pradera, Víctor 157
Pratolongo, Emanuela 138, 190, *18*
Preston, Paul 89
Prim, Juan 194
Primo de Rivera y Orbaneja, Miguel 43, 47, 143, 150, *20*
Primo de Rivera y Sáenz de Heredia, José Antonio 150, *20*
Primo de Rivera y Sáenz de Heredia, Miguel 150, *20*
Puigmoltó, Enrique, 29
«Puchunga, la» (*véase* Sampedro Robato, Edelmira)
Puig Antich, Salvador 184

Quiñones de León, José María 35, 107, 212

Ramos de Meneses, Antonio 27
Reyes Católicos (*véase* Castilla, Isabel I de y Aragón, Fernando II de)
Reina, Javier 157
Ribera, Lorenzo 157
Ríos, Amador de los *30*
Riudoms, conde de 80
Riva, Ramón María de la 158
Rocafort Altuzarra, Marta 70, 72, 73, *11*
Rojas, Carlos 29, 30
Romanones, conde de (*véase* Figueroa, Álvaro de)

Romanones, segundo conde de (*véase* Figueroa, Luis de)
Rossi-Drago, Eleonora 121
Rossi, Jean-Marie 135, 136
Ruiz de Arana, José 29
Ruiz-Jiménez, Joaquín 176
Ruiz Moragas, Alfonso Leandro 34, 36, *6*
Ruiz Moragas, Carmen 34, 35
Ruiz Moragas, Teresa Alfonsa 34-36
Rumanía, Ileana de 47, *8*
Rúspoli, Victoria 89, 105

Shapiro 44
Saboya, Amadeo de (*véase* Amadeo I de España)
Saboya, Manuel Filiberto de 183, 194, 204
Saboya, María de 152, *23*
Saboya, María Luisa Gabriela de 21
Sagasta, Práxedes Mateo 28
Sainz Rodríguez, Pedro 93, 123, 124, 148, 152, 157, 169, 170, 172, 173, 182, 185, *26*
Sajonia, María Amalia de 21, 85
Sajonia, María Josefa Amalia de 26
Salas Guirior, José 144, 160
Salazar Acha, Jaime de 177
Salmador, Víctor 176, 183
Sampedro Robato, Edelmira 49, 51, 54, 56, 59-64, 68-70, 72, 143, 147, *9-12*
Sampedro Robato, Elisarda 50, 69
San Lorenzo, duque de (*véase* Dampierre, Roger de)
Sánchez Albornoz, Claudio 43
Sánchez Guerra, José 47, 48
Sangróniz Castro, José Antonio 101, 102
Sanz, Alfonso 31-33, *5*
Sanz, Elena 30-33, *5*
Sanz, Fernando 31-33, *5*

Índice onomástico

Sanz Carbonell, Manuel 31
Sanz Lymantur, Elena 33
Sanz Lymantur, María Luisa 33
Satrústegui, Joaquín 173, 185, 189
Schipa, Michelangelo 86
Schwarzenberg, príncipe de 189
Segovia, duque de (*véase*, Borbón y Battenberg, Jaime de)
Segovia, duquesa de (*véase* Dampierre, Emanuela)
Segovia, segunda duquesa de (*véase* Tiedemann, Carlota)
Senillosa, Antonio de 189
Serrano, Francisco 123, 125, *16*
Sevilla, duque de 78, 110
Simpson, Wallis 50
Solana, Marcial 157
Sonia, Reina de Noruega 135
Sozzani, Antonio 104, 105, 122, 128, 136
Suárez Fernández, Luis 196

Tenorio, Miguel 29
Thorwald, Jürgen 149
Tiedemann, Carlota 105, 111-114, 117, 118, 122, 128, 129, *14, 15*
Toló, Marilú 121
Toquero, José María 182
Torlonia, Alessandro 63-65, 149-151, 153, 211, *13, 20*
Torlonia, Sandra 101
Torres de Mendoza, marqués de 80, 81
Trueba Gutiérrez, Javier 177

Urbano, Pilar 133
Urriza, Ángel 50, 146
Ussía, Alfonso 134, 189
Ussía, Luis de 185, 189, 193, 194, *26*
Ussía, Rocío 189
Uzcudún, Paulino 48

Vales Failde, Francisco Javier 36, 37
Vallotton, Henry 42, 43
Vegas Latapié, Eugenio 48, 99, 162, 167, 173
Verne, Julio 181
Víctor Manuel III de Italia 152, 173
Victoria I de Inglaterra 17, 18, 41
Vilallonga, José Luis de 134
Villa Urrutia 22
Villada 157
Villamagna, marqués de 109-111
Villanueva de San Bernardo, conde de (*véase* Ollivier, Jean-Pierre)
Villaverde, marqués de (*véase* Martínez-Bordíu, Cristóbal)
Villaverde, marquesa de (*véase* Franco Polo, María del Carmen)
Vilmorin, Melanie de 35
Vilmorin, Roger de 35, 36
Vigón, Juan 146

Wittig, Alberto 33
Wittig, Jaime 33
Wittig, Jennifer 33
Wittig, Leslie 33
Wittig, Patricia 33
Wittig, Priscilla 33
Wright 43

Yanguas Messía, José 148, 156
Yebes, Carmen 50

Zarraluqui, Luis 128
Zayas Bazán, Carmen 69
Zita de Austria, emperatriz 189
Zurbarán, Francisco de 158

ESTE LIBRO HA SIDO IMPRESO
EN LOS TALLERES DE
HUROPE, S. L.
RECARED, 2-4. BARCELONA